膨胀

自负与自缚的巨人

苑基荣 著

The Rejuvenation of
India:
The Conceited
and Cocooned Giant

人民日报出版社
北 京

图书在版编目（CIP）数据

印度复兴：自负与自缚的巨人 / 苑基荣著. — 北京：人民日报出版社，2024.5

ISBN 978-7-5115-7437-4

Ⅰ.①印… Ⅱ.①苑… Ⅲ.①文化史－印度 Ⅳ.①K351.03

中国版本图书馆CIP数据核字（2022）第142064号

书　　名：印度复兴：自负与自缚的巨人
　　　　　YINDU FUXING: ZIFU YÜ ZIFU DE JÜREN
著　　者：苑基荣

出 版 人：刘华新
责任编辑：林　薇　王奕帆
封面设计：主语设计
版式设计：九章文化

出版发行：人民日报出版社
社　　址：北京金台西路2号
邮政编码：100733
发行热线：（010）65369509　65369527　65369846　65363528
邮购热线：（010）65369530　65363527
编辑热线：（010）65369526
网　　址：www.peopledailypress.com
经　　销：新华书店
印　　刷：北京盛通印刷股份有限公司
法律顾问：北京科宇律师事务所　010-83622312

开　　本：880mm×1230mm　1/32
字　　数：308千字
印　　张：12.375
版次印次：2024年5月第1版　　2024年5月第1次印刷

书　　号：ISBN 978-7-5115-7437-4
定　　价：58.00元

前言

联合国数据显示，2023年印度已经超过中国成为世界第一人口大国。[①]这将对印度和人类发展产生复杂而深远的影响。如何认识印度这一世界第一人口大国、印度将给世界带来什么，成为中国乃至世界的紧要课题。事实上，对印度的认识，总有一种盲人摸象、雾里看花的感觉。笔者曾在印度常驻，根据自身经历，不揣冒昧，围绕印度民族性格、民主发展趋势和印度崛起态势三个话题，构建了一个认识印度的粗浅框架，希望通过该框架对印度有一个初步的全貌性了解。

笔者初到印度曾惊讶于一些现象。善与恶、好与坏、现代与落后、洁净与肮脏、文明与野蛮、对立与和谐等现象并存，并怡然自得。除了牛无处不在之外，狗也能堂而皇之地睡在办公大楼、佛龛和机场等地；猴子、野狗满街跑；无处不在的神庙和神像；印度人好像经常活在自己的世界里，政治家经常说出惊人之语……这些凌乱和碎片化的社会现象背后体现的是印度怎样的

---

① UN DESA, "India Overtake China as the World's Most Populous Country", Apr 24, 2023.https://www.un.org/development/desa/dpad/wpcontent/uploads/sites/45/PB153.pdf.

思维和行为习惯？其背后的根源是什么？笔者试图在印度的宗教神性和悠久历史中探寻。在本书的第一部分，笔者提出印度四大宗教千年分期与印度教伦理社会概念，通过外族入侵史、地理环境、宗教、种姓、独特历史文化传承五个视角，解析印度民族性格底色，探索形成印度人自负心态的因素并解读现代印度特有的社会现象。

印度号称世界上最大的民主国家，并将此视为印度崛起的主要优势之一。实际上，与西方民主相比，印度民主有"例外论"，眼花缭乱，就像一个万花筒；同样是"State"，印度为何翻译为"邦"？印度货币上为何印有17种文字？印度人为何一直纠结于把"Union"改回"Federal"？印度邦的首席部长与邦长是什么关系？为什么印度出现以司法代替行政的现象？印度共产党的现状如何？独立70余年印度为什么还要"国族再造"？……这些陌生的政治话题都指向同一个对象——印度民主。在第二部分，笔者从印度的政治基因、政治思潮和身份政治切入，深入剖析印度政治的运行机理，探讨印度民主制度的优劣与治理效能，解析印度民主是否能够成功。

印度经济崛起是近些年国际社会热议的话题，西方和印度认为：印度的崛起更有韧性，除制度优势外，人口红利以及印度的高科技产业，一定会使印度"不可思议"。然而，印度给外国企业和外国人的感受是：基础设施落后；土地、劳工法和税法三座大山顽疾难除；政府的政策变幻莫测，经常"翻烧饼"；工人的假期多如牛毛，工会势力庞大；腐败盛行，经济治理能力欠缺。在第三部分，笔者从印度两种政治思潮的经济发展战略与治理思路入手，探讨印度经济崛起的优势和劣势，深入剖析三农问题和人口红利，探究印度崛起的可能与挑战。

印度四千年的宗教神性和悠久历史文化赋予印度人自负的心态，有人称之为"阿Q精神"，有人认为这是民族自信。宗教神性让印度人的精神高于世俗，世俗依附宗教；长期的外族入侵又让印度人不敢面对现实和挫折，将希望转向来世，致使印度人的思维蜷缩在印度教过往的辉煌中，让印度文化日益内卷。在现代性冲击下，印度总想复兴印度教的千年辉煌，印度教的神性与现代性结合，带来很多合理因素，既推动了印度现代治理进程，也成为发展的制约。印度民主只能说是披在传统政治社会基因上的外衣。相比西方民主，在70余年的磨合中，传统政治基因与现代民主融合让印度民主仍处于初级阶段，在维护政治社会整体稳定的同时，也成为政治社会动荡的主要根源。印度民主拘于形式、大于内容，从效果来看，及格却不优秀。在经济崛起道路上，印度已拥有一个比较健全的国民经济体系和经济初步发展的基本盘，一些高科技领域日益突起，经济结构在向合理方向演化，经济治理能力也在提升，然而经济崛起的制约因素太多。印度的宗教神性与现代性融合能否成就印度崛起之路还有待观察。

　　通过综合考察民族性格底色、民主发展状况和经济崛起因素可以看出：印度拥有大国抱负，在这方面非常自负，也具备一些大国要件，无奈短板太多，严重制约其崛起速度，造成自缚。政客口中的大国战略目标与实际战略能力和执行力之间的严重不匹配，使印度形成了"自负与自缚的巨人"形象。未来印度的崛起之路应该是解除这些自缚因素的过程。印度若想实现自负的大国梦想，决定性因素不是外部因素，而是印度自身解除自缚的速度与能力。

目录

第二部分　印度民主是成功的吗？

第一部分

印度民族性格有何不同？

引言

　　这部分主要探寻破解印度文明的密码，从而探究现代印度人行为和思维的根源。笔者认为，印度具有矛盾易变、神话思维、保守、自负、叙事宏大但缺乏主题和逻辑、重权利轻责任等民族性格。外族入侵史、地理环境、宗教、种姓、独特历史文化传承是透视印度民族性格的五个主要视角。为此，笔者创造性地提出印度历史的四个千年宗教分期和印度教伦理社会概念，作为解构印度民族性格和印度文明基因的工具。

　　根据大的宗教分期，在持续四千余年的外族入侵中，笔者粗略地将印度历史分为四个千年。约公元前2500年至前1500年，这是印度本土文明千年，主体是考古发现位于巴基斯坦境内的哈拉帕文化和摩亨佐达罗文化。约公元前1500年至前500年前后，雅利安人入侵，在其本土化中形成印度教兴盛千年。约公元前500年至公元7世纪，为佛教兴盛千年。公元7世纪至公元19世纪，为伊斯兰教逐渐占据统治地位的千年。尽管后来以英国为代表的西方国家入侵印度，使印度沦为殖民地，但基督教并没有占据统治地位。因此，从宗教分期来看，四千余年印度文明中唯一永恒的是印度教的存续。独立后的印度进入一个没有外力介入的印度教千年复兴时期，印度人民党和母体国民志愿团代表了这股力量。

在古代，地理环境对一个国家和民族的影响在很大程度上是决定性的。青藏高原南边蔓延的高大山系让印度次大陆与欧亚大陆隔绝，形成一个封闭的空间，遮挡了北冰洋的寒风，同时也阻挡了印度洋季风的北上。在几乎完美的封闭地理环境中，唯一的遗憾是兴都库什山脉出现了一个狭长的山谷——开伯尔山口，为外族入侵提供了机会。这种独特的地理环境带给印度两个影响。第一，长期的外族入侵史丰富了印度族群多样性，形成印度社会的多元性。笔者粗略计算，从雅利安人到莫卧儿王朝，3000余年历史中，大族群入侵多达20余次，加上欧美殖民者从海洋的入侵，达到30余次，几乎每隔百年就发生一次大规模的入侵。这形成了印度人喜欢逃避现实、文化内卷、矛盾易变和喜欢推倒重来的民族性格底色，在塑造印度次大陆整体民族性格和文化心理结构上起到关键作用。第二，封闭的环境造就印度高温炎热的气候，加上两大河流常年泛滥，使印度人养成喜欢冥想、修行等行为，因此产生了诸多宗教，包括佛教和印度教，铸造了印度宗教神性的民族性格底色。

外族入侵史和地理环境是塑造印度民族性格的外因，宗教神性、种姓和独特文化传承则是塑造印度民族性格的内因。封闭的环境和频繁的外族入侵使印度次大陆各族群逐渐形成了一套独特的生活规范和秩序，这套秩序以印度教为统领，吸收了各入侵族群文化，笔者冠之以印度教伦理社会，这是印度人观念、信仰、思维和行为的所有根源。印度教伦理社会是以印度教教义为核心的政教合一的政治社会规范。业报轮回和解脱是印度教伦理社会的理论基础，种姓制度与村社结合是印度教伦理社会的社会和现实基础。

种姓制度是雅利安人在印度本土化过程中建立的、维护婆罗门崇高地位的规范化制度。种姓让印度碎片化，无法形成强大的社会凝聚力和整合力，塑造了印度人懒散、麻木与生活标签化的习性。种姓与村社结合形成了印度稳定的中央与村社的二元治理结构，延续至今，让印度社会数十个世纪处于超级稳定和保守状态。

独特历史传承与民主同样对印度民族性格产生很大影响。"重口传、轻书写"造就了印度人叙事宏大、缺乏主题和逻辑思维的性格。"重神话、轻史实"塑造了印度人的神话思维，以及说话不着边际的性格。印度教的神性思维与民主代议制结合使印度人形成了"重权利、轻责任""重辩论、轻行动""重承诺、轻执行"的性格。

在四千年宗教大分期中，独立后的印度教迎来了一个千载难逢的历史机遇，不受外力影响，沿着自身发展逻辑加速发展，形成印度教全面复兴的态势。这与西方政教分离趋势截然相反，与中国复兴之路也不同，印度在走一条借助现代性复兴印度教的政教合一道路。

第一章　印度为何没有历史？

第一节　印度文明的源头

2018年12月，笔者作为代表参加了中印高级别人文交流机制首次会议，借助这个机会，笔者参观了位于德干高原马哈拉施特拉邦奥兰加巴德市的阿旃陀石窟和埃洛拉石窟。奥兰加巴德市历史遗迹跨度长达两千余年，几乎是半部印度史，这加深了笔者对印度历史分期与特色的判断。

奥兰加巴德，位于印度南部德干高原西北，距离孟买350公里。这是一座看起来很不起眼的小城。距市区10公里左右的奥兰加巴德石窟，其起源可以追溯到公元前3世纪。距市区100公里左右的阿旃陀石窟最早兴建于公元前2世纪，一直延续到公元7世纪，绵延9个世纪。距市区20余公里的埃洛拉石窟始建于公元7世纪，一直持续到公元11世纪、是目前世界上最大的石窟群。建造于1187年的道拉塔巴德城堡、距市区20公里左右的小泰姬陵和莫卧儿王朝主要皇帝奥朗则布的墓地无不诠释着伊斯兰教在此地长达千年的兴盛。

自哈拉帕考古发掘以来，印度历史超过4000年，奥兰加巴德则展示了印度2000多年的历史，经历了佛教、印度教、耆那教和伊斯兰教的兴衰起伏，石窟的精美雕刻、绘画、建筑等展现了印度艺术的精粹。古印度有三大瑰宝——阿旃陀石窟、埃洛拉石窟和泰姬陵，奥兰加巴德就占了两个。毫不夸张地说，一座奥兰加巴德，诠释了半部印度史。

　　阿旃陀石窟开凿于一个马蹄形山坳里，下面有季节性瓦戈拉河蜿蜒流过。在对面山顶向下俯视，只见一个马蹄形山坳，后面与高原衔接，从远处根本看不出这里的山坳。因此，阿旃陀石窟在公元8世纪被遗弃后一直没有被发现，郁郁葱葱的草木和藤类植被把这里遮掩得严严实实。直到1819年，一位名为约翰·史密斯的英国军官受海得拉巴藩王尼扎姆邀请在此打猎，在追击一只受伤的老虎时发现了该石窟。当时史密斯在追击老虎时进入这个山坳，发现被树木和藤条掩盖下奇形怪状的岩壁，走近一看，是一座座精美的石窟。

　　有关阿旃陀石窟比较精准的记述有些来自中国东晋高僧法显的《佛国记》和唐朝玄奘的《大唐西域记》，但记述比较少，都是几笔略略带过。印度政府1956年编写、2003年由印度考古局前局长迪巴拉·米特拉作序、第12次出版的《阿旃陀》中的记载，是比较权威详细的，里面有些内容来自《佛国记》和《大唐西域记》。[①]根据《阿旃陀》叙述，阿旃陀石窟雕刻在76米高的悬崖上，每窟有单独的藤梯与下面的河谷相连，主要是为当时僧人雨季修行开凿的。河谷幽深，四周绿树掩映，青翠美丽，脱离世俗，杜绝干扰，完全置身于田园诗般的境界。这种自然之美加上隐蔽，是古代僧侣们静思和修行的绝佳之地，是艺术创作中提升灵感不可忽视的一个重要因素。根据印度文

---

　　① Debala Mitra, *Ajanta*, The Director General Archaeological Survey of India, First Edition 1956, Twelfth Edition, 2003.

化部网站记载，德干高原每50公里就有一处石窟，共有大小石窟、洞穴1200多座，是僧侣们外出化缘居住的地方。古代印度僧侣出去化缘不能入住民家，只能住在洞窟，而且不可超过3天。在雨季，僧侣不能随意外出，就在洞穴中潜心修行，造就了今天的阿旃陀石窟群。

笔者参观了两次，穿行在石窟里犹如时光穿越，幽深空旷，仿佛回到2000年前佛教徒修行的场景。石窟里的壁画尽管有些脱落，但厚厚的涂层穿越千年，展示着当年工艺之复杂，精美的颜料勾勒着佛教亘古未变的画卷。宽广深邃的石窟、高大雄伟的佛像、构思严谨的布局、光滑凉爽的石壁，无不诠释着当年佛教的辉煌。

阿旃陀源于附近的小村阿旃陀，梵语发音为"阿瑾提那"，意为"无想"。阿旃陀石窟是印度最大的佛教石窟群，石窟最早开凿于公元前2世纪，距今已有2000多年历史。[1] 前期是印度百乘王朝（公元前230年至公元220年）时期作品，属于小乘佛教，大约开凿于公元前2世纪到公元1世纪中叶，中间搁置了约4个世纪，后期由伐迦陀迦王朝再次开凿，属于大乘佛教。整个石窟群共有29个建成的石窟和1个未完成的石窟，绵延550多米。[2] 因开凿时间不一，石窟各具特色，描绘了佛祖释迦牟尼的生平故事和当时印度社会与宫廷生活等情景，如诞辰、出家、修行、成道、降魔、说法、涅槃等释迦牟尼的生平，山林、田舍、战争、乐舞和劳动人民狩猎、畜牧和生产等生活场景。壁画构图大胆、

---

① K.R.Srinivasan, *Temples of South India*, National Book Trust, First Edition 1972, Reprint 2017, p.25.

② Debala Mitra, *Ajanta*, The Director General Archaeological Survey of India, First Edition 1956, Twelfth Edition, 2003, pp.7-8.

笔调活泼、形象逼真、引人注目。

玄奘于公元前638年曾到过这里，并在《大唐西域记》中写道："爰有伽蓝，基于幽谷，高堂邃宇，疏崖枕峰；重阁层台，背岩面壑。"诠释了石窟的壮观景象和优美环境。"伽蓝大精舍，高百余尺。中有石佛像，高七十余尺。……精舍四周雕有镂石壁，作如来在昔修菩萨行诸因地事，证圣果之祯祥，入寂灭之灵应，巨细无遗，备尽隽镂。伽蓝门外，南北左右，各一石像。"[1]石窟集了建筑、雕刻、壁画之美，是佛教艺术的经典。

相比阿旃陀石窟，埃洛拉石窟则完整展示了三个宗教石窟群。埃洛拉石窟有34座石窟，其中佛教石窟12座、印度教石窟17座、耆那教石窟5座，全长约2公里，开凿于公元7世纪至公元11世纪，是印度遮娄其王朝、罗湿陀罗拘陀王朝时期的宗教建筑。埃洛拉石窟是全世界规模最大的石窟群，其中最经典的是第16窟印度教凯拉萨神庙，呈现了天人合一的完美景致，整个石窟雕刻在一个巨型独石上，堪称建筑艺术史和雕刻史上的上乘之作。33米长、52米宽的巨大空间内，各种形式的建筑和印度教诸神被组合在一起，主殿高达30米。"它是印度人通过视觉艺术的媒介来表达其崇拜之冲动的最精彩典范之一。"[2]

埃洛拉的佛教石窟共12座，编号为第1至12窟，形式上呈现大乘佛教末期特征。创作形式上沿袭阿旃陀的支提窟（佛殿）和毗诃罗窟（僧舍），属于修行僧人的房舍。第10窟是支提窟，其余均系毗诃罗窟。但毗诃罗窟有时也混合了佛殿的味道，如第

---

①　（唐）玄奘、辩机撰：《大唐西域记》，董志翘译，中华书局2014年版，第410—412页。

②　［美］斯坦利·沃尔波特：《印度史》，李建欣、张锦东译，中国出版集团东方出版中心2013年版，第100页。

11窟就有明显的佛殿创作。一般而言，佛教石窟较印度教石窟朴实，但由于当时佛教已渐式微，不少佛教石窟已偏离了笈多时代的审美，逐渐显露出巴洛克式复杂华丽的迹象。

第10窟位于佛教窟的中心，前庭中心是宽敞的露天方院，正面和两侧有上下两层回廊。下层回廊有3个门道，分别通向正厅及两旁的侧道。正面上层回廊空间高大，其正壁中有门道通入中厅，门道上方有小明窗。前庭两侧廊的两侧开槽僧房。正厅及周围走廊的平面为马蹄形。正厅后部的塔台上有佛龛，内有一尊坐佛，手印为转法轮印，螺髻，薄衣贴体，衣纹甚少。佛两侧各有一尊立菩萨像。龛楣浮雕供养飞天和散花飞天。僧房各有特点。第3窟中厅周围建居室；第2窟中厅左右各有一组三尊大佛像；第11和12窟各有三层，每层的正壁都有佛堂，内有很多密教像；第5窟中厅两侧中部向外扩大，以用作讲堂。

参观完这些石窟后，还沉浸在佛教、印度教和耆那教巨大冲击和震撼的思绪，立即被埃洛拉石窟后面未完成的几窟拉回来。埃洛拉最后几窟有的刚刚开凿，有的开凿到一半，顶部刚开始修建的凿迹清晰可见，快速遗弃的痕迹非常明显。

在去往两大石窟的路上还有奥兰加巴德的另一个著名古迹——道拉塔巴德堡。该堡位于奥兰加巴德西北15公里处，是中世纪最强大的城堡之一，由亚达瓦王朝（1191—1317，Yadava Dynasty）修建，据说是一座从未被任何军事力量征服过的城堡。该王朝曾被迫成为印度北部穆斯林统治者的盟友。笔者花了一个多小时登上堡顶，上面是一个宫殿，伊斯兰建筑风格的宫殿美轮美奂。从宫殿顶部俯瞰，一览众山小，方圆几十公里尽收眼底，几十公里外德干高原上绵延的山脉犹如一堵立面墙，矗立得齐齐整整。该堡建在一座200米高的圆锥形山丘上，围绕此山形成了一个最复杂的防御体系，内城有护城河和战壕，外城防御工事为带堡垒的城墙。堡垒易守难攻，上山的道路被设计得非常狭窄，很多地方仅容得下一人通过。不仅如此，沿登山道路设计了诸多机关，接近半山腰的通道开在山体里，里面沿石阶螺旋上升，真可谓"一夫当关，万夫莫开"。由于其非凡的建筑结构和军事防御体系，道拉塔巴德堡被英国人誉为"印度最佳堡垒"。

亚达瓦王朝随后被北印的苏丹王朝灭亡。随着莫卧儿帝国的崛起，该地区逐渐并入莫卧儿帝国的版图，莫卧儿王朝第六位皇帝奥朗则布遂以其名字命名这个城市——奥兰加巴德。"阿巴德"（Abad）在波斯语中是城市的意思，印度有很多带"巴德"后缀的城市，如古吉拉特邦首府艾哈迈德巴德。提起奥朗则布，人们不太熟悉，但提起其父亲沙贾汗则耳熟能详，沙贾汗就是著名的泰姬陵的建造者、统治印度次大陆的莫卧儿帝国的第五位皇帝，奥朗则布是第六位皇帝，也是莫卧儿帝国盛世时期的最后一位皇帝。奥朗则布生于1618年，1707年驾崩，享年90岁，是沙贾汗的第三个儿子，儿时才华出众，被誉为"帝位之荣缀"。1657年，沙贾汗卧病不起，诸子争位，奥朗则布在血雨腥风中夺得大位，1658年登基，随后软禁其父沙贾汗于阿格拉红堡中，直至1666年病逝，上演了世界各国王朝更迭中经常发生的杀兄囚父的宫廷大戏。现在游览阿格拉红堡依然能看到软禁沙贾汗的房间。

奥朗则布是莫卧儿王朝一位重要但也最具争议的皇帝。在印度人看来，此人是一位虔诚的穆斯林，他上台后废除了一系列苛捐杂税，却放弃了莫卧儿帝国早期阿巴克时代宗教宽容政策，强化伊斯兰教的地位，企图使印度完全穆斯林化。1675年，奥朗则布处死了不肯皈依伊斯兰教的锡克教第九代祖师得格·巴哈都尔。1679年恢复对非穆斯林的人头税，并将印度教徒逐出政府，大举拆毁印度教寺庙和神像，其宗教政策导致非穆斯林与政府的矛盾骤然尖锐，并演化为冲突和武装斗争。

美国罗格斯大学历史系教授黛莉·特露诗珂在《奥朗则布：印度最具争议君王的生平与遗产》一书中试图修正印度人对奥朗则布的这种偏见，认为应该从当时的历史语境分析，奥朗则布没有大规模迫害印度教徒，也没有逼迫印度教徒改宗穆斯林，理由是当时印度还没有把印度教徒视为一个整体，奥朗则布依然让印度教徒在宫廷中担任大臣，并要穆斯林停止骚扰婆罗门。此外，他在禁止印度教节日的同时也停止了伊斯兰教开斋节等节日的庆祝活动。其行为准绳是行正义之事，伸张正义，支持莫卧儿传统，开疆拓土。目前也有印度人开始认同这种看法，认为奥朗则布是一位伟大的君主，是莫卧儿王朝的巅峰。①有争议的核心问题是此人是帝国由盛转衰的关键人物，晚年其官僚贪污腐化现象严重。奥朗则布四处征战，在其统治时期，莫卧儿帝国扩展到有史以来最大的版图，除了印度南端和马拉塔国与东北部的阿豪姆王国外，奥朗则布统一了全印度，超越了阿育王版图。在征服印度北部后，奥朗则布将都城从海得拉巴迁往奥兰加巴德，就地指挥对该地区的征服。奥朗则布晚年被马拉塔人打败。严重的贪腐加上国土面积过大，使帝国渐趋衰落，奥朗则布死后帝国分崩离析。

奥朗则布陵墓位于市区一块不太起眼的地方，面积不是很大，周围被民居和商店环绕。要不是向导指路，笔者根本不知道这里还有一座伟大皇帝的陵寝。陵墓里面，奥朗则布的墓地非常简朴，占地不足10平方米，四周是汉白玉雕刻的栏杆，上面

---

① ［印度］贾杜纳斯·萨卡尔：《皇位之争：奥朗则布和他的时代》，孙力舟、李珂译，社会科学文献出版社2019年版，序言。

被绸缎覆盖。旁边则是奥朗则布的老师和学生的墓地，一样都很小，还有奥朗则布祈祷室和一个大庭院。在参观奥朗则布墓地时，守墓人向笔者讲述了一个故事。当时为了征服该地区，奥朗则布每年损失的士兵高达10万之多，因此奥朗则布在晚年曾忏悔，要用每天织帽子卖的钱为自己修建陵墓，不需要国家的钱。最后遵照其遗嘱，用织帽子的钱修建了墓地，因此奥朗则布的墓地不大。事实上，奥朗则布是一位极其简朴的皇帝，继位初年，曾经自食其力，亲手抄写《古兰经》，学制帽手艺，不沾染恶习，被穆斯林尊为"活圣人"。终其一生勤于国事，不随便动用国库，没有兴建任何大型建筑物。奥朗则布虽然节俭，但却为自己的爱姬建造了规制与泰姬陵一样的小泰姬陵。笔者看到，虽规制和面积与泰姬陵一样，但小泰姬陵在用材上大为缩水，大部分用的是在外面涂上白石灰的红砖，只有基座和门廊等用的是大理石。

就如奥兰加巴德展示的一样，行走在印度次大陆，就如同走在一个历史时光博物馆，外族入侵带来的文化因子都以清晰的形式得以保留，一层压着一层，文化断层和褶皱穿越时光的洗涤，不断滋养着印度文明，增强着其历史厚度。正如印度裔诺贝尔文学奖获得者奈保尔所言："在北方，废墟压着废墟：穆斯林废墟下是印度教废墟，穆斯林废墟上还有穆斯林废墟。史书历数着战争、征伐和劫掠，却没有关注智识的枯竭，更没有留意这个国家的智识的生活是怎样的——这个国家对人类文明的贡献还是在遥远的过去完成的。"①

---

① ［英］V.S.奈保尔：《印度：受伤的文明》，宋念申译，南海出版公司2013年版，第18页。

　　从上面的描述中可以看到，印度历史底蕴如此厚重，无愧于四大古文明之一的称号。然而，印度文明的源头不在印度，而在巴基斯坦。作为四大文明古国之一，巴基斯坦的哈拉帕文化才是印度古文明的源头。四大文明古国定义的内涵是现代文明的发源地，或者是"人类文明的摇篮"。印度能够被称为文明古国，核心依据是4000多年前印度河流域的城市文明。学界也把印度河流域文明与古代印度文明分开处理。印度河流域文明指具有高度城市文明的哈拉帕文明，古代印度文明指吠陀时期，这是印度教民族主义的印度历史叙事体系。本书延续印度文明古国来自印度河流域文明的说法。印度学者S.K.库尔卡尼（Kulkarni）认为，印度文明能成为世界最古老的文明的原因是，在史前文明中印度拥有很高的发展水平，包括城市建设、宗教、哲学和科学等。[①]库尔卡尼认为，这是印度吠陀时代，从公元前2000年开始，甚至是从公元前3000年开始。事实上，根据考古发现，公元前2500年左右至前1500年前后，印度河流域产生了高度发达的城市文明和信仰体系，即现今考古发现的位于巴基斯坦境内的哈拉帕文化和摩亨佐达罗文化。不知何因，该文化在公元前1500年左右突然消失。这是印度第一个1000年宗教分期。该文明拥有文字、高度的城市文明、历法和艺术等。

　　该文明最早引起人们注意的是18世纪哈拉帕遗址，这里发现了大城市残址。1856年，英国殖民者开始修建拉合尔铁路，当时附近没有石块，却有很多取之不尽的"石块"作为铺轨石，这些"石块"其实是公元前2000多年的砖。有人发现这些"石

---

　　①　S.K.Kulkarni, *Hinduism: Triumphs and Tribulations*, Indus Source Books, 2008, p.4.

块"有些特别，于是英属印度政府考古局局长康宁翰两次来到这里，发掘出一个印章，当时他认为是舶来品，没有在意。1921年，来自英国的约翰·马歇尔爵士派萨尼主持对哈拉帕的发掘，这次发掘改变了人们对古印度历史的理解，将印度的城市文明向前推进到雅利安人入侵前1000年，该遗址也彻底改变了印度雅利安人"征服者"与雅利安人来之前族群间的文化地位。

现在以碳–14测定法确定，哈拉帕城市遗址至少出现在公元前2300年至前1750年间，该城市文明高度发达，发现的粮仓能储存足够3.5万人食用的小麦和大麦。在摩亨佐达罗发掘出一张非常清晰的地图，标注的是阿拉伯海以北250公里处印度河西岸的一座古代城市。在城市建设上，以摩亨佐达罗城市遗址为例，外部有高大的城墙，内部规划整齐严谨，道路交错纵横，房屋错落有致。建材以砖为主，房屋有卧室、厨房、浴室、储藏室，几乎家家都有水井，城内共发现700多口水井。城内设有大型粮仓、公共浴池、印染作坊、地下排水系统等。在摩亨佐达罗丰富的遗物中发现一个小方块滑石印章，上面有瘤牛、独角兽、老虎和其他动物的像，其逼真的形象符号在2000年后再现于阿育王石柱的柱头上，这就是如今的印度国徽图像。这些印章上大约有400多个已被辨认的象形文字，人们将其与后来的婆罗米文相联系。[①]

其文明范围约有50万平方千米，从1932年苏美尔考古发现的印度河印章，哈拉帕遗址中发现的波斯与阿富汗绿松石、天青石和中国西藏硬玉，可知其文明抵达的地理范围。该文明的棉纺

---

① ［美］斯坦利·沃尔波特：《印度史》，李建欣、张锦东译，中国出版集团东方出版中心2013年版，第10—17页。

和家禽驯养是其奉献给世界文明最早的礼物。据学者估算，哈拉帕文明遗址总数可能多达2000余个，大多数都沉眠于地下，目前已发掘和正在发掘的有近200个，小到夫妻墓葬，大到城市遗址。

哈拉帕墓地接近100多具尸体的骨骼碎片分析表明，哈拉帕人主要是澳大利亚原始土著居民与地中海人的混合。有人认为，大约公元前1700年，地球构造引起的系列洪水使这一文明宣告结束。据考古发现，与其说当时人们在躲避军队的入侵，不如假设成他们在逃避地震和洪水的联合侵袭，很多尸体在洪水冲进来时被埋在瓦砾中。目前被普遍认可的一种说法是，气候变迁造成河流等地理环境发生变化，从而导致农业衰落和随之而来的城市消亡。上述考古发现也基本证实了这种说法。

第二节　雅利安人带来了什么？

公元前1500年前后，雅利安人从开伯尔山口侵入印度河流域，用了近1000年才从印度河流域东渐到恒河流域。约公元前1500年至前500年为雅利安时代，也是印度第二个千年宗教分期，即吠陀宗教时期。在吠陀宗教时期，雅利安人创建了印度教和种姓制度。在印度教民族主义叙事体系中，这期间形成了现代印度文明。印度教定义复杂，本书为方便起见，把吠陀宗教时期统称为印度教千年时期。相比印度河流域的先进文明，雅利安人还处于游牧民族半原始阶段，落后于印度河流域文明。雅利安人善于学习，他们在入侵印度河流域中汲取当地先进文明，结合自身的宗教与社会结构，形成了种姓制度、村社经济和印度教，为印度民族性格确立了精神内核和经济社会基础，给印度后世留下了深深的烙印。印度前驻华大使、著名历史学家潘尼迦认为，印度文明由两个种族形成，一个是游牧的雅利安人，另一个是雅利安人与之前土著族群的整合。雅利安人和土著居民的接触发展出来的体系是一种融合物，虽然征服者的思想和文化在其中占主导地位，但被征服者的思想与传统也获得了表现。①换句话说，雅利安人为印度后世带来了精神依托——印度教、社会基本制度——种姓制度、农村经济社会组织形态——村社。

据史学家考证，雅利安人最初来自俄罗斯南部，属于印欧语系。约公元前2000年，受自然灾害等因素驱使，雅利安人的祖先从俄罗斯南部向西和向东迁徙，向东的这部分越过波斯（今伊朗）。约公元前1500年，这些人再次分裂，部分雅利安人继续向东，从开伯尔山口进入印度河平原。这是目前所知的印度次大陆首次从开伯尔山口入侵印度河流域的外来族群，开启了欧亚大陆其他族群入侵印度的序幕。近年来有相当多这一时期的考古成果出土，主要是雅利安人墓葬遗址及其生活遗址中留下的彩绘灰陶文化，2010年之后的基因考古也提供了佐证，同时也可以从口口相传的吠陀经典中推测。最重要、最古老的吠陀经典是《梨俱吠陀》，该书由雅利安人口传，据称编写时间被确定为约公元前1400年，直到公元前600年前还没有文字，现在保存下来的最早文本也是来自11世纪的尼泊尔本。雅利安人留下的该部著作，形成了印度教。雅利安人还带来了梵语和一座全新的万神殿，父系社会和三个种姓的社会结构（祭司、武士和平民）。

不过，印度原教旨主义者和文化民族主义者不认同这种叙事体系，他们认为不存在任何雅利安人入侵，梵语和达罗毗荼语都

① ［印度］K.M.潘尼迦：《印度简史》，简宁译，新世界出版社2014年版，第8—9页。

是印度本土语言。这些人认为印度教是世界上最古老的永恒宗教，他们相信现代的一切主要发明，如汽车、飞机和计算机等，史前吠陀时代的印度人早就预料到了。[①]

这段历史和文化人们知之甚少，且多来自宗教叙事和神话。好在一些西方学者做了若干实证研究，有些进展和收获。如西方语言学家弗雷德里赫·麦克斯·缪勒（Friedrich Max Muller）通过语言生物学，用语言分析地理、气候、植物和动物等，勾勒古代移民的生态图，粗略估算吠陀年代。从《梨俱吠陀》中推断，雅利安一词首先是一个语族的称谓，可以被宽泛地理解为部落，其次是"出身高贵的"或"贵族的"。[②]最重要的雅利安部落被称为婆罗多（Bharata），可能是第一位国王的名字，直到今天，印度还珍视这一称号。"印度"一词在印度宪法中对应着两个词汇，都是官方名称。宪法里写的是"India，that is Bharat"。Bharat是传统名称，源自梵文的"Bharata"，发音稍有不同。这一名字被很多中国人误认为是英语，实际上是印地语。如今，这一名字被广泛应用于印度国有企业和政府机构，如印度石油公司（Bharat Petroleum Corpration Limitied），很多中国人将之翻译为印度巴拉特石油公司，以区分印度石油公司（India Oil Corporation）。这两家企业都是印度政府国有大公司。印度街头的加油站很多都属于这家公司。印度现在使用的诸多此类印地语词汇，乍一看容易让人误以为是英语。

最典型的做法是莫迪政府一直推动更改国名，以凸显印度教民族主义大婆罗多的想法。印度总统德劳帕迪·穆尔穆在二十

---

① 杨怡爽：《朝"美好的"过去前进：印度教右翼的历史观》，《中国周边》2020年第5期，第31页。

② ［美］斯坦利·沃尔波特：《印度史》，李建欣、张锦东译，中国出版集团东方出版中心2013年版，第21—23页。

国集团新德里峰会晚宴邀请函上将印度称为"Bharat"，而非常用的"India"。印度执政党人民党发言人分享了一张邀请函的图片，上面将印度总理莫迪写作"Prime Minister of Bharat"。同时，印度总统和印度总理均使用了"Bharat"（婆罗多）而非"India"称呼印度，让外界纷纷猜测印度官方是否有意更改国名。①

这在印度国内引发争议，支持者认为此举旨在推动反殖民进程，反对者则质疑执政党借此政治操作。以印度人民党为代表的支持者认为，英国殖民统治者创造了"India"（印度）这个名字，是"奴隶制的象征"，以掩盖"Bharat"（婆罗多）。2016年和2020年，有关机构先后向印度最高法院申请将印度国名从"India"（印度）改为"Bharat"（婆罗多）或"Hindustan"（印度斯坦），理由是"India"（印度）这个词源于外国语言，而婆罗多或印度斯坦可以更形象地反映印度历史传统。印度最高法院法官均予以拒绝，他们认为，印度宪法已明文指出"India"（印度）就是"Bharat"，不清楚申请人为何还要改国名。②"大婆罗多帝国"（Akhand Bharat）是印度教民族主义的核心理念之一，其地理范围从阿富汗一直延伸到缅甸，囊括阿富汗、巴基斯坦、孟加拉国、尼泊尔、不丹、斯里兰卡和马尔代夫。

雅利安人将种族主义和肤色观念传入印度，这是种姓制度的

---

① Akhilesh Singh, "President PM Engagements say 'Bharat', Spark Buzz of India Name Change", the Times of India, Sep 6, 2023.https://timesofindia. indiatimes.com/india/president-pm-engagements-say-bharat-spark-buzz-of-india-name-change/articleshow/103406293.cms.

② Nalini Sharma, " 'India' or 'Bharat' ? What does the Constitution say?" India Today, Sep 5, 2023. https://www.indiatoday.in/law-today/story/india-or-bharat-renaming-constitution-article-1-supreme-court-2431213-2023-09-05.

肇始。种姓这个概念是葡萄牙人于16世纪提出的，他们声称的这个种姓实际上是《梨俱吠陀》中的等级制度。相比土著，雅利安人和后来部分族群皮肤洁白。在印度有部分人皮肤白净，身材魁梧，高鼻梁，脸部轮廓分明，不完全像欧美人，而更像高加索人和俄罗斯人，这部分人绝大部分都是雅利安人和后来入侵族群。国内有人认为有些印度宝莱坞明星是雅利安人，实际上有些宝莱坞明星的欧式长相并非来自雅利安血统，而是来自15世纪之后迁入的西亚民族，多源于波斯人、帕西人、普什图人的血统。印度达罗毗荼人是语族说法，而非种族、民族，吠陀时代的本土部族和现代南方达罗毗荼人关系存在争议。例如，现代泰米尔人体型中等，并不矮小，可能是由于经济社会地位较高，营养也较好，男性的平均身高仅比北印矮3公分左右，女性的平均身高甚至比北印高1—2公分。他们的肤色偏黄而非深黑，鼻如悬胆，和北印人主要的区分是脸部轮廓，南印人多为宽而圆，下巴短；北印人脸较长，下巴也较长。

雅利安人认为，神通过吠陀经典给他们启示，助其战胜敌人，因此他们严格保守吠陀经典的神秘仪式和魔法，不能示以外人，不能与外族分享。肤色和是否能分享神圣知识成为区分雅利安人与非雅利安人的标准。后经人们精细加工，逐渐形成比较完善的种姓理论和婆罗门教义，如《梨俱吠陀》第10卷（即最后一卷的《原人歌》）解释了雅利安人社会的四大种姓来源。根据其解释，四个种姓源于身体的不同部位，婆罗门最先出生，源于口；刹帝利第二个出生，源于臂；吠舍第三个出生，源于腿；首陀罗最后出生，源于脚。事实上，笔者查阅相关材料后认为，雅利安人时期主要分为祭司、武士和平民三个阶级，分别对应着婆罗门、刹帝利和吠舍，都是再生族。首陀罗更多是后来被征服的部落民众。关于贱民来源的说法多样，有的说法认为贱民是由高种姓女子与低种姓男子通婚而来。不过目前这一说法受到史学界质疑，他们认为种姓通婚产生贱民一说是婆罗门编纂法典时为强调纯洁性提出的，缺少现实基础。现在一般认为贱民的主要来源还是本土部族以及职业分工产生的社会隔离。还有一种说法认为一部分贱民来自被征服的部落民众。笔者认为以上三种可能性都存在。首陀罗是不可再生族，不能聆听吠陀颂诗。换句话说，首陀罗没有接触婆罗门教义和受教育的权利，不能接触吠陀经典。事实上，这种区分只是理论上的做法，实际上并不完全如此。印度古代历史有丰富的案例证明，雅利安人接受深肤色的人作为自己的先知或哲人，编纂和整理吠陀经典的巴达拉雅纳·吠陀·毗耶娑就是一位深肤色渔女的儿子。

有迹象表明，在继承哈拉帕文明和汲取被征服部落的先进文明的基础上，雅利安人形成了印度教，尤其是形成了印度教组织。这里突出的是形成了系统的教规和教义，在教义基础上建立起社会组织，他们最初源自印度教祭祀，与中国古代社会规范源自祭祀礼仪一样，应该是原始氏族贵族的生活仪式和规范化制度。吠陀支《家范经》统一印度教社会的基本规范，决定了印度教徒世俗生活，详细规定了人从出生到丧葬的责任和每个场合的仪式规范；区分了印度教之所以是印度教的标准，成为印度教社会规范。《家范经》对于印度教的社会统一是最重要的，它使接受印度教影响的各族人民结成单一文明。[1]

在雅利安人东渐过程中，印度文明也在形成和完善中，这期

---

① [印度] K.M.潘尼迦：《印度简史》，简宁译，新世界出版社2014年版，第15页。

间突出的时间点大约在梨俱吠陀晚期，十王之战时期出现了雅利安人和本土部族的融合。雅利安人的足迹历经上千年，到达了恒河平原流域，印度早期的哲学思想、宗教制度和印度教社会组织获得发展，逐渐形成了印度文明发展的一个高潮，这主要集中在印度北部地区。从后来的考古发掘来看，雅利安人形成的印度文明应该或多或少继承了哈拉帕文明。雅利安部族逐渐形成了十六国，直到公元前326年北印孔雀王朝的出现达到顶点。孔雀王朝定都现在的印度比哈尔邦首府巴特那，当时称华氏城。

　　雅利安人在形成种姓和印度教时也逐渐形成了印度村社经济，这是种姓制度的经济社会基础。从《梨俱吠陀》中可以看出，雅利安人逐渐从游牧社会转向农业社会，这带来了印度乡村地位的显著提升。有人认为雅利安人继承了哈拉帕文明中的印度农村组织，有人认为是雅利安人带过来的。不管怎样，从此印度村社经济成为印度数千年来的主要经济形式。这种制度普及到全印度，只有很小一部分有差异，是印度建立每个帝国的唯一基础，甚至英国人在印度北方部分地区也用它作为纳税单位。[①]

第三节　兴盛千年的佛教为何被灭绝？

　　约在公元前7世纪至前6世纪，北印度形成了一个抵制印度教的高潮，史学家称其为"沙门（Samana）思潮"或"沙门文化"[②]，是对非婆罗门宗教教派和思想流派的总称。"沙门"的意

---

① ［印度］K.M.潘尼迦：《印度简史》，简宁译，新世界出版社2014年版，第10—11页。

② 尚会鹏：《印度文化史（第三版）》，浙江大学出版社2016年版，第88—89页。

思为勤息、息心、净志，其思潮包括佛教、耆那教、生活派、顺
世派和不可知论派等，其中佛教和耆那教影响力最大。它们的共
同特点是反对吠陀权威和婆罗门教精神统治，反对梵天创世说，
提出自然因果说，在社会上反对种姓不平等制度和吠陀的烦琐祭
祀，主张众生平等，其背后则是当时正在兴起的贵族、商人和城
市市民思想的反映——反对婆罗门对精神和经济的垄断。

"沙门思潮"中延续最为深远的是佛教的兴起，并形成了佛
教千年盛世局面，远播东亚和东南亚，成为世界三大主流宗教之
一。从公元前7世纪佛陀诞生，到公元643年北印度戒日王朝被
灭，再到13世纪穆斯林血洗巴特那（华氏城），大批佛教徒被屠
杀或被迫逃亡，佛教从此淡出印度历史舞台。尽管还有一些佛教
徒零星地散布在尼泊尔等地，但佛教再也没有在印度形成气候。
印度独立后的佛教徒绝大部分是为改变种姓身份皈依佛门的贱
民，不是本土延续下来的佛教徒。佛教千年是印度第三个千年分
期，此时正是欧亚大陆各族群排着队入侵印度的时期，是印度
形成多元文化的关键时期。

因此，佛教兴盛千年的印度历史有这样几个特点。第一，宠
佛的孔雀王朝第一次基本统一印度次大陆。第二，产生了两次佛
教发展高潮，为印度留下了丰富的历史遗产和艺术瑰宝。第三，
外族频繁入侵，塑造了印度的多元文化格局和主要民族性格底
色。最后，在穆斯林入侵和印度教复兴的合力冲击与围剿下，佛
教在印度次大陆基本灭绝。

笔者在印度期间有幸游历了一些佛教主要遗迹，从佛陀诞生
地尼泊尔的蓝毗尼到佛陀顿悟地菩提伽耶的大觉寺，从佛陀首次
传教收授门徒的瓦纳拉西鹿野苑到佛教兴盛时期的那烂陀大学，
再到斯里兰卡的佛牙寺等，粗略勾勒了佛陀在印度次大陆的足迹

和佛教在印度次大陆的演化，丰富了笔者对这段历史的认识。

蓝毗尼位于喜马拉雅山与恒河平原交界地带的平原上，气候湿热，植被茂密，环境优美。蓝毗尼在尼泊尔鲁潘德希县，梵文意思是"可爱"。据说这里当时是古代天臂国善觉王夫人蓝毗尼的花园。相传公元前623年，附近迦毗罗卫国净饭王妻子摩耶夫人在归国途中的月圆之夜，在蓝毗尼花园手扶菩提树生下佛陀。在今天佛陀诞生地，建有一个白色方形两层摩耶夫人庙，寺庙旁有一泓池水，相传是摩耶夫人的沐浴处，旁边有一棵硕大的菩提树，是乘凉的好去处。

佛陀诞生地的寺庙应该是一个宫殿遗址，占地面积约200平方米，庙内搭有玻璃栈道和木板路，在佛陀诞生地留有类似小床和诞生时留下的脚印，均被罩在玻璃罩里。庙内四周都是砖头和破损的墙面，看起来很原始。游客只能从前门进，沿着旅游路线向前走，看完佛陀诞生地后直接从后面出去。笔者参观不足半小时就被拥挤的人群带了出来，有些地方还未来得及细细品味，"言犹未尽"。出来后笔者于遗址旁边的菩提树下乘凉，近观周围景色，甚是惬意。围绕着摩耶夫人庙，方圆几十平方千米有各国捐建的十几座佛教寺庙，有中国的、美国的、日本的、韩国的、泰国的、缅甸的，成为各国文化竞争、比拼的竞技场。参观完正值中午，笔者顺道赴蓝毗尼的中华寺吃了一顿斋饭。

蓝毗尼于1997年被评定为世界遗产，每年吸引着全球众多信徒和游客。公元前249年，印度阿育王参访这里时建造了四座舍利塔和一个阿育王石柱，后来被历史湮没。直到1896年，德国考古学家阿洛伊斯·安东·福特勒（Alois Anton Fuhrer）重新发现此地，并根据考古发现，认定该地为佛陀诞生地。中国晋代的法显和唐代的玄奘分别在405年和633年到此瞻礼，在《佛国记》和《大唐西域记》中均有详细记述。法显是来此访问并留有记录的第一位外国人。据说，正是依据以上记述，尤其是法显的记述，才得以勘探佛陀遗址并加以复建。不过，部分印度人不认同这一说法，认为佛陀诞生在印度。

笔者有机会参观菩提伽耶大觉寺缘于参加2016年世界佛教大会。当时由于错过了新德里直飞菩提伽耶的航班，笔者经比哈尔邦首府巴特那赴菩提伽耶。巴特那也是佛教圣地，位于东部恒河南岸，曾是公元前3世纪孔雀王朝阿育王的首府、佛经里的华氏城，历史上多次因战乱被焚毁又重建，曾因佛兴盛千年之久，建城历史有2500多年。笔者在回程中曾在此居住一晚，穿过拥挤的市区来到恒河岸边，路上看到印度教徒抬着尸体前往恒河烧尸。巴特那整体观感不佳，街道上人员和车辆拥挤，垃圾被堆放在路边，街边小店老旧，铺前多为泥土路，墙壁斑驳，显得有些破败。最大的感触是晚上看到一排排的人睡在路边，整个身体蜷缩在一张毯子里。一整排三轮车车夫也睡在自己的车下。为了避免蚊虫叮咬，有的车大在车身架起破旧的蚊帐，栖身其间。不过恒河水看着倒是很清澈。

佛陀时代，印度北方诸国林立，还没有尼泊尔和印度之分，因此佛陀诞生地和佛陀顿悟地的菩提伽耶距离并不是很远。巴特那西北是尼泊尔蓝毗尼，西边是另一个宗教圣城瓦拉纳西，也是鹿野苑所在地，南边100余公里是菩提伽耶，它们分布在方圆四五百公里的范围内。

现在菩提伽耶位于印度比哈尔邦中部戈雅城南11公里处，在印度东北部恒河支流帕尔古河岸边，因佛陀在此处的一棵菩提树下顿悟成佛而成为佛教四大圣地之一。菩提伽耶的城市面积不大，客栈居多，路上多为亚洲面孔的佛教徒。那棵见证佛陀顿悟的菩提树还在，当然并非原来的那棵。关于这棵菩提树的说法不一：一种说法是来自斯里兰卡。据说原来那棵菩提树被毁掉了，好在当时菩提树的一个折枝被带到斯里兰卡。1870年大觉寺重建时，人们从斯里兰卡的菩提树再次折枝移植过来；另一种说法是此树至少被毁四次。阿育王时期被毁两次。阿育王原来反对佛教，下令砍倒大树并焚烧了树干，阿育王皈依佛教后，菩提树又长出新芽。随后阿育王妻子不满丈夫皈依佛教，再次砍了此树。阿育王为了让树复生，天天用牛奶浇灌，他的诚心创造了奇迹，树木又长出新芽。第三次被毁记载于《大唐西域记》，公元6世纪毁于信奉湿婆教的孟加拉国王。第四次被毁记载于英国殖民时期的1870年，大树老态龙钟，被雷击中毁掉。后来大树结出的种子长出新树，人们将其移回原地，长成现在的样子。菩提树硕大，位于大觉寺后面。树下有一红砂石，即"金刚座"，相传佛陀在此顿悟成佛。树木周围都是历代供养人修的小塔，还有许多僧人的舍利塔。笔者看到各国佛教徒在其间修行或打坐，他们当中至少有三分之一来自中国，说着中国话，拿着汉语金刚经虔诚地诵读礼佛，其余多为来自泰国、日本、韩国和缅甸的佛教徒。

据传，大觉寺初建于阿育王时期，因树建塔，历史上也是多次被毁和重建。现在该寺由19世纪70年代缅甸和孟加拉政府修复，后经英殖民政府多次修缮。大觉寺是一座下方上尖的佛塔，据说高50米，底层基座是边长15米的方形，从中部开始层层上缩，顶部为圆柱状，顶上立一个铜制螺旋顶。塔身第一层的四角各有一个小塔，形似主塔。塔上供有形态各异的佛像。寺内供有一尊金身佛像，光彩照人。寺前拱门上有狮子、鹿、牛、象等动物雕刻，生动逼真。独特的造型让大觉寺显得庄严和壮丽。近代曾在此发现中国北宋时期的汉文碑刻，现存于加尔各答博物馆。法显和玄奘都曾到此拜访游历。

相传佛陀顿悟后带着父亲派来保护他的五名护卫来到位于瓦拉纳西的鹿野苑，在这里首次传教，并收度了这五名门徒。佛陀在这里讲经300余场，收弟子数千人。玄奘在《大唐西域记》中记载，这里当时有寺庙30座，3000多名僧人和真人般大小的佛祖铜像。鹿野苑在12世纪被穆斯林焚毁，现存遗迹绝大部分都是寺庙的柱桩基石等，遍布遗址之内。目前，残存遗迹还有乔堪祇塔（Chaukhandi Stupa）、答枚克佛塔（Dhamekh Stupa）和建于公元前2世纪的阿育王石柱。乔堪祇塔也称五比丘迎佛塔，是佛陀初转法轮的纪念地。此塔最初建于印度笈多王朝，莫卧儿帝国时在其顶端加建八角亭。阿育王时期的答枚克佛塔据说是佛陀向自己转世的弥勒菩萨授记的地方，该塔残部高达39米，直径达28米，成为鹿野苑的标志。塔上面还有很多佛像，但已经破败不堪。据说，来到这里的佛教徒围绕该塔正转三圈、反转三圈，就能获得福分。园区有禁止贴金箔的提示牌，但佛塔和遗址上多处依然贴着现代信徒带来的金箔。笔者只见到了阿育王石柱残存的一小部分，外面罩着玻璃。据玄奘记载，公元7世纪时阿育王石柱高70余尺（约17米）。19世纪末考古发现了长达两米的石柱柱头，目前存于鹿野苑博物馆。

菩提伽耶向北约30余公里是那烂陀大学遗址。公元5世纪，印度笈多王朝的鸠摩罗笈多为了弘扬佛法，在那烂陀创建了一所佛学院——那烂陀寺，是古代中印度地区佛教最高学府和学术中心，距离巴特那（华氏城）90公里。笔者在遗址上看到，这是一座方城，四周围匝长廊，以砖木砌成。目前遗迹留有高墙、僧房、寺庙，正门高大厚重的墙面显示着当年的辉煌。从目前挖掘出来的遗址来看，整个那烂陀大学分为僧院区和教学区，僧院区由大致相近的院落组成，每个僧房很小，不足4平方米，仅能容身，但排列整齐。院落里有石桌、水井、冰窖和厨房等。一位印度向导带领笔者参观了玄奘的僧房，仅是一个普通的僧房，玄奘在此居住学习5年。教学区有寺庙和佛塔。整个遗址里散布着佛塔遗址，毗邻僧院区有一个遗留寺庙，据说是《西游记》里的雷音寺。据记载，全盛时期此处藏书900余万卷，来自各国的学生达上万人。玄奘和义静都曾详述过这座寺庙学院的风貌。《大唐西域记》记载，"伽蓝（庭院）五十余所，僧徒万有余人"。那烂陀大学13世纪毁于穆斯林兵灾，沉睡于地下。据说，后来欧洲和印度的考古学家经过与玄奘的《大唐西域记》中的记载核对后，才让那烂陀大学重见天日。据称，目前已发掘面积超过15万平方米，包括十几座僧院和多座寺庙。印度一位学者曾表示，如果不是玄奘的《大唐西域记》，印度中世纪的历史仍是一片漆黑。在那烂陀大学附近有一所2006年中国政府捐建的玄奘纪念堂，有警察看门，门票仅5卢比，正中是玄奘博物馆，前面是玄奘负笈的雕塑，博物馆内的三面墙上都是玄奘西行路线的铜版画。

　　佛教四大圣地中的最后一个是佛陀涅槃的拘尸那罗，位于今天的印度北方邦戈勒克布尔（Gorakhpur）县以东约53公里的卡西亚村（Kasya）。据称，阿育王时曾立有两根石柱，现已损毁。法显来时已经凋败，"其城中人民亦稀旷，止有众僧民户"。玄奘看到的已经是废墟，"城郭颓毁，邑里萧条，故城砖基，周十余里。居人稀旷，间巷荒芜"。据说，佛陀80岁时在这里涅槃。1853年，英国学者发现该遗址并进行发掘。20世纪以来，印度政府和各国佛教徒陆续投资修复遗址，新建了一些佛寺、佛塔，包括大涅槃堂、大涅槃塔和安伽罗塔等。

　　从以上这些遗迹可以清晰地看出，当年佛陀一生大致的活动范围——从蓝毗尼出生，到菩提伽耶顿悟，再到鹿野苑初转法轮，直至拘尸那罗涅槃。印度北方邦的拘尸那罗位于印度比哈尔邦首府巴特那（华氏城）和菩提伽耶的西北部，距离尼泊尔蓝毗尼很近，佛陀的全部活动范围不超过500公里至1000公里。这些遗址大部分都是经后来的考古发现和中国古书上的记述而得以验证，其遗址建筑主要来自印度孔雀王朝和笈多王朝。佛陀圆寂后，佛教逐渐通过陆路和海上两条路线向东亚和东南亚传播，陆路上通过中亚传到中国，海上通过斯里兰卡传到东南亚和中国、日本和韩国。

佛教兴盛千年也是外族频繁入侵的千年，相比单一文化群体穆斯林千年频繁入侵，佛教千年的外族入侵从文化上更加多元，奠定了印度多元文化社会的历史根基。此外，在外族入侵的刺激下，印度首次出现了一个短暂的大一统局面，这也构成了现代印度民族国家整合与认同的历史基因和政治理想。"如今，印度政界和学界不断提出的印度应该重新统一印度、巴基斯坦和孟加拉国为一个国家的根源也在此。"[1]

佛教千年中入侵印度的外来族群主要来自两个方向，一个是东方族群，这缘于中国汉朝打击匈奴，匈奴西迁，推赶大月氏和塞种人等族群向中亚和印度迁徙；另一个是来自欧亚大陆北部和西部的族群，如雅利安人、大夏和帕提亚人等。经笔者粗略计算，从公元前518年波斯人入侵到公元7世纪第一拨穆斯林入侵，有记载的较大族群入侵达到10次以上，几乎每百年就有一次较大规模的入侵。雅利安人是目前已知的、最早入侵印度的外来族

---

[1] Markandey Katju, "Reunification of India a Necessity", the Daily Pioneer, Aug 21, 2019. https://www.dailypioneer.com/2019/columnists/reunification-of-india-a-necessity.html.

群。第二拨入侵者是公元前518年波斯入侵印度西北部的犍陀罗国，这个印度古国的首都塔克西拉位于今天巴基斯坦首都伊斯兰堡附近，最后该国变成大流士一世（Darius）阿契美尼德帝国的第20个属地，每年印度须进贡不少于360个塔兰特（Talent）金粉，希罗多德在其《波斯战争（历史）》中讲述了印度金粉的很多故事。这刺激了亚历山大大帝。公元前326年，亚历山大大帝入侵印度。

从公元前184年到公元320年，近500年历史中，也曾出现短暂统一北印度的王朝，但总的来说，印度一直处于分裂状态。这一时期是各族群排着队入侵印度的时期，来自东方的族群主要是塞种人、大月氏人、匈奴人，来自北部和西部的族群主要是大夏人、波斯人、帕提亚人、萨珊人、胡那人，这些外族入侵后基本都皈依了佛教和印度教。

早在公元前250年大夏就曾侵入印度西北部，佛教经典《弥兰陀问经》对大夏统治者米南德的记载，成为大夏入侵印度的直接依据。约公元前50年，大夏最后一位国王赫迈乌斯同时遭遇北部斯基泰人和西部帕提亚人的入侵。中国的《史记》和《汉书》将斯基泰人称为塞种人，他们是被大月氏人从中亚驱赶到这里的，而大月氏人是被匈奴驱赶到塞种人居住地的，匈奴则是被中国汉朝向北和向西驱赶的。塞种人占领旁遮普地区长达数百年。公元1世纪左右，大月氏人建立起来的贵霜王朝开始入侵印度，塞种人则被贵霜王朝驱赶到印度东部和南部更加纵深的地带。贵霜王朝统治持续了100多年，最强大的是迦腻色伽帝国，其君主与阿育王一样，开疆拓土后也改宗佛教并在克什米尔召开了第四次佛教大会。小乘佛教的权威版本在此次大会上被刻在铜板上。这次大会还促成了大乘佛教的发展并向中国传播。有关该王朝的事迹，当年访问过该国的中国佛教徒在中国史书中有所记载。公元240年左右，西方的萨珊人入侵北印度，推翻贵霜帝国的统治。公元484年，征服波斯的胡那人入侵印度，控制了旁遮普。

相比北印度大部分时期是一个中心权力体系，南印度一直是多权力中心体系，此时中印度和南印度诸王国也逐渐皈依佛教。公元前2世纪至公元2世纪，说泰卢固语的安得拉王朝将其影响扩大到南印度和中印度大部分地区，控制中印度长达450余年。东印度是羯陵伽王国。今天印度奥里萨邦的布巴内斯瓦尔附近发现的"象窟"铭文有明确记载，尽管没有标明时期，但大约雕刻于公元前200年至前25年间，该雕刻提到伟大的羯陵伽君主先后三次发动对北印度的战争，其中一次迫使摩揭陀国王屈服。在安得拉王朝和羯陵伽王朝南边是三个泰米尔王国，喀拉拉（Kerala；又称哲罗，Chera）在西，潘迪亚在中间，朱拉在东。公元325年，帕拉瓦王朝在泰米尔纳德站稳脚跟，废黜了朱拉君主，在此建立了至少600年的统治，是印度历史上统治时间最长的王朝之一，中国的书籍和印度的铜盘、石刻铭文、钱币上对此均有记载。帕拉瓦王朝，《旧唐书》译作拔罗婆。笔者曾在金奈博物馆看到当年遗留的这些铜盘和钱币，还有大型铜版古书，用古老的泰米尔文记载。中印第二次领导人非正式会晤的印度南部泰米尔纳德邦金奈市精美"五战车神庙"石雕就是当时辉煌的见证。现在印度喀拉拉邦依然延续着古印度的名字和位置。

在长期外族入侵中，印度也曾赢得短暂统一。在亚历山大大帝启发下，旃陀罗笈多·孔雀统一了印度次大陆。[1]旃陀罗笈多

---

[1] ［美］斯坦利·沃尔波特：《印度史》，李建欣、张锦东译，中国出版集团东方出版中心2013年版，第51页。

又称月护王，其创建的孔雀王朝统治了大部分印度地区达140年。孔雀王朝最伟大的君主是阿育王（公元前269年至前232年在位），阿育王石柱仅存20根，遍布印度各地。笔者在鹿野苑和德里第五城看到过真实的阿育王石柱。阿育王石柱中间部位从下往上依次用三种文字雕刻书写，文字清晰。据考证，石柱上大部分是以婆罗米文镌刻的阿育王敕令，有5000多字。另外两种文字是阿拉米文的变体和佉卢文。佉卢文是佛教发展时期使用的文字，很多佛经用佉卢文记载，并传向中亚和中国西部。中国新疆的尼雅遗址出土大量佉卢文字，可见其文化覆盖范围之广。据称，佉卢文源于古代印度犍陀罗，在孔雀王朝时使用，随着公元4世纪中叶贵霜王朝的灭亡，佉卢文消失。学界认为这是阿育王时期的三种地方语言（Prakrit）。

孔雀王朝实现印度次大陆的首次统一，统一地区包括北印和南印部分地区。这是该王朝对印度的第一个贡献，比中国秦朝于公元前221年统一六国早103年。印度再一次大一统是在1500年后的莫卧儿帝国奥朗则布皇帝时期和2000年后的英属印度时期。因此，阿育王被称颂为第一位真正的全印之王，实际上目前只能说阿育王是第一个在南印建立了统治权的北印统治者。阿育王石柱顶部以大写字母和动物雕刻作为装饰，最著名的是鹿野苑的四头狮子，今天印度国徽的狮子就源于此。狮子支撑着一块巨石"法轮"，以纪念佛陀在鹿野苑初次布道，狮子立在石柱顶板上边，雕刻了四个较小的法轮和四种动物——大象、马、狮子和公牛，与4000多年前的哈拉帕文化印章非常相似，只是哈拉帕印章里没有马。不过也有说法认为阿育王石柱的狮子形象似乎更多受到波斯的影响。

第二个贡献是阿育王崇佛，开启佛教兴盛千年，影响深远。第三个贡献是为印度留下了丰厚的精神遗产，除了佛教外，辅佐月护王的婆罗门大臣考底利耶留下了印度版现实主义经典教材《政事论》，尽管有人认为这部著作不是出自考底利耶之手，但这本书所蕴含的思想是现代印度战略思想的渊源，被印度现代战略界奉为圭臬。

　　如此兴盛的佛教为何在印度灭亡？核心原因是外族入侵，次要原因是印度教复兴，推动佛教式微。这里还有一个问题，佛教兴盛千年中印度教在哪儿？实际上，佛教兴盛期间印度教与佛教一直并存，大部分皈依佛教的国王同样信奉印度教和耆那教，这也是埃洛拉石窟三个宗教雕刻并存的原因。潘尼迦在其《印度简史》中提到，在宗教方面，印度佛教国王既是佛教徒也是印度教徒，如戒日王供养着五百名婆罗门和一千名佛教僧侣。即便在佛教全盛时期，印度教也没有丧失其势力。随着宠佛的戒日王朝灭亡，代表佛教兴盛的华氏城已衰微。[①] 在法显和玄奘的著作中也有相关论述，佛教兴盛的同时，种姓制度和印度寺庙及教徒也非常兴盛。从法显的著作中就可以看出，佛教在公元5世纪就开始在印度部分地区出现衰落迹象，玄奘赴印度求学期间已经是佛教在印度兴盛的晚期，更显衰落。但最终让佛教彻底消失的因素是穆斯林的到来。公元7世纪穆斯林零星入侵印度，公元8世纪在信德[②]（即今天的巴基斯坦地区）逐渐站稳脚跟，来自阿富汗的穆斯林开始系统性地入侵印度，在征服印度的同时，彻底毁灭了已

---

①　［印度］K.M.潘尼迦：《印度简史》，简宁译，新世界出版社2014年版，第97—99页。

②　信德地区位于今天巴基斯坦南部临海的卡拉奇附近，其地理位置很重要，巴基斯坦的英文国名中就有信德。1933年，在剑桥学习的拉赫马特等三名穆斯林学生提出建立独立于印度之外的"巴基斯坦（PAKSTAN）"，P代表旁遮普，A代表西北边境省，K代表克什米尔，S代表信德，TAN来自俾路支斯坦。

经式微的佛教。尤其是1202年，信奉穆斯林的古尔王朝洗劫了恒河中下游地区，矛头直指佛教中心那烂陀、华氏城和孟加拉等地区，佛教徒被驱赶，逃亡到尼泊尔，来不及逃亡的都被杀害，其严重性在于佛教被迫从诞生地消亡，再也没有大规模复兴。随后，除了德干和孟加拉部分地区及尼泊尔有少量僧团活动外，佛教淡出印度次大陆主流精神需求长达750余年，印度人的精神需求被伊斯兰教和印度教填补。①直到1954年，印度贱民的领袖安贝德尔卡公开让追随他的5万名贱民皈依佛教，作为改变贱民身份和政治抗议的方式。佛教灭亡后，印度及其文明开始接受来自西方的一股新力量，一个新宗教体系，一个与印度教对立的精神体系。

第四节　穆斯林带给印度的冲击与断裂

622年在沙特阿拉伯沙漠中产生的伊斯兰教，从历史上根本改变了印度历史的走向和进程。在外族历次入侵中，对印度历史演进发生根本性改变的族群有两个，即雅利安人和穆斯林。两者最后都成为印度历史的主人和精神塑造者。穆斯林入侵前半程是不太连续的，从巴格达到土耳其，再到中亚阿富汗各地区的伊斯兰教统治者，从644年和711年零星入侵，到公元10世纪开始有规模地入侵，一直到公元16世纪莫卧儿王朝建立之前都是顺次入侵，莫卧儿王朝建立后长久统治印度，这是伊斯兰入侵印度的后半程，一直持续到葡萄牙、西班牙和英国殖民者到来，尤其是

---

① ［美］斯坦利·沃尔波特：《印度史》，李建欣、张锦东译，中国出版集团东方出版中心2013年版，第51页。

英国人站稳脚跟。穆斯林在印度次大陆占据统治地位近千年，是印度第四个千年宗教分期。穆斯林入侵在丰富印度次大陆文化、社会多样性的同时，也给印度次大陆造成永久的、无法弥合的伤痕，直至今天还在影响着印度次大陆的格局和走向。这种影响不仅在巴基斯坦、孟加拉国可以看到，在印度内部的印穆矛盾中也可以窥见。

自公元10世纪开始，每次穆斯林入侵或王朝更迭后都在德里修建新皇宫，留下一座城市，下一次入侵者或王朝更替后都另起炉灶，遗弃原来的皇宫和城市，自己再造一个皇宫和城市。自此，穆斯林在德里地区共留下了六座城市，加上之前一座抵抗穆斯林入侵而建的城市，共有七座城市，俗称"德里七城"，散落在如今德里的市内和周边，成为游客的必去之处。英国人1911年开始建造的新德里是"德里第八城"，所以很多人分不清德里和新德里的关系，其实在国际航班标注上，德里和新德里是一样的，都代表着老德里与新德里混合的这座城市。笔者曾在朋友的带领下逐次参观了上述遗址，尽管断壁残垣，但依然还留有当年的辉煌，包括高大的城门、清真寺、城墙箭垛、议事厅、马厩、水井等。

南亚的富庶通过阿拉伯商人带回伊斯兰世界，刺激着穆斯林的胃口，在信德地区遭遇袭击的穆斯林商船给这些蠢蠢欲动的伊斯兰统治者提供了合理借口。644年，穆斯林第一次通过海上入侵信德地区，只不过这位指挥官不太适应当地的气候和饮食，其悲观的态度让穆斯林进一步入侵推迟到711年。当年，一艘穆斯林货船在信德地区再次遭遇抢劫，伊拉克的乌玛亚德统治者用6000匹叙利亚马和6000匹骆驼远征信德，指挥官给当地异教徒两条路，要么皈依伊斯兰教，要么被杀。这两次仅是穆斯林入侵印度的开胃菜，真正大规模入侵要到公元10世纪，并且穆斯林大规模入侵印度不是来自海上，而是通过陆上的开伯尔山口。

自公元8世纪中期阿拔斯哈里发建立以来，由于疆域过大，到公元10世纪，各种独立伊斯兰教国家不断产生。其中公元10世纪被驱赶到阿富汗和波斯的土耳其游牧部落成立了第一个独立的伊斯兰教国家，即加兹尼王朝。中国宋代称该王朝为吉慈尼国。马茂德（971—1030年在位）在位期间被称为"伊斯兰教之剑"，自997年开始从阿富汗发起对印度的入侵和掠夺，每年冬天离开寒冷的首都加兹尼，通过开伯尔山口袭击旁遮普平原，劫掠一切，这应该是游牧民族对农耕民族入侵的典型方式。利用从印度劫掠的财富，马茂德把偏僻的加兹尼变成了公元11世界最大的伊斯兰文化中心。

加兹尼王朝开启了穆斯林大规模持续入侵印度的序幕，后来的入侵者则进一步向东和向南延伸。马茂德死后150年，加兹尼王朝被信仰伊斯兰教的突厥古尔王朝吞并，这股突厥人起源于中亚的游牧部落。1175年，古尔王朝的苏丹穆罕默德和副将顾特卜–乌德–丁·艾伯克开始入侵印度，1186年和1193年分别占领了拉合尔和德里。这期间位于旁遮普和德里中间地带的拉杰普特（Rajput）人进行了英勇的抵抗。笔者曾参观过位于印度拉贾斯坦邦杰伊瑟尔梅尔的黄金城，其构建的完整防御体系就是与古尔王朝战斗的杰作。古尔王朝追赶着这些不屈的当地人，从德里进入恒河平原，一直抵达孟加拉地区。

1206年，古尔王朝的穆罕默德在拉合尔被暗杀，顾特卜宣布自己为德里苏丹，俗称奴隶王朝（因顾特卜出身为奴隶）。这开启了穆斯林与印度关系的新阶段，即顾特卜把印度从战争掠夺之地变成王朝的所在地，标志着南亚一系列穆斯林王朝的新开端。

德里苏丹持续了320年，包括前后接续的5个小王朝，即奴隶王朝（1206—1290）、卡尔吉王朝（1290—1320）、图格鲁克王朝（1320—1414）、赛义德王朝（1414—1451）、洛迪王朝（1451—1526）。

德里第二城见证的是奴隶王朝。顾特卜自立为王后，以德里为首都建造了梅劳里城（Mehrauli），即顾特卜高塔。该塔建在新德里西南部约15公里处，是德里著名的旅游胜地。有人考证，该塔始建于1193年，持续到公元13世纪才完工，是为庆祝顾特卜1193年战胜德里的最后一个王国而建，该塔的完工标志着伊斯兰教在德里地区占据了统治地位。顾特卜高塔高72.5米，共有389级台阶，据说原有7层，现遗存5层。塔周围还有1193年建的"伊斯兰力量"清真寺和其他多座附属设施。据说这座清真寺是拆了27座印度教寺庙和耆那教寺庙而建成的，里面有笈多王朝铸造的铁柱，至今不生锈，被誉为印度一绝。据称，这是印度最早的清真寺。笔者曾在此流连忘返，该寺虽距今1000多年，但站在其中依然能感受到其恢宏和壮观。

1290年，德里苏丹的将军查拉尔－乌德－丁·菲罗兹·卡尔吉发动政变，建立了第二个德里王朝——卡尔吉王朝，当时卡尔吉已经70岁，在位6年。其侄子阿拉－乌德－丁的统治让该王朝在印度历史中留下了印记。该王朝是德里苏丹印度化的转折，伊斯兰教王朝更加依靠土著人的支持。阿拉－乌德－丁1296年至1316年统治德里苏丹20年，此时第二个王朝的中央集权达到顶峰。阿拉－乌德－丁1297年至1307年建立了西里城（Siri），原来这里只是一处兵营，后来增建为堡，以防御蒙古人入侵。目前，这里只有几处遗迹，被称为德里第三城。笔者游览此地时看到，兵营建筑依然存在，还有储水池、瞭望塔等，高大巍峨的城墙遗址显示着当年的强大。现在,此遗迹也是学生周末谈恋爱的好去处,里面游荡着野驴和野狗等。

公元14世纪20年代,来自西部的吉亚斯·乌德·丁·图格鲁克入侵印度,1320年夺取卡尔吉王朝政权,建立了图格鲁克王朝,该王朝于公元14世纪统治着德里地区,是德里苏丹的第三个王朝。吉亚斯是土耳其宫廷一位奴隶和一位印度教女人的儿子,他建立了德里第四城图格鲁克城(Tuglakabad)。此城位于德里东南角,规模很大,宫殿遗址在断壁残垣中清晰可见。图格鲁克王朝第三代苏丹菲鲁兹·图格鲁克约在1354年在亚穆纳河边修建了德里第五城菲罗扎巴德城(Firozabad),位于今天德里市中心康诺特广场东侧不远。雄厚的城池与建筑、宽阔的草坪,在德里市中心闹中取静。

1398年中亚的帖木儿军队从开伯尔山口掠夺了旁遮普并入侵德里,在德里地区展开了无情的杀戮。印度教徒的头颅和尸体被堆成高高的"塔状物",成千上万的人被掠走为隶,撒马尔罕的清真寺就是德里的石匠所建。100多年后,帖木儿的孙子巴布尔返回德里,建立了莫卧儿王朝。帖木儿,曾被西方人称为"世界的征服者",在40多年的戎马生涯中建立起从印度德里到叙利亚大马士革、从咸海到波斯湾的帖木儿帝国。帖木儿于1336年出生在撒马尔罕以南60多公里的萨布扎尔村(Sebzar),他所属的部落是突厥化的蒙古巴鲁刺思部。据说,他的祖先是部落首领哈刺察尔,是成吉思汗的从兄弟,后来是察合台汗手下的一位统帅。

帖木儿军队的入侵加速了德里苏丹的分崩离析。1414年,由突厥基兹尔汗在德里地区建立了赛义德王朝和洛迪王朝。洛迪王朝留下了洛迪花园,在现在德里人居中心对面,距离中国大使馆不远,是德里达官贵人和外国使节散步和晨跑的好去处。

1526年，帖木儿的孙子巴布尔自中亚南下，再次入侵印度，在德里地区建立莫卧儿王朝。其第二代君主胡马雍修建了被称为"信仰避难所"的普拉那奎拉城（Purana Quila）。1540年，胡马雍被阿富汗苏丹王朝的舍尔沙打败，舍尔沙摧毁了胡马雍的新城，在此基础上修建了属于自己的城市，重新命名舍尔嘎城（Shergarh）。1555年，胡马雍卷土重来，从舍尔沙手中夺回了德里，将舍尔嘎城建设完成，这是德里第六城，目前在老德里动物园附近，距离印度中国研究所很近。该城距离胡马雍陵也很近，大约半小时车程。

胡马雍继任者是莫卧儿王朝著名文治武功的阿巴克大帝，醉心于营造位于今天北方邦阿格拉的红堡。这里最著名的是其孙子——莫卧儿王朝第五任皇帝沙贾汗为其妻子修建的泰姬陵。1638年，沙贾汗把都城从阿格拉迁回德里，在亚穆纳河边上修建了新都城，就是今天的德里红堡，这是德里第七城沙贾汗纳巴德城（Shahiahanabad），旁边就是德里著名建筑贾玛清真寺和月光市场，这里是游客的必去之处。

自1526年开始，莫卧儿王朝开启了对印度的统治，直至英国人彻底占领印度。莫卧儿王朝的前期君主都很能干，从巴布尔到胡马雍，从阿巴克大帝到修建泰姬陵的沙贾汗，再到第二次基本统一印度次大陆的沙贾汗的儿子奥朗则布。除了常年征战、开疆拓土外，阿巴克大帝为莫卧儿王朝的长治久安奠定了基础。

说起来很有趣，阿巴克大帝出生在胡马雍逃亡波斯的流放地，其母亲来自波斯，童年在阿富汗坎大哈的流放地度过，他是莫卧儿王朝唯一一位不识字的皇帝，后来他知道了先知都是不识字的，就建议信众至少有一个儿子不要读书识字。尽管不识字，但阿巴克却把统治建立在印度社会多元的认知上，这是其独特的成就，也奠定了莫卧儿王朝的长治久安。阿巴克认识到，让印度教徒皈依伊斯兰教是一个血腥的过程，要想赢得统治的稳固，必须赢得印度教徒的支持。为此，阿巴克取缔强迫印度教徒皈依伊斯兰教的做法，同时迎娶拉杰普特（Rajput）国王的女儿，取消一直以来向印度教徒前往圣地朝拜而征收的税，接着还免除了令人痛恨的非穆斯林人头税，这些举措夯实了莫卧儿王朝统治的社会基础，将印度教徒完全纳入统治中来，在很大程度上缓解了帝国最大的难题——印穆矛盾。阿巴克还通过安抚阿富汗和征服孟加拉与奥里萨等地，完全控制了北印度和中印度，版图超过孔雀王朝，他还创造了一个被英国人早期采用的治国模式。

莫卧儿王朝前六位皇帝持续统治180余年，开创了莫卧儿帝国的繁盛，后来的数位帝王又在风雨飘摇中持续统治了140余年，这期间在反抗莫卧儿帝国和西方殖民者入侵中，各地藩王自立为王，印度次大陆分崩离析。1858年，英国在镇压印度人大起义中将莫卧儿帝国成年男子诛杀殆尽，莫卧儿帝国从此淡出历史舞台，穆斯林占据统治地位近千年的历史告一段落，但这股力量持续影响着印度次大陆族群、地缘和政治走向。

穆斯林入侵是印度历史上除了雅利安人入侵外，外族和外来文化占据主导地位最长的一次入侵，从根本上改变了印度次大陆的发展态势和结构。莫卧儿王朝之前，伊斯兰统治者的一波波入侵和德里苏丹的更迭从精神和政治上分裂了印度次大陆，为"二战"后印度次大陆的印巴分治埋下了伏笔，逐渐奠定了印度今日族群与宗教的认同和结构，至今仍影响着印度次大陆的地缘变迁和发展走向。

在历史上，印度土著同化了野蛮的雅利安入侵者，雅利安人给印度次大陆带来了印度教和种姓制度，佛教变相延续了印度教的发展，犹如印度教发展上的一个枝杈，后来在印度次大陆被消灭，但却在异国他乡开花结果。伊斯兰教在征服印度次大陆的过程中逐渐融入印度本土文化，在征服与反抗中塑造了近现代印度族群认同和结构及政治版图，英国人到来后进一步细化，给原来的族群命名，形成了印度次大陆"二战"后的基本格局。

在印度河与恒河分水岭西部的广大区域，经过佛教时期上千年的外族入侵洗礼，各入侵族群逐渐出现融合趋势，最终在反抗伊斯兰的入侵和征服过程中形成了一个混合各族群的新族群，即今天位于拉贾斯坦邦的拉杰普特人。[①]但这种融合是初级的，时至今日，他们内部依然存在着原有族群的深深烙印。印度地区之间的差异不仅体现在拉杰普特人身上，在其他族群身上同样如此，即便印度教内部也是如此。由于族群各自为战，语言习俗迥异，相互对立，即便都是印度教徒，西北的拉杰普特人、中部的马拉塔人、南部的泰米尔人等在反抗穆斯林王朝统治中无法联合起来，一次次错失了打败穆斯林统一印度的梦想。时至今日，这种传统依然是阻碍印度发展的一个主要障碍。

这期间，印度西部旁遮普地区酝酿着印度次大陆精神上的一次小分裂——锡克教的崛起。公元15世纪的旁遮普地区，印度教虔诚派和伊斯兰教并存，一位名为那纳克的人在两种宗教的交流与碰撞中创建了一种新的信仰，取名为锡克（Sikh）。那纳克出生在一个印度教家庭，却在伊斯兰教环境中长大。那纳克认为印度教和伊斯兰教教义既有可取之处又有不可取之处，汲取两者可取之处创建了一种主张平等和没有种姓的新宗教，取名为锡克教。"锡克"词汇

———

①　Manoshi Bhattacharya, *The Royal Rajputs*: *Strange Tales and Stranger Truths*, Rupa Publications India Pvt. Ltd, 2008.

来自旁遮普语Sikhi，意思是"学生""信徒"。锡克教信仰是崇拜一个全知全能的神，最终的精神追求是个人与神合一。锡克教主要流行于印度旁遮普地区，奉行祖师崇拜，祖师是神的使者，信徒是祖师的徒弟。锡克教共有十位祖师，第十位祖师去世前宣布将诸多祖师和先贤编纂的经典《格兰特·沙希卜》作为永久的经典及祖师崇拜。第四代祖师罗姆·达斯曾在阿巴克宫廷服务，被赐予位于旁遮普的一些土地，罗姆的儿子和继承者阿琼在这些土地上建成了锡克寺庙，因寺庙建在水池中而把该地命名为阿姆利则，即永恒的甘露之塘。笔者参观过阿姆利则的大金庙，非常壮观，尤其是晚上，金庙在水中的倒影与金庙互相映衬，甚是漂亮。距离大金庙不远就是阿姆利则惨案的遗址和印巴升国旗的地方。

把锡克教从温和转变为尚武的是第六代祖师。因第五代祖师阿琼被统治者以帮助帝王逆子为名杀害，第六代祖师（也是阿琼的儿子）哈儿·戈宾德武装教友，把锡克教从一个信仰和平的宗教转变成一种与莫卧儿王朝斗争的军事组织，从此锡克教走上了尚武的道路。时至今日，锡克教徒依然是印度军队的主要力量，人们经常看到印度军队中围头巾的锡克教士兵。第九位祖师的叔祖父特格·巴哈杜尔被杀后，其儿子（也是第十位祖师）戈宾德·拉伊把教徒变成了纯粹的军队，将所有信徒名字后面加上"辛格"，寓意"狮子"。这也是旁遮普地区以"辛格"为名字的人特别多的原因。1699年，戈宾德·辛格制定了锡克教为圣战必须遵守的五条戒律，也称5K：终生蓄发和蓄须（Kesh）、头裹长巾（Kangh）、穿短裤（Kacch）、佩短剑（Kirpan）、戴手镯（Kara）。这些在锡克教中具有特殊含义：蓄长发、长须表示睿智、博学和大胆、勇猛，是锡克教成年男教徒最重要的标志；加发梳是为了保持头发的整洁，也可以促进心灵修炼；穿短衣裤是为了区别于印度教徒穿着的长衫；佩短剑表示追求自由和平等的坚强信念；戴手镯象征锡克教兄弟永远团结。不过，如今锡克教男子平时很少穿短衣裤、佩短剑，但蓄发、加发梳、戴钢手镯仍然普遍，尤其是在梳好头发之后，再包上一条长长的头巾，成为锡克教徒的典型形象。锡克教强调人道主义和社会公正，他们经常为社会提供物质救济和精神救济，目前被列为世界第五大宗教。现在锡克教在全球约有3000万信徒，主要集中在印度旁遮普邦地区。在世界其他国家主要聚集在巴基斯坦、加拿大、英国、美国、澳大利亚及部分南亚其他国家。

18世纪末19世纪初，旁遮普地区出现了一个强大的锡克王朝，兰吉特·辛格（Ranjit Singh，1781—1839）统治该王朝40年，不但在五大河流域开疆拓土，到1820年该王朝已经拥有南亚最富庶、战略位置最重要的疆域，共25万平方千米，直至1839年英国人完全占领此地。这也是现在锡克教独立运动的根源。英国在攻打锡克帝国时大量使用印度教士兵，造成锡克教徒对印度教徒的仇恨。因此，在1857年和1858年英国镇压印度人起义时，锡克教徒成为英国最坚定的盟友。此后，锡克教徒一直是印度次大陆兵员的主要供给族群之一。

印度教始终是印度文明的核心线，其他族群的文化和信仰就如同价值曲线，围绕着印度教时上时下，尽管有时超越印度教主线的地位，但并不影响主线的延续和发展，这是印度文明能够存活和延续至今的根。与英国和近现代西方相比，印度次大陆4000余年的文明演化主要靠大陆文明的推动，海上一直不是主要的地缘威胁。随着莫卧儿王朝的没落和葡萄牙与英国的入侵，印度次大陆首次面临海洋文明的威胁。这种历史演化对当代印度同样产生了巨大而根本性的影响。

　　1498年5月27日，达·伽马绕过好望角在距离郑和登陆地点不足30公里处登陆。郑和给印度带去的是和平与生意，而达·伽马开启的是西方国家对印度持续四个半世纪的侵略和征服。达·伽马的登陆开启了印度近现代化的进程，印度被迫卷入世界历史的潮流，开始"沐浴"西方文明。1509年，葡萄牙副王在第乌打败了古吉拉特军队和埃及同盟军，在第乌建立了第一个据点，这是西方殖民者第一次来到印度建立据点。1510年，葡总督阿方索·德·阿布奎克占领果阿。

　　根据1494年的《托尔德西里亚斯条约》（Treaty of Tordesillas）及此后《教皇训令》①的确认，西班牙垄断了新世界黄金交易，把印度和巴西留给了葡萄牙。葡萄牙在东方的总督托姆·阿方索·德·阿尔布克尔克认识到控制印度洋的重要性，决定沿印度洋到马六甲海峡建立要塞，并决定将重心设在果阿，从此开启了葡萄牙称霸亚洲上百年的历史，此时英国和荷兰的海上力量还很弱小。果阿至今遗存着葡萄牙留下的几十座大教堂。葡萄牙总督府建在海湾最中间的岛屿上，俯瞰海湾，现在是果阿邦邦长府邸。笔者2016年曾陪同中国外长在此会见邦长，一睹该官邸的恢宏。果阿人对中国澳门情有独钟，总认为果阿与澳门是姊妹城市，因为都是葡萄牙最早的东方殖民地。印度直到1967年才派军队收复果阿。

　　15世纪，与葡萄牙人并行的英国人开始探测通向印度北部的通道。荷兰人也在行动。1595年，荷兰第一支舰队冲破了葡萄

---

　　①　为解决西班牙和葡萄牙两国在殖民地上的争夺，罗马天主教皇亚历山大六世于1493年发布划界训令。但随后两国争端再起，教皇1494年再次仲裁，最终确定在佛得角群岛西南370里格（一里格约5.92公里）处划界。以东归西班牙，以西归葡萄牙。——作者注

牙对东印度群岛的封锁，1602年3月20日成立东印度公司，垄断好望角与麦哲伦海峡之间的贸易长达21年。英国人直到1602年才组建舰队远征苏门答腊。1607年，英国商人发起第三次航行，于1608年8月24日在印度古吉拉特的苏拉特靠港停泊，这是英国东印度公司第一次访问印度。英国人经营印度西海岸贸易的同时，也开始经营东海岸的贸易。1690年，英国人从莫卧儿王朝奥朗则布皇帝的手中获得孟加拉的贸易特许，公司和工厂修建在恒河流向孟加拉湾的一条支流上，旁边寺庙的台阶（Ghats）延伸到水里，加尔各答（Calcutta）的名称可能来自"Kali""Ghat"这两个词，这里后来成为英属印度的第一个首都。

　　1644年，法国也成立了东印度公司，并在印度本地治理建立公司的总部。现在本地治理属于泰米尔纳德邦，距离金奈很近。相比英国人，法国人很快发现在四分五裂的印度不能完全靠武力征服，需要分而治之，并扶持土邦王室傀儡作为代理人统治，效果非常好。英国人很快就从法国人那里学会了这一治理方式，一直沿用到英国人"二战"后撤离。1760年和1761年，英国人打败了位于本地治理及其附近的法国人，占领了本地治理，从此，法国在印度的势力逐渐衰落。经过历任总督的拓展和镇压，到1857年和1858年镇压印度起义后，英国人彻底打败印度人，完全占领了印度次大陆，从阿富汗到缅甸，从孟加拉到次大陆的最南边。

　　1858年的战争耗去英国在印度一年的所有税收（时价3600万卢比），造成数百名英国人死亡，这让英国重新思考如何统治印度，思考的结果是印度归英王直接管理，直到1947年英国撤退，英王统治印度90余年。

第二章 印度人为何如此自负？

长期外族入侵为什么没有摧毁印度教和种姓制度？尤其是统治印度接近千年的穆斯林文化极具摧毁性。印度种姓制度是一种等级制度，而西方殖民者带来的自由平等理念非但没有摧毁种姓制度，这两种相互矛盾的观念与制度在当今印度却和平共处，甚至是相互促进。笔者认为，其根本原因是印度教伦理社会，这是笔者结合印度宗教与社会特性提出的一个概念。印度教伦理社会是雅利安人在本土化过程中形成的、以印度教教义和种姓制度为基础的习俗和规范化制度。在印度教伦理社会中，以"梵我合一"的最高精神追求为统领，以业报轮回与解脱构成印度教伦理社会的理论基础，是印度文明精神内核之一。种姓制度是印度教伦理社会的社会基础。业报轮回与解脱和种姓制度两大支柱构成印度教伦理社会的精神和世俗规范，形成了印度民族文化心理结构和民族性格底色。在印度教伦理社会中，精神世界高于世俗世界，世俗社会依附宗教精神。用"梵我合一"的精神永恒来消解外来族群一次次入侵和统治带来的冲击，破解印度河与恒河周期性泛滥造成的精神与社会困境，印度的这种宗教神性支撑起印度人的精神世界，形成非常强大的自负心态。

第一节　印度教徒信仰的终极意义是什么？

笔者居住在印度哈里亚纳邦古尔冈市31区。印度城市按照区（District）划分，每个区有若干社区，配备市场等，类似于中国城市的街道办事处。笔者初次到离家较近的一个市场买菜，停车场很大，停好车后发现旁边站着一个"仙女"，一动不动，端详了半天才发现这是一个真人大小的神像，再向四周一看，这样的神像遍布停车场附近，包括屋顶。随着在印度待久了，笔者对这种现象也就见怪不怪了。

印度的各种神无处不在、无时不在，神庙和各种神像遍布乡村与城市街头、家庭、公司等，每一个领域都有自己的神，几乎每个人都有自己心中的神。自古以来，印度教社会中宗教与生活不分家，宗教就是生活，生活也是宗教，两者紧密结合。古代宗教规定了许多社会生活准则，要求人们以信仰为依据遵循这些准则，为此宗教往往表现的是一种生活方式。西方殖民者入侵之前，印度次大陆居民的生活没有宗教和世俗之分，也没有宗教这个词汇，宗教一词是近代西方学科发展的产物。在3000余年的印度教徒生活中，大家共同遵守的精神信仰和生活习俗统称为"达摩"。达摩是印度教徒的生活方式，是古印度文明的思想核心。印度学者C.巴德里纳特（Chaturvedi Badrinath）称达摩是印度文明的真正特性，"印度文明的真正特性是'Dharma（达摩）'，而不是'Hindu'。'Hindu'这个词，在任何印度古代或中世纪的新作中都没有出现过。据称，'Hindu'或'Hindu Dharma'一词仅在几世纪前被波斯人使用过，是指生活在'Sindu'河边的人们（'Sindu'即印度）。在印度也没有像'Hinduism'这样的东西。唯一的概念就是'达摩'，印度思想中的任何事物都起源于它，印度生活中的每一个生活最终都依赖它"[1]。印度学者库尔卡尼表达了同样的看法："在印度无论信奉哪位神，这位神的名字叫什么，印度教终极关怀的神祇只有一个，即'达摩'，这无法用抽象概念表达。所有神都是'达摩'的不同形象的展现，是信徒寻求直接敬神并与神沟通的形式。"[2]

如何解读"达摩"统领下的印度教生活方式？笔者提出印度教伦理社会的概念，"达摩"是印度教伦理社会中一套政教合一的社会规范。在笔者看来，印度教伦理社会是以印度教精神为统领的一套社会生活方式。在印度教精神世界里，"梵我合一"是最高的精神追求，也是佛家的涅槃，要想达到"梵我合一"（大宇宙），个体需要不断修行（小宇宙）。印度教世界中的时间概念不是线性的，而是圆的，周而复始，个人修行需要很多世，快慢取决于现世的业报，这就是业报轮回。业报轮回要求人们在修行中不能挑肥拣瘦，此生是什么阶层终生就是什么阶层。人们要安于现实，追求业报，这样才能尽快从此岸到达彼岸，达到"梵我合一"。面对外族入侵和极端天气，各族混居的人们只有安于现状、和平共处、追求来世，才是最佳选择。

要想理解印度教伦理社会中的"梵我合一"最高精神世界，首先要了解古印度人的世界观。根据印度流传下来的吠陀经典和

---

① ［澳］A.L.巴沙姆主编：《印度文化史》，闵光沛等译，商务印书馆1997年版，第85页。

② S.K.Kulkarni, *Hinduism：Triumphs and Tribulations*, Indus Source Books, 2008, Introduction.

神话故事，可以认定吠陀时代的印度人认为世界是一元的。尽管在创世者的说法上众说纷纭，如原人说、生主说、太一说、梵说、我说、水说、金胎说等，但它们都承认世界有一个唯一的本原存在，万物由此而发，万物的生存与发展都受其控制。这种一元论世界观对印度人的宗教观念产生了极大影响。

这种一元论世界观体现在印度教世界观里，把梵提升到与宇宙本原等同的位置，梵书将梵天这个神升格为造物主，全世界之主，梵天创造了诸神，掌管三界。到奥义书时梵被普遍认为是世界唯一的本原。"太初，此世界唯大梵也。"更神的是，古印度哲学家把梵说得神乎其神，大梵无形无性、无任何特征，超越人类的感性和理性、超越人类的所有经验和表达的范畴。这样，梵成为印度文明的核心词汇，一切从梵而起，赋予梵在印度人精神世界里无比崇高的地位。这个梵看起来与唯物主义世界中的物质客观性有相同之处，都是万物之源，但物质具有客观性，而梵看起来无所不能，集中体现在主观性。

古印度人是如何定义世界本原与万象之间的关系的？奥义书在本原外设置了一个人格化的个体，个体核心是灵魂和精神，肉体只是外壳。"太初，宇宙唯'自我'也，其形为人。"这个"我"分大我和小我。大我就是梵，是大宇宙；小我就是个体灵魂，是小宇宙。小我需要通过梵来亲证，但想达到亲证可不是容易的事。问题就出在这里，梵是世界的创造者，掌控着世界。如何掌控？答案是通过幻力让世界纷繁复杂，众生受幻的制约。这个幻就是梵和人之间的一个精神屏障。幻让梵和我分开，由于无知、诱惑，人们看不到梵的真相，因而错误地将幻作为梵的真相，常人难以达到"梵我合一"。要想穿破幻相，达到"梵我合一"，需要修行、禅定，抛弃人间世俗的干扰，参悟反思，穿透幻相这个精神屏障，才能达到大宇宙与小宇宙的统一，真正达到"梵我合一"的境界，这是印度教徒信仰的终极意义。笔者认为，印度教的"梵我合一"，实际上就是佛教的"涅槃"，基督教的"窄门"，伊斯兰教的"安拉"，道教的"无为"。

"梵我合一"是印度自古以来对这个世界的基本看法，至今没有改变，数千年来支配着印度文明，成为印度各族群共同的思维和信仰模式。如果说中华文明的文化心理结构是儒家的"以仁释礼"，那么印度文明的文化心理结构就是"梵我合一"。以儒家为核心的伦理社会是构成中华文明的内核，印度教的"梵我合一"则是构成印度文明的内核，中国伦理社会是以世俗社会为基础，而印度的"梵我合一"则是以宗教神性为基础。

印度人认为，诸神都是梵的不同形态，印度有3.3亿个神，象征着梵的各个形态。崇拜任何一个神，终极目标都指向梵。这就容易理解了，印度教是多神论，数不过来有多少宗教派别，但各派始终能够并存和共存，这是印度教区别于其他宗教的根本原因，印度教内派中有派，但万流归一。"梵我合一"也是印度天人关系的一种表达，与中国的"天人合一"异曲同工。这里需要说明的是，强调"一元论、物质世界虚幻、'梵我合一'"的是吠檀多思想流派特别是商羯罗不二论的想法，这一想法因为辩喜的推广为西方人和国人熟知，但印度教中其实还有大量流派并不赞成这一想法，包括非吠檀多传统的教派和吠檀多传统中持二元论或限制一元论的教派。一方面，他们多以虔信为主，主张的是对神的无条件皈依和热爱，不是苦行、冥想、学问等；另一方面，神是对象而非目标，因此个人只能成为神的仆从，神有自身性质，也是人格化的，个我和神绝不能等同。因此，个我不可能实现"梵我合一"，个我的终极解脱是从轮回中解脱，升入神的天国为其服务而获得永久的极乐状态，这种解脱观与吠檀多不二论并不一致。从信徒数量来说，这种观点其实占多数，包括泰米尔纳德的湿婆悉檀多信徒、北印在吠檀多名下的罗摩难陀教派、包括Gaudiya Vaishnavism在内的各种黑天教派等。严格秉承吠檀多不二论的Smarta教派实际上是少数，可能占印度教徒总体的五分之一或六分之一。从中可以看到，无论是信奉"梵我合一"的吠檀多思想流派，还是不信奉"梵我合一"的其他派别，都有一个共同特点——需要通过修行得以解脱，进入天国。要么与神结合，要么为神服务，进而达到在彼岸中实现最高精神追求的终极理想。

第二节　印度教业报轮回是消极避世吗？

在印度人眼中，时间并非线性的，而是圆形的时间之轮，宇宙时间总在进行永无休止的创造和毁灭的循环。印度神话对大梵天的生命周期描述生动诠释了这种时间观念：大梵天一生中的100年，代表宇宙的一个周期，百年后大梵天在洪水中毁灭，接下来是100年的混沌期，当另一个梵天降临后，下一个周期开始。大梵天是神，神的时间与人的时间不一样。大梵天一生中的一天为一劫，相当于人间的43.2亿年。大梵天醒着时就是创造世界，睡着时就是混沌世界，周而复始地创造和毁灭世界。[①]

这种时空的概念为印度教的轮回（Samsara）和解脱提供了理论基础。在古代印度人看来，人的生命是有限的，但世界时间是无限的。在时间的驱使下，人的灵魂是不灭的，它在无限时间

---

① 郁龙余等：《印度文化论》，北京大学出版社2008年版，2016年第2版，第34页。

的世界中一次次地轮回和再生,每个人的灵魂死后可以在另一个肉体外壳下获得重生。重生的条件取决于此生的"业",也就是此生的所作所为。"业"被赋予道德仲裁的权力,此生为善就能获得轮回,此生从恶则坠入地狱。这种观念影响和决定了印度本土产生的所有宗教,包括佛教和耆那教等,现在几乎所有印度人都相信生命在时间圆圈的不断轮回中循环。这种思想对印度人的影响是根深蒂固的,也是塑造印度民族性格的一个关键维度,是印度教伦理社会的理论基石之一。

业报轮回的"业"最初是指祭祀,与中华文明"礼"的最初解释一模一样。"业"是一切祭祀仪式,最后演化为一套以此为基础的宗教和社会制度规范与行为习俗。业报轮回观念在印度教前2000年并没有形成完整的理论体系,观念上还有很多模糊和差别。业报轮回观念逐步成型是在佛教初创时期,当时旨在反对婆罗门教的佛教提出了一套比较完善的、系统的业报轮回观念体系。其中典型的是佛本生故事,这是全球佛教界都非常熟悉的故事。针对印度教的种姓制度,佛教提出:人的区别和人的轮回不取决于种姓、出身,而是取决于前世的"业",不同的"业"造就不同的人,轮回也是如此,每次轮回不是依据种姓,而是依据前世的"业"。印度教在演化过程中汲取了佛教有关"业"的理论部分,认为根据"业"的不同,灵魂转世有三种去处,善业去天堂,恶业去地狱,有善有恶的业去世俗人间。印度教之所以能够长盛不衰,这种吸纳各派的包容性起到了重要作用。

很多人认为印度教的这种生命轮回,导入了一个悲观的、消极遁世的态度,是为了逃避现世的痛苦,完全是出世的心态。实际上,印度这种轮回的出世观念不完全是消极的,也是一种积极的生命观。对此,尼赫鲁曾有过经典论述:"印度也和其他地方一样，有思想和行动两条河流———一个接受人生，一个逃避人生，并排着发展，在不同时期各有侧重，有时突出这个，有时突出那个。然而文化的基本背景并不是出世或厌世的看法。""有些人曾经认为印度的思想和文化在根本上代表着否定人生原则，而不是代表着肯定人生原则。但我认为，以整体而论，印度文化从没有强调过否定人生。""它所教的是超越人生和行动，而不是回避。超越的观念贯穿了印度的思想和哲学。换句话说，有形和无形的世界之间必须保持平衡，如果偏重一方，另一方就会因被遗忘而消失，行动的本身也就失去终极意义。"①

从尼赫鲁的论述中可以看出，轮回是好和坏之间的平衡发展，人们不仅珍惜今生，更期盼来世，福祸相依，只有两者相互转换才能保持轮回的平衡和精彩。这种生命轮回是一种永恒、自由和不断延续的生命，死亡是走向新生的开始，这是一个非常神圣的过程，要珍惜每个环节。以此推理，人们面对死亡很坦然，追求来世很自然，理论上积极出世很必然。

不仅如此，业报轮回是手段而不是目的，最终目的是通过修行摆脱业报轮回，达到"梵我合一"或进入天国，即佛教所说的涅槃，彻底逃出升天。耆那教则认为是超越轮回，进入一种无所不知、无所不能的极乐世界状态。业报轮回仅是获得涅槃的准备阶段。只有前世好好修行，认真准备，以期取得一个好来世或彻底摆脱轮回，实现涅槃或进入天国的终极理想。

解脱的印地语是"Moksha"，即从轮回中得到解脱。这是印

① Jawaharlal Nehru, *The Discovery of India*, First Published by The Signer Press, Calcutta 1946, Published in Penguin Books 2004, Introduction copyright 2010, pp.78-80.

度教的重要神学与哲学概念，指生命个体能够脱离世间生死轮回及其带来的各种苦。印度教、耆那教和佛教皆继承了这个观念，但在理论上有不同的见解。印度教吠檀多派认为达到梵我境界即解脱。

从这个角度来看，业报轮回也是一种积极的态度，尽管是出世，但这是积极的出世，构成了印度教个人伦理观和印度教社会的主要规范。业报轮回的个人伦理观主要依靠个体的道德意识，其作用和效果比较有限。要想取得切实的社会效果，仅靠道德是不够的，这就凸显了印度教伦理社会的另一个支柱——种姓制度的重要性。通过种姓制度与世俗社会结合，把人的修行与社会责任和义务结合起来，形成一套与修行结合的伦理实践，达到行为与信仰观念融为一体，这样才能使宗教神性落地，真正构建起印度教伦理社会。印度教在追求终极目的的手段上与中国儒家的"以仁释礼"有着相似之处，都知道需要把外在的行为内化为内心的自觉。

从中可以看出，真正要践行"梵我合一"的最高境界，实现解脱和涅槃，需要通过个体道德修养和精神训练，逐步淡出和稀释个体的需求，强化个体对社会的责任和实践，从而不断培养自我、完善自我，最终净化自我，实现解脱，进而改善社会现状。这与儒家主张的"修身齐家治国平天下"非常类似。这也是大乘佛教的宗旨，除了渡己，还要达人；除了个人求果，还要普度众生。印度教伦理社会的主旨也在此，业报轮回并非完全消极避世的悲观态度。这里还衍生出两个问题：一是如何实现轮回，其社会效果如何；二是修行方式如何选择。

第三节　印度教徒如何实现轮回？

如何实现轮回，印度教有一整套理论来解释这个问题。上面已经解释了梵和万物的关系，但万物是如何构成的、万物之间的关系是什么，在奥义书中的梵没有确定之前，古印度人对世界万物的构成众说纷纭，三要素说、五要素说、七要素说，不一而足。经过反复争论后，到梵天被设定为世界主宰后，人们普遍接受了元素论：世界由风、空、水、火、地五元素构成，五元素缺一不可。印度人的这种观点对中国人来说很熟悉，中国古代曾提出过五行说，即水、火、木、金、土，最早见于西周时期《尚书·周书》的《洪范》篇。不仅中国人熟悉，西方人也熟悉，古代西方哲学家恩培多克勒（约公元前495年至前435年）提出四根说，世界是由火、气、土、水四种物质元素构成。四元素说在西方文化中影响甚为深远。法国著名导演吕克·贝松曾拍摄了一部科幻片《第五元素》，就是在四根说的基础上演绎的。

世界万物都是由五元素构成的，那么怎么区分万物呢？古印度人又进行了细化，万物个体，包括动植物，差别主要在于五元素组合的比例和数量，而万物之间能够转化的原因是元素本身为灵魂所栖居。灵魂是永不灭的，能够在不同物种之间流转，肉体毁灭只是五元素的瓦解，灵魂不受影响，不会随着肉体毁灭而消逝。

笔者在阿旃陀石窟佛本生窟看到了描述佛陀多次转世的故事。佛陀在转世之前历经无数次转生，"菩萨五百身已来种种变现"。佛陀做过商人、婆罗门、国王，也做过兔子、鹿、龙、金翅鸟、大象、猴子、羚羊等动物。印度三大神之一的毗湿奴有十个化身。这是印度教与佛教轮回理论和故事的源头之一。

万物有灵魂，灵魂能在万物间流转，印度人相信万物是有情的。一草一木、一山一水、星星月亮、猪狗家畜和人一样，都是有灵魂、有情的。用人类学的观点来说，这是早期人类在认识自然界中所体现的、以主客体互相渗透为特征的原始思维模式。在这种思维模式下，世间万物都是人格化的、有灵性的，这也正是吠陀经典的阐述。这种观念是构成印度教自然观和认识论的核心观点，3000年来基本没有变化，并没有因为现代理性和工业化的到来而减弱或中断。

这也就解释了印度人如此崇拜恒河和爱护自然与生物的原因。印度教伦理不限于人类社会，而是延伸到万物。到了印度，最普遍的感受是这是一个动物世界，各种动物怡然自得，与人和谐相处，当然也经常有猴子和野狗伤人的事件。无论城市还是乡村，圣牛大摇大摆地在道路中间走来走去，甚至横卧在马路中间，司机不仅会选择绕行，甚至都不敢鸣笛。笔者曾见到新德里的郊区下着大雨，一个人购买一筐苹果喂给路边的牛吃，但躲在屋檐下瑟瑟发抖的乞丐只能看着。除了圣牛，笔者到达德里，刚出机场就看到一群懒洋洋的狗躺在路边。在班加罗尔机场，笔者一出机场，在拥挤的人群中第一脚踩到的也是一只睡觉的狗。在果阿市中心葡萄牙留下来的有400多年历史的大教堂里，佛龛里竟然睡着一条大狗。在印度教徒报德里办公楼里，每层的走廊里都有睡觉的狗。在新德里市中心，猴子遍地都是，经常与居民和游客争食。在笔者居住的新德里卫星城哈里亚纳邦古尔冈市，高耸的写字楼下面是遍地的野猪。当人们行走在新德里的大街上，会发现所有树木都有编号，砍伐树木要报批。在印度，真正达到了人与动植物和谐相处。

　　笔者初到印度也感到非常奇怪，结合现在所处的发展阶段，印度在环境保护和动物保护方面甚至比发达国家做得都好，根源何在？国内很多学者专门写文章阐述印度的环保政策为何如此好，治理能力为何如此强。直到笔者与印度学者交流，从宗教角度分析这个问题，才找到深层次的原因。这不是印度人的环保意识多么强的问题，而是印度教信仰的问题。在印度，人们普遍认为，修行转世中下一辈子不知道会转成什么，可能是人，可能是动物，也可能是植物，因此现世出于修业报的动机，人们对身边的每件事物都认真对待，形成了对各种事物的崇拜，达到甚至超越了西方环保法所要求的程度。

　　在圣城瓦拉纳西，每天晚上都要按照印度教的教义进行夜祭。沿着祭台河流向下不足一两公里就是烧尸台，台上堆满了各种木材，垒起来就像一座座小山，一个个烧尸的高台沿着恒河并列排着，上面是正在燃烧的尸体，烟火缭绕，烧完的尸体被推下烧尸台，直接落入恒河。在散落下来的、冒着烟的木头旁边，是几头正在寻找食物的牛。烧尸体的地方有人看着，不能靠近，不能拍照，笔者在租用的小船上远远地看着，看一会儿就得走。祭台下面的恒河水浑浊而油腻，时而漂着从上游来的没有烧完的尸体。就在这样的水里，朝拜的人们每天蜂拥而至，深情掬一捧浑浊的恒河水喝进去，男人穿着短裤，女人穿着纱丽，终生以一次恒河水沐浴为荣，并视此为最终归宿。每年的三月，印度教徒都会徒步去恒河，把恒河水放到罐子或壶里，挑回家留着自用或送给亲朋好友。为了显示虔诚，人们无论多远都是步行。这时你会看到，无论城市的大街小巷，还是偏远的乡村道路，到处都是挑着恒河水的人们，装着圣水的壶用印度教的各种饰品装饰起来，人们在沿途搭建很多供人休息的棚子，警察也沿路维持秩序。如果不了解印度人对印度教的虔诚、对恒河圣水的崇拜，便根本无法理解这些在现代社会里看似不可理喻的举动和印度人对动植物无缘由的关爱。有人认为这是对资源的极大浪费。

第四节　匪夷所思的宗教虔诚

笔者在印度和尼泊尔见过裸体修行者，他们的身上涂满类似石灰的白色粉末，头发及腰，阳具上一般都会拴一个很重的饰物。在尼泊尔首都加德满都烧尸庙，修行者坐在地上，拿着法器或钵碗，等着人们施舍，人们给得最多的是小米等粮食。在圣城瓦拉纳西祭台上，兜售祝福的修行者蓬头垢面地坐在台阶上，用脏兮兮的手把颜料涂抹在每个想要祝福的人的额头或手上，旅客会随意给些钱，一般为几十卢比或上百卢比。笔者给了50卢比，一位修行者在笔者的额头上点了个白点。不过最普遍的还是坐禅冥想。有印度人告诉笔者，目前印度有700余万名这样的修行者。尽管有混饭者，目前印度有700余万名这样的修行者。有人总结古代印度有三宝——冥思、瑜伽和生命吠陀。

在业报轮回向"梵我合一"的道路上，修行是最普遍的方式。在印度旅行或生活，很容易见到各种各样的修行者，最著名的就是上面提到的裸体修行，还有单腿独立、双手行走、荆棘抽背、大刀穿口或穿透身体等，各种只有在电影里能见到的、血淋淋的场面，在印度都能找到现实原型。人们对信仰的虔诚达到了让人匪夷所思的程度。

坐禅冥想等修行方式在很多其他文明里都出现过，但稍纵即逝，只有在印度长盛不衰，在现代社会依然香火繁盛，究其根源还是印度教伦理社会的赓续给了这种修行者足够的空间，使之成为印度人认识世界的一种重要方法。就如保护牛一样，这是印度教徒自古以来的生活方式，也受到印度教徒普遍尊重，构成了印度文明独特的现象和风景线。这样说是有依据的，古印度大多数宗教与哲学经典都是先哲们隐居密林、静坐冥想的产物。《森林书》就是一例。长期在印度生活的中国学者徐梵澄在《五十奥义书》的译者序中表示："将谓宇宙人生之真谛尽有在于是耶？于是亦有厌离而求出世者矣。印度地气炎暑，菲衣薄食亦足以生，故瓶钵而入乎山林，时一近城市聚落乞食，不至槁死，既于世无所为，静观默想，乃始有出世道之宗教生活……遂有《森林书》之作。"[①] 除了《森林书》，印度教经典著作《梵书》《奥义书》、印度两大史诗、大小各十八部《往世书》等都是在森林中完成的。因此，日本学者中村元认为印度文明是森林文明。[②] 佛教的佛陀修行对中国人来说一点也不陌生，耆那教大雄主张苦行，受尽各种折磨，最后用了13年绝食而死。印度教的瑜伽派创立者无著也进入山中闭关自修6年。

这种匪夷所思的宗教虔诚贯穿于印度精神和世俗社会的各个层面。从这个角度解读，印度的很多社会和政治现象便迎刃而解，如讲求神庙和神像的美感、素食主义盛行、非暴力不合作和"强奸文化"盛行等。世界各民族都有一种普遍倾向，凡是有大作为、大成就的人，都应该有一种与众不同的好身材和好相貌。

---

① 《五十奥义书》，徐梵澄译，中国社会科学出版社1995年版，第3页。

② ［日］中村元：《东方民族的思维方法》，林太、马小鹤译，淑馨出版社1999年版，第203页。

这一倾向和看法在印度还有宗教层面的寓意。在佛教徒看来，好的相貌成就了佛的伟业，没有佛的福分，修不来好的相貌。印度古代流行观佛，人们认为认真观察、体味佛的相貌能够净化自己的灵魂，这种行为同样存在于印度的其他宗教。因为神像是神的象征，神像是人通往神的介质，在一定意义上，是灵魂与肉体的连接点，这与印度人的宗教心理需求非常吻合，也符合现实的生活需要。

由于这种需求，宗教的神像都是模仿人体的形状，人格神的体现，神像要造得高大伟岸，按照最完美的人体造型来塑造，各部分要精准和匀称。印度还有专门塑造神像的书，如《摩那精选》《艺术宝典》《佛像度量经》等。在印度教徒的心中，神像如果没有达到应有的比例和审美要求，造像的地方将会遭受天灾。如果神像缺少某一部分，造像的人将会遭遇同等的惩罚。最能体现这种观念和行为的是佛陀。从阿旃陀石窟和印度遍布全国的石窟来看，佛陀原本没有像，只用与佛有关的物品，如脚印、莲花、无忧树等替代，在阿旃陀最早的石窟便是如此。因为以早期佛教徒的观点来看，任何人形都不足以展现佛的神韵。后来受造像观念影响，开始出现各种样式的佛像，本生时一个样子，顿悟时一个样子，等等，在阿旃陀石窟绵延数百年的石窟群中都有经典展示。里面还有一个千佛面，就是佛有千种面孔。最经典的是三十二相。人们通过观察佛像体悟和感悟佛教经典和人生，达到肉体凡身与灵魂永恒的交流与平衡，这也是印度对万物有灵的一种体现。

印度崇尚素食也是源自宗教。对外国人来说，适应印度饮食的最大难题是可供选择的肉少、酒类贫乏。在新德里和北印度，可供选择的肉只有鸡肉和羊肉，鸡肉是几乎所有宗教群体都能吃的肉类，其他肉（尤其是牛肉）只有在五星级酒店才能吃到，公开贩售牛肉要被抓到监狱坐牢（穆斯林聚集区除外）。大街上野猪乱跑，但卖猪肉的市场很少，只有通过个别渠道才能买到，在德里，笔者记得只有 INA 市场能买到。酒也是如此，北印度很多邦禁酒。南印度要稍微好些，尤其是喀拉拉邦和果阿邦，宗教习俗不是那么明显，生活方式更偏西式一些，可以吃牛肉、喝酒。印度人告诉笔者，印度的素食主义者应该占到印度人口的80%多，其中约有20%是绝对的素食主义者。

《长阿含经》第21卷有这样一个故事。有一次诸天与阿修罗开战后失败，帝释天率领诸天撤退，在途中遇到鸟巢里有嗷嗷待哺的雏鸟，帝释天命令停止前进，认为如果大军通过一定会伤害雏鸟，这与教义不符，宁可被敌人杀死也不能伤害雏鸟，于是诸天率领大军掉头。阿修罗见诸天返回，以为有诈，遂率军后撤，军心大乱，诸天由此大获全胜。类似的故事在印度教经典里俯拾皆是。不仅如此，阿育王石柱上的铭文中的主要内容之一就是不杀生。

几乎所有印度本土宗教和哲学派别都主张不杀生，不少流派还将其作为基本信条，这构成了印度伦理社会的一个重要思想，延续至今。在印度教看来，这种不杀生不仅表现在行动上的戒杀，还表现在思想和语言上的不伤害，并将不杀生与业报轮回结合起来，把杀生作为恶业。《摩奴法典》对此有论述，不仅要尊重人的生命，而且也要同样尊重动植物的生命。杀害无辜动物的，无论生前还是身后都得不到福报。印度教徒以此延伸，把不吃肉作为教义的应有之义。

甘地的非暴力不合作思想也植根于印度宗教传统。印度古代流传下来的宗教伦理道德是非暴力不合作的源头，甘地把这种古老思想从宗教伦理和理想转变为社会理想。笔者在古吉拉特邦参观过甘地故居，在新德里参观过甘地纪念馆和甘地墓地，看到甘地生活简朴，居室内设备简陋，一张床、一个手摇纺织车、一双拖鞋，可以说是家徒四壁式的清教徒生活。甘地出生在一个虔诚的印度教家庭，从小浸染在浓郁的宗教环境中，印度教经典和印度教伦理及耆那教的非暴力观念深深植根在其心中。他曾说过："神可以给予我力量去遵循那种哲学。"在甘地看来，非暴力是手段，神才是最终目的，只要人紧紧抓住心中的神性，依靠内在的爱和善良，就能产生巨大的精神力量。甘地的非暴力不合作运动有着浓浓的宗教色彩，是印度教伦理治国的经典案例和体现，也是古代印度不杀生的现代延伸。

这种宗教虔诚也解释了印度"强奸文化"。笔者在印度订阅了五份报纸，同时每天会浏览印度大部分英文网站。笔者很快发现，各种强奸案经常位于纸媒和网站的显要位置。据此，笔者还总结了印度强奸案的几个特点：第一，频率高、数量大、报案率低。2019年初媒体报道，早晨5时左右一位母亲带着3岁的女儿乘坐三轮车前往车站，同车两位乘客将这名妇女强奸，将3岁儿童扔到路边的沟里，事发地距离笔者所住社区不足5公里。最引人注目的是2012年公交车轮奸案；第二，幼女强奸案频发。媒体报道的强奸案中年龄最小者仅为8个月大的婴儿。农村和城市社区邻里强奸幼女频发。2018年，克什米尔地区发生针对8岁女孩的轮奸案，轮奸者包括政府官员、警察、商人等，把女孩折磨数天饿死，抛尸荒郊野外；第三，对外国女游客比较感兴趣。实际上，按照印度官方公布的强奸率，印度的强奸率在全球排名中并不高，但事实是印度教伦理社会中的隐形强奸率非常高。根据印度官方公布的数据，2019年印度全年登记强奸案件超过40万起，平均每天有88起，但只有不足30%被起诉。[①]起诉率低也是强奸案频发的一个重要因素。

笔者对此与人探讨，最初认为是印度人的保守性。印度的雨季蚊虫多，因此无论天多么热，印度人都全身穿着衣服，大街上穿裙子或穿着稍微暴露的人比较少，包括新德里等大城市，只有在晚上的酒吧中才能看到穿短裙的女孩。有人认为，由于保守，女性稍微穿着暴露一些，印度男性便接受不了。此外，印度教伦理社会尊崇男尊女卑，女性没有社会地位和财产权，如同家庭财产一样。印度独立后通过立法有所改善，如女性可以继承财产等，但实施效果不明显，女性的社会地位没有太多根本性改善，尤其是在农村。其次，印度政治家则认为，这是庞大贫困移民的副产品。最后，种姓制度默许甚至纵容高种姓男性对下等种姓女性的占有，鼓励了强奸文化。在强奸文化中，印度男性认为女性不能反抗，如果反抗就该打死。大多数印度人认为，晚上女性是不能出门的。

笔者认为，上述因素都是造成印度强奸文化盛行的重要因素，但根本因素是历史和印度教。一些印度和西方学者认为，印度强奸文化来自印度长期的入侵史和印度教对母性的崇拜。这种母性精神的至高无上看上去可能有些奇怪，但其确实拥有最高权威。印度总理莫迪每遇到重大灾难或重大事件都以印度母亲的名义如何如何，这是印度教对母性崇拜的体现。前总理英迪拉·甘地也被尊称为"印度之母"，这是对印度人的最高敬畏。印度教中，宇宙中活力和生产力的能量源于女性而非男性，在生殖活

①　"India Sees 88 Rape Cases a Day; Conviction Rate Below 30%"，the Times of India，Oct 7，2020. https：//timesofindia.indiatimes.com/india/india-sees-88-rape-cases-a-day-but-conviction-rate-below-30/articleshow/78526440.cms.

动中，每一个母亲个体都引导着整体的宇宙力量。在儿子们的心中，母亲是温顺谦恭的代名词，是家庭成员的所有动力源，保护家庭免受邪恶力量的伤害。北印度的男性很喜欢引用这样一句话："神不能无处不在，所以他创造了母亲。"

母性精神代表了神性，其精神不是虚无的。这解释了印度男性在妻子与母亲的矛盾中绝大多数会站在母亲一边这一现象，在中国人眼中有点类似"妈宝男"，他们会在家庭内部惩罚女性。在北印度，德里和北方邦与比哈尔邦更严重，北方邦有2亿人口，比哈尔邦有1亿多人口，几乎清一色是印度教徒。"如果有一种犯罪为这座21世纪的首都代言，那就是强奸。"[①]媒体把德里称为印度的"强奸之都"。[②]德里的强奸案主要发生在家里，因此很大一部分都被掩盖了。21世纪早期的强奸与以往不同，发生地转移到公共场所，并且与虐待相结合，更多的是报复、灭绝和战争，而不是单纯的性犯罪。

从长期入侵历史来看，强奸现象展现的是印度女性成为印度社会和经济变革的替罪羊。印度电影明星或网红在推特等社交媒体一旦晒出自己的性感照片，评论区大多是这样的评论："为什么我们不应该强奸穿成你这样的女人？你父母把你养大就是为了让你穿成这样吗？"在长期的外族入侵历史中，印度男性不得不屈服，于是民族主义的责任就落在了女性身上，女性要留在家里，把家维护成一个纯净的精神堡垒，能够抵御对灵魂的入侵和

---

①　［英］拉纳·达斯古普塔：《资本之都：21世纪德里的美好与野蛮》，林盼秋译，南京大学出版社2018年版，第122—123页。

②　Rukmini.S., "Delhi is now India's Rape Capital, Show NCRB Data", the Hindu, Aug 19, 2015.https://www.thehindu.com/news/cities/Delhi/delhi-is-now-indias-rape-capital-show-ncrb-data/article7554551.ece.

殖民，是男性的庇护所。"在国家挣扎阶段，最重要的需求是保护和保存公共国家文化的内在核心，即它的精神实质。"[1]印度教中对母亲与家庭完美形象的崇拜暗含着对"公共女性"的憎恶，这里的公共是指公共场所和公有的。强奸暴力并非来自没有文化和价值观扭曲的男性，恰恰来自最在意这些事情的男性，如警察、法官和政客，他们认为走夜路和穿着暴露的女性就应该受到这样的惩罚。[2]这在2012年轮奸案中体现得非常明显，强奸者、警察、法官、政客和部分社会舆论都支持这样的想法。

　　这在一定程度上也解释了印度教圣牛的问题。印度教徒对牛的崇拜是对外来族群强化印度教认同的产物。此前也有崇拜牛的现象，但范围仅限于婆罗门等高种姓，即便如此，这些高种姓也没有抹杀牛的经济性，这可以从印度教经典记载中得知，牛肉和耕牛一直是印度村社经济的常态。雅利安人是游牧部落，禁止屠杀奶牛与其所从事的行业不吻合。在吠陀时代，牛的经济功能体现在提供奶和肉、为农业提供畜力上，牛粪是肥料和燃料。吠陀文学中不包含任何绝对禁止屠杀奶牛的内容，反而有吃牛肉的情节，《摩奴法典》也有所记载。这些记载强调不屠杀奶牛是因为经济性。印度教经典中直到印度往世书（Puranas）出现，大约在公元5世纪，禁止屠杀奶牛才作为印度教道德礼仪而建立起来。通过圣牛崇拜，印度教强化了其宗教认同。即便如此，直到穆斯林入侵前，大众仍对屠杀奶牛漠不关心，因为入侵族群陆续都皈

---

① Partha Chatterjee, "The Nationalist Resolution of the Women's Question", in Kumkum Sangari and Sudesh Vaid, eds., *Recasting Women: Essays in Indian Colonial History*, Rutgers University Press, 1990, pp.237–239.

② ［英］拉纳·达斯古普塔：《资本之都：21世纪德里的美好与野蛮》，林盼秋译，南京大学出版社2018年版，第126页。

依印度教或本土宗教。

　　印度教伦理社会体制是由村社经济决定的，后来对奶牛全面屠杀禁令的扩展是印度教徒通过克制自己对外国占领这一总的反应的一部分。穆斯林作为异教徒，其对印度文化的摧毁是灭绝式的，这极大激发和增强了印度教认同，让牛作为印度教象征意义得到突出。包括后来西方殖民者带来的基督教和现代性元素对印度教伦理社会的冲击，进一步强化印度教徒对牛的认同。独立后，印度大国意识凸显，尤其是印度教民族主义旨在建立全球性印度教国家，不断强化印度教认同，把对牛的崇拜提升至国家宗教意识形态的高度。人们对屠杀奶牛和食用牛肉的憎恶不断上升，被看作印度文化反对那些赞美屠杀奶牛的外来文化的一个显著特征。

　　虔诚的宗教信仰同样解释了印度童婚现象。童婚在印度北部比较盛行，印度北部古代人的平均寿命为20岁左右，因此，早婚和生育率高是普遍现象。在印度教信仰体系中，出嫁一个处女女儿是一个人一生最大的优点和道德品行之一。青春期前结婚和童婚是印度自古以来的习俗和印度教徒的美德，一直持续到现在。童婚习俗在印度教中被看作父母的优点和良好道德。[1]因此，早婚和童婚是印度教社会的特征和现象。

---

　　① Krishnamurthy Srinivasan, *Population Concerns in India: Shifting Trends, Policies, and Programs*, SAGE Publications India Ltd, 2017, pp.113–114.

第三章　种姓制度为何经久不衰？

　　笔者采访在印中国企业人员时经常会聊起种姓话题。据他们介绍，种姓政治是印度的"政治正确"，一般不会讨论，但印度人自己分得非常清楚。在办公室，大家迫不得已一起工作，但吃饭时大多分开吃，低种姓先吃、高种姓后吃。当然在城市办公有时也并不完全是这样，在特殊情况下也不得不一起吃饭。就笔者感受，在城市里种姓主要体现在饮食和婚姻领域，在职场上有破解隔阂的趋势，但在农村则非常明显。笔者在新德里郊区的约特村、哈里亚纳邦和中央邦农村就看见过这种情况。临近村庄的村口附近一般都有一排窝棚，光着身子的小孩在窝棚里外跑来跑去。这种景象犹如非洲部落，几根树枝上面盖上茅草搭建的窝棚就组成了一个家，稍好一些的家庭用废弃铁皮弄个顶，勉强能够遮风挡雨。这就是贱民的居住场所。

　　与农村的种姓分明相比，城市里也同样如此。在印度哈里亚纳邦古尔冈市，笔者租住公寓的下水管道出现了问题，主要原因是户外的管道老旧堵塞。笔者打电话让物业来修，第二天上午一下来了四个修理工，但真正干活的只有一个人，其余的一个拿工具、一个记账、一个监工。笔者仔细观察，他们分工明确，属于对方的工作另一个人连搭把手都不会。真正的修理工每次拿着一个工具爬出窗外修理，需要另一个工具时，还得再爬回来拿，然后再爬出去。他的身体悬在30层高的楼外，没有任何安全措施，非常危险，而其他三个人连看都不看。拿工具的人只负责收拾工具，其他人只管聊天、记录。后来笔者专门请教了楼下的物业负责人和一些中国企业的人才明白，他们分属不同种姓和种姓里的不同亚种姓，大家严格按种姓细化工作职责，不属于自己种姓做的事坚决不碰，怕玷污自己。这是种姓在印度现代职场上的表现形式。

笔者所住小区是一个中产社区，里面住的大部分人都是印度的律师、银行职员、商务人士和空乘人员等。笔者在与他们聊天时发现，小区门口的裁缝和清洁工等都来自贱民，保姆和保安等一般来自较低的种姓。他们进出小区保安都要搜身。因为想要送给清洁工丽娜小礼物，笔者每次都要写证明和路条，这样保安才能放行。

在中国元朝和古埃及等地方都曾出现过类似印度种姓制度的阶级或等级划分，但都是历史中的一瞬，只有印度的种姓制度表现得最典型、最持久，成为持续3000多年而经久不衰的独特社会现象，这在人类文明史上是比较少见的。可以说，人类社会现存最顽强、持续时间最久的制度应该就是印度的种姓制度，与印度文明几乎一样悠久。几千年来，种姓制度也有很多变化，但都局限于内部变化，其内部的分裂和融合、数目的增减，均属量变而非质变。从佛陀到穆斯林入侵，再到英国殖民，从印度民族主义启蒙者罗易到甘地和尼赫鲁，一次次外族入侵，一次次王朝更迭，这些企图消除或改造种姓制度的改革人物和政治集团，都未能触动这一制度的根基，反而让种姓制度与当时的制度环境结合，展现出了极大的适应性。究其根源，印度教最典型、最重要的社会集团是种姓，种姓制度与印度教结合，构成印度教社会特有的等级制度，成为印度教伦理社会的基本制度之一。种姓制度是印度教伦理社会的基础，其影响大到印度政治运作和经济运行，小到衣食住行和婚丧嫁娶。即便在现代性的强力冲击下，种姓制度依然显示着强大的生命力和影响力。

第一节　印度教的"排气孔"

研究种姓的书浩如烟海，印度本土学者和东西方学者众说纷纭，但对种姓的定义一直含糊其词。笔者认为，种姓制度是一种以宗教为基础的等级制度，是印度教伦理社会依据人与神的距离而设置的阶层与社会地位。种姓制度是雅利安人在印度本土化过程中建立的、维护婆罗门崇高地位的规范化制度。从印度语言推断，"种姓"主要源于两个词，瓦尔纳（Varna）和阇提（Jati），瓦尔纳是色，最早来自《梨俱吠陀》，一看就是区分肤色的。阇提是"出生"和"种"。[1]这两个词是印度语言中普遍使用的种姓词汇。据此推断，瓦尔纳是区分雅利安人和其他本土族群的标志，阇提是按出生地区分的，笔者猜测是按照征服的先后顺序区分的。

笔者并未查找到中国关于印度种姓的翻译和最早用法的记录，但从法显《佛国记》中的记载找到了关于种姓的描述，据说中国汉译佛经将其翻译为种姓。现在英语通用的"Caste"一词来自公元16世纪葡萄牙人对这种等级制度现象的描述，意思是出身。[2]种姓制度纳入人们的研究视野也是随着西方进入印度、

---

① 尚会鹏：《种姓与印度教社会（修订版）》，北京大学出版社2016年版，第4页。

② 郁龙余等：《印度文化论》，北京大学出版社2016年版，第73页。

欧洲东方印度学的兴起而开始的。结合这些研究成果,笔者认为,种姓制度是印度教伦理社会的社会基础,让印度教落地有了世俗社会规范和制度支撑。印度教教义为种姓制度提供了理论支撑,种姓制度为印度教提供了社会制度支撑。为了维护婆罗门地位,种姓制度通过精神隔离、划分社会阶层、婚姻隔离、职业隔离等方式,将精神世界与世俗行为紧密结合,构建了一套印度教社会伦理理论与规范。

首先是精神垄断与种姓制度相结合。从其产生来看,种姓制度在演化过程中是印度教造神和婆罗门掌控古印度精神世界的产物。在古代印度,婆罗门掌握了知识特权,负责所有与神有关的事情,尤其是负责传达神的意愿,距离神最近,其他阶层不能染指。刹帝利和吠舍可以听和看婆罗门教义,距离神稍远一些,但还可以接近神。首陀罗则没有这个权利,如果听到或看到婆罗门教义,耳朵和眼睛要被灌进铅水。婆罗门还进一步通过家范经、法经等婆罗门经典不断巩固自己在精神世界的地位,强化自己在世俗社会的权力,这是划分种姓的重要思想基础。

除了知识是衡量与神的距离的标准外,洁净程度也是主要的衡量标准。在印度教看来,洁净程度越高,与神的距离越近。这种洁净观念落实到现实社会,就是社会阶层和职业的划分。依据与神距离近与远划分:与神最近的婆罗门掌握精神世界,刹帝利掌握世俗国家权力,吠舍掌握经济活动。这三个阶层地位最高,属于再生族,可以转世和佩戴圣线,参加宗教活动。笔者在印度经常看到有人手腕上戴着不同颜色的细线,并且每个人佩戴的数量不一样。印度的朋友告诉笔者,佩戴圣线大有讲究,不是每个人都能佩戴的,即便能够佩戴,也是根据不同的方式分为不同的层级。

首陀罗唯一的职责是心甘情愿地服侍以上三个阶层。《摩奴法典》规定，首陀罗称呼再生族名字时如出言不逊，则会被烧红的十指铁钉刺进嘴里；如果辱骂婆罗门，则要受到肉刑；如果胆敢教训婆罗门，则要用热油灌进嘴和耳朵；如果与无保护的再生族子女通奸，则要砍掉胳膊并没收所有财产。可见种姓制度运用严苛的法律形成了固定的社会规范。最为关键的是，出生定身份，任何阶层都不能跨越，一出生是什么阶层，一辈子都不能改变。

　　首陀罗如此悲惨，作为不可接触者的贱民的处境可想而知。在印度教徒中，四个瓦尔纳在古代印度不能见到贱民，见到后会污染眼睛和精神。人为从宗教上制造隔离制度，这比后来南非的种族隔离要严厉得多。在印度教的法论中，贱民被称为旃陀罗（Candala）。《摩奴法典》说，旃陀罗是种姓法严格禁止的"逆婚"，即高种姓妇女与低种姓男子所生子女，这些人不能住在村内，财产只能包括狗和驴，必须穿死人的衣服，吃别人的残羹冷炙，身上装饰的物品只能是铁制品，必须永远流浪，夜间不能在村落和城市行走，白天出来做事要标明身份。中国僧人法显曾对此有过记载："旃荼罗名为恶人，与别人居，若入城市则击木以自异，人则识而避之。"这段记录非常准确和真实，现在印度的乡村仍能见到栖居村头的旃陀罗，笔者曾在多处印度村庄见到过。

　　印度教这种洁净标准自然也与职业相结合。从上面看，离神越近的职业越清洁，离神越远越污秽。婆罗门从事神的职业，则最洁净。离神最远的贱民主要从事的职业是搬运尸体、执行死刑、看守坟墓、屠宰、清扫、制革等，这些人不能使用公共基础设施，不能进寺庙。1935年，英属殖民政府公布印度有429个贱民集团，实际上应该比这多得多。仅以一例说明贱民在印度社会中的状况：1930年2月，泰米尔纳德邦拉姆纳德县卡兰种姓对贱民宣布八条规定，违者暴力惩罚，其中包括不得佩戴金银饰品，男子禁止穿遮盖腰部以上、膝盖以下的衣服，不得理发、只能使用陶器，女子的衣服不得遮盖上半身、女子不得以鲜花作装饰，男子不得打伞和穿拖鞋。后来又禁止小孩读书，禁止占有土地等。[①]

其次，印度教业报轮回为发泄对种姓制度的不满设计了"排气孔"。印度教业报轮回为种姓制度提供了理论支撑，为抗议种姓制度找了一个发泄口。业报轮回否认个人为改变现世社会地位所做的任何世俗努力，但不反对宗教上的努力，人们可以把解脱作为实现彻底改变自身地位的根本途径。要实现这一点，可以进行各种修行。业报轮回在阻断了世俗变革之路的同时，网开一面，为人们从宗教上改变身份和地位打开了能量通道，这正是人们抗议现实的种姓制度所带来的不平等的释放途径。印度教设计这一巧妙机制，把所有社会不满以及所有"过剩"社会能量，统统引到逃避和自我折磨的道路上来，使其无法形成足以撼动种姓制度根基的力量。[②]

第二节 业报轮回的精神绳索

隔离是种姓制度的基本特征，强化着种姓意识。种姓的各种隔离选择随着与印度教结合而愈加稳固，通过各种人为隔离举措

---

① 尚会鹏：《种姓与印度教社会（修订本）》，北京大学出版社2016年版，第53页。

② 尚会鹏：《种姓与印度教社会（修订本）》，北京大学出版社2016年版，第47页。

让印度教教义和理论与种姓制度的现实紧密结合，这种隔离包括物理和社会隔离，血缘隔离、实行内婚制，职业隔离等。

首先是物理和社会隔离。在印度的村庄和城市社区，不同种姓的人不能共同饮食，不能共用一个水井和池塘。有的地方还要求贱民不能在村内随地吐痰，外出要带好两样东西：一个是瓦罐，以备吐痰之用；另一个是树枝，扫掉自己走过的痕迹，以免其他种姓践踏而被污染。村庄也要隔离，一般分为主村和副村，副村是贱民居住区，一般距离主村几公里的距离。副村一般是茅草房，即用树枝、茅草和废弃铁皮等搭建起来的小窝棚。贱民不能进入寺庙，除了工作需要，不能进入村庄社区。根据印度媒体报道，印度独立后很长一段时间，马哈拉施特拉邦普那城政府规定，9时到15时禁止贱民进入城区，因为这个时间段的人影比较长，贱民的身影极易碰到高种姓者的身影，玷污高种姓。[1]笔者在新德里郊区的约特村、哈里亚纳邦和中央邦农村就见过这种情况，后面详述。

物理和社会隔离造成的惨案贯穿印度历史。2018年，笔者在印度媒体上看到，古吉拉特邦一位低种姓年轻人因为在一群高种姓年轻人面前骑马经过，引起高种姓年轻人的反感，认为这不是低种姓人做的事，群起而攻之，竟然把这位低种姓年轻人当场打死，案件最后也不了了之。2000年6月16日20时左右，150余人分三面包围了比哈尔邦中部奥拉加巴德地区缅浦尔村庄，他们身穿黑色制服，手里拿着刀枪，进村后不分青红皂白，见人就杀，还挨家挨户搜索是否有遗留。这次屠杀造成34名村民死亡，

---

① 尚会鹏：《种姓与印度教社会（修订本）》，北京大学出版社2016年版，第35页。

其中包括15名妇女和数名儿童,19人受伤。据称,屠杀是为了报复,一周前在邻近地区13名高种姓人被杀。[1]类似事件现在几乎每年都有发生。

其次是血缘隔离,实行内婚制。除了与贱民物理和精神隔离外,其他四个种姓之间也要隔离,这种隔离中最严重的是血缘隔离,不同种姓之间不能通婚,以免造成血液污染。《印度时报》2020年3月31日报道,在泰米尔纳德邦一名24岁的建筑工人被女友的父亲和叔叔杀害,原因是这名建筑工人的种姓要比这名女孩低,这名女孩19岁,为此其父入狱。据警察说,两人半年前恋爱,并于被杀10天前在一所寺庙秘密结婚,但没有在官方登记。[2]类似报道经常见诸报端,2017年12月,也是在该邦,一名男青年因为娶了高种姓女子,光天化日之下被妻子的亲属杀害。

印度教法规定了最为严格的内婚制,只能同种姓间通婚,其他种姓间坚决不能通婚,违反者要受到严厉处罚。在古代,违反的低种姓者要向高种姓者赔礼道歉,高种姓者要降一级。重者双方同时被各自的种姓开除,沦为贱民。这种宗教教义上的严酷让人们对种姓外婚姻望而却步。这里面高种姓有一定的选择权,即高种姓男子可以娶低种姓女子,婚生子女可以是高种姓。但这里面也有限制,婆罗门男子可以娶其他三个种姓的女子,刹帝利只能娶刹帝利和吠舍这两个高种姓的女子,吠舍只能娶首陀罗的女子,首陀罗没有选择,只能娶自己种姓的女子。反过来,女性则

---

[1]　《环球时报》2000年6月23日第二版。

[2]　Karal Marx, "Tamil Nadu: Man killed by girlfriend's relatives", the times of India, Mar 31, 2020. https://timesofindia.indiatimes.com/city/chennai/tamil-nadu-man-killed-by-girlfriends-relatives/articleshow/74903999.cms.

没有选择权，高种姓女子不能"下嫁"低种姓男子。

从上面的婚姻制度来看，这种严格的血缘隔离造成了各地区严格的等级和无数的亚种姓，因为同属婆罗门，但内部又细化为无数的亚种姓，这些亚种姓之间也不能通婚。整个社会演化成无数封闭式的小群体，形成了家庭、村落、社区和城市与社会之间壁垒森严、完全相互隔离的社会小隔断，消解了族群认同与国家认同和凝聚力，助长了社会的分裂，这也多少解释了为什么印度4000年的历史分多聚少，统一局面非常短暂，而诸国割据是常态。隔离让国家和族群很难形成合力，在抵御外族入侵方面也无法形成统一意识和力量，屡遭外族蹂躏也就在所难免。

这种隔离还体现在遗产继承上。根据印度教的种姓法，一个婆罗门可以娶四个不同种姓的妻子，但对于不同种姓妻子所生子女的家产要有区分，婆罗门所生子女应得家产的四份，刹帝利妻子所生子女应得三份，吠舍妻子所生子女应得两份，最后一份给首陀罗妻子所生子女。这项规定的主旨是防止高种姓财产向低种姓流动，维护高种姓对财产的绝对控制权。

最后是职业隔离。在职业上的划分影响更为深远。法轮规定，四个种姓要各司其职，不得僭越。《摩奴法典》规定，婆罗门本业是教授吠陀，刹帝利本业是保护百姓，吠舍本业是经商。教授吠陀、执掌祭祀和接受布施是婆罗门的三项基本职业，严禁刹帝利和吠舍碰触。为此设立种姓议会来裁决种姓间僭越的案件。不过有一条，婆罗门在遭遇生活困境时，可以把职业向刹帝利和吠舍延伸，但其他种姓坚决禁止逆向发展。这反映了随着生产力的发展和社会分工的细化，婆罗门在择业上遭遇困境，其择业空间越来越小，不得不向其他种姓延伸。

种姓职业选择随着与印度教的结合而愈加巩固。印度人普遍认为，动物里母牛最纯洁，鱼类次之，鸡、狗、猪最污秽；植物里菩提树最洁净，棉花次之，麻类最污秽；山河中恒河和喜马拉雅山最纯洁，恒河是圣河，喜马拉雅山是神山；人的身体上肚脐以上是洁净的，肚脐以下是不洁净的。印度教徒认为，洁净程度越高，与神的距离越近，母牛、菩提树、恒河等都是圣物。这样的推衍也延伸到种姓职业上来，不同职业的洁净程度不一样，祭祀教授等与神有关，是最为纯洁的职业；杀生、屠宰、焚烧尸体和淘粪扫街最为污秽，其地位也最低下。宗教性与职业性的完美结合，吻合了印度教心理和社会现实需要，让这种神性贯穿下的职业分级能够穿透历史的隧道，绵延4000多年。种姓制度的演化史表明，种姓制度影响到每一个印度教徒和印度教社会生活的各个方面。印度社会学家R·德赛在其《印度农村社会》中表示，种姓还决定了人们宗教和世俗文化生活的模式，规定了各社会集团的心理特征，发展出隔离与高低关系细微的金字塔结构。[①]

作为严格的等级制度，如果没有印度教，在严酷的社会现实面前，种姓制度是走不远的。世界其他地区的类似制度随着改朝换代很快就消失了，印度种姓制度即便经历现代性的洗礼，依然保持着强大生命力的根源就在于此。种姓制度与业报轮回在印度教里互为表里，相互依附，形成一个物质与精神的封闭循环，共同构成印度教达到"梵我合一"精神目标的两大支柱。这也解读了印度教的一个矛盾，即所有生命都是平等的，但又是划分阶层

---

① A.R.Desai, *Rural Sociology in India*, Popular Prakashan Bombay, 1969, p.38.

的，即有种姓的。印度教认为，业报轮回宣布了种姓制度的合理性和神圣性，种姓制度则巩固了业报轮回理论，实现了"梵我合一"的最高精神境界。根据业报轮回理论，一个人无论是哪个种姓，都是前世业的结果，现世业决定着来世，这就宣布，无论你现在属于哪个种姓、从事何种职业、享受何种待遇，都是一种超自然的安排，这是自然秩序，不是不合理的社会制度和人间压迫所致，在这一点上每个人都是平等、合理的。人只有遵从这种自然安排才能得到幸福，如果违背则会遭到惩罚。业报轮回思想像一条精神绳索，把种姓制度永久固定下来，堵死了对种姓制度的批判和否定之路，在外人看来是锁在印度人身上的沉重的精神镣铐或锁链，但印度人自己则甘之如饴。

印度教通过种姓制度强化差异和区别，通过业报轮回实现包容和接受，通过两者结合把人们导向"梵我合一"的最高精神追求，使印度教就像一个具有巨大伸缩性的橡皮绳，既把教徒牢牢拴住，又为他们提供一定范围的活动空间，让具有神学和哲学基础的种姓制度僵而不死、硬而不脆，历经数千年而不衰。

第三节　村社包容性的消解

除上面的职业固化和社会割裂外，种姓制度也有包容性，与印度北方特有的村社经济结合，构成印度北方基层基本稳定的社会经济组织，让各种姓在经济社会中处于一种动态平衡，为入侵者和统治者与底层民众之间搭建了一个桥梁。印度历史学家潘尼迦认为，从《梨俱吠陀》中推断出，雅利安人在从游牧社会转向农业社会过程中出现了各种工匠和商人，这期间乡村地位获得显著提升，自此以后一直是印度农村主要经济形式，是印度每一个帝国的唯一基础，甚至英国人也用它作为赋税制度的单位。[①]这种农村经济模式就是村社。印度学者拉尔则进一步论述了种姓制度与村社结合形成的印度长久以来的基层经济社会组织结构。

据印度学者考证，种姓制度在雅利安人印度本土化过程中，于公元前6世纪的摩揭陀国和随后的孔雀王朝最终确立下来，确立基础是以土地税收为基础的行政管理体制之上。孔雀王朝行政和税收的基层单位是村社，村社逐渐成为印度经济中主要的基层经济社会单位，村社管理体制由此而来。村社不能完全做到自给自足，但其贸易联系基本是本土化的，在村社内部，不同种姓之间逐渐形成相对稳定的关系网络，印度北方称为"贾吉曼尼制度（Jajmani System）"，作为一种主顾关系一直沿袭至今。研究印度社会结构的学者斯瑞尼万斯（Srinivas）对此有过经典阐述："在收获的季节，主要工匠和服务性种姓就会得到谷物形式的报酬。在印度的一些地方，工匠和服务性种姓还可以得到免费的食物、衣服、草料和居住场所。在诸如婚丧嫁娶等事务上，这些种姓还要担负起额外的职责，对此他们会得到与往常一样数量的金钱和一些土地赠予……尽管这是一种经济性或礼节性的行为，但却是一种扩散到其他领域的主顾关系。这种关系是稳定的，也是可以继承的。服务的权利可以世袭、转让、出售、抵押和分割。这种'贾吉曼尼制度'将不同种姓黏合在一起，提供了一种超越种姓联系的模式。"[②]

这与笔者在新德里郊区约特村的所见所闻几乎一模一样。约

---

① ［印度］K.M.潘尼迦：《印度简史》，简宁译，新世界出版社2014年版，第10—11页。

② ［印度］迪帕克·拉尔：《印度均衡：公元前1500—公元2000年的印度（节选和修订版）》，赵红军主译，北京大学出版社2008年版，第21页。

特村是主村，里面住的都是高种姓地主，他们自然拥有附近的土地。副村以主村中高种姓为低种姓（尤其是贱民）捐赠的土地而建，这些低种姓（尤其是贱民）都是农业工人和工匠，他们为主村提供服务，不同种姓间分工明确，相互之间形成一种默契的经济合作和社会互动模式。

很多印度和西方学者对村社和种姓相结合的贾吉曼尼制度都有论述。这种制度为集体而不是个人提供了社会流动性的机会。有人说，这种制度"通过给不断增长的暴发户身上放置一个抑制闸"，进而发挥稳定作用，因为它为印度教伦理社会地位与权力相隔离提供了制度和世俗结构。这种社会地位与权力的分离，让种姓制度既能在信徒内吸引所有类型的统治者，又能保持其主要机构。这也是那些将其经济地位提高到与权力相匹配的暴发户们，在整个印度历史上直到今天，一直刻意模仿令他们羡慕不已的高种姓的生活方式的根源。

种姓制度和村社经济相结合可能还解释了印度历史上一个奇特的现象——无奴隶制。劳动者、手艺人、工人等通常都是自由人，印度也没有类似欧洲的大农场主。因为种姓制度为雅利安人保持农村劳动力供给问题提供了一个更加细致和持久的答案。印度有没有奴隶制是一个有争议的话题，本书从种姓制度角度论述，认为种姓制度对奴隶制具有一定的替代性。古代印度存在奴隶，尤其是雅利安人入侵的过程中，大批被征服民族成为奴隶，但这种奴隶更多地被列入低种姓或贱民行列，有学者认为印度弱化和消解了奴隶制，这可以从种姓制度的包容性和经济社会性得到解构。

种姓制度建立了一个分权的控制体制，该体制不需要任何全民的政治机构来保证其存在。依据种姓进行排斥性社会分工成为种姓模式的核心。种姓制度为村社经济提供了各阶层职业的互补性，任何单一种姓或亚种姓都不可能开创自己的村社经济，无论是消费者还是生产者，任何打破这一等级分工制而被排斥或放逐的成本都要高于在种姓制度内的成本。每个村社基于种姓等级分工自成一个经济体，可以完全没有宗教世俗机构（教堂）和政治机构（中央或地方基层政府）来运作维持。古代印度教建立了一种特别适合广阔印度河—恒河平原物理环境的社会秩序。这一社会秩序为大多数人提供的生活标准，即便按照现代标准计算，仍是近千年里较高的。在长达几千年的时间里，这一特殊的社会秩序已植根于印度教徒之外的很多集团，代表了已被印度次大陆居民消化和模仿的习俗与信念的集合。[①]

研究印度的经济社会学者一般认为，一个个相对孤立落后的印度村社，不仅是其独特种姓制度和传统文化习俗的保持者，也是市场秩序在印度发展的主要障碍。然而，实际上，这些村社圆圈经济构成了印度3000余年长期经济发展的张力，在印度历史的政治社会结构中，外族统治者和王国是变量，村社和种姓制度则是不变的常数因子。[②]

在印度长达3000余年的政治不稳定中，种姓制度与村社结合，为印度基层提供了包容性、稳定性和可持续发展。第一，包容性。任何外来族群对当地的征服都会造成统治者和当地人奴役化，种姓制度则为被征服族群提供无须做奴隶就能继续生存的容器，外族统治者通过种姓制度收取租金或收益，不破坏基层种姓

---

① ［印度］迪帕克·拉尔：《印度均衡：公元前1500—公元2000年的印度（节选和修订版）》，赵红军主译，北京大学出版社2008年版，第5页。

② R.S.Sharma, *The Crescent in India: A Study in Medieval History*, Hind Kitabs Ltd Bombay, 1954, p.28.

制度和村社。第二，维持基层长期大致的稳定性和可持续发展。通过社会排斥的职业分工，种姓制度提供了一种微妙的、具有持久性的经济社会分权制度，既不需要中央政府也不需要世俗化宗教机构，就能将劳动者捆绑在村社经济这一劳动密集型经济上，实现自身的自动经济循环和可持续发展。这种排斥性社会分工并非刚性的，而是具有一定程度的流动性。每当一个种姓阶层人口过多，其过多的人口就会流向其他职业。在村社里，经济自给自足和种姓之间是雇佣关系。在村社里，雇主和雇工之间通常以实物作为工资。

第四节　"布罗代尔钟罩"下超级稳定

种姓制度是消极的，那为什么种姓制度又在印度的历史长河中历久弥坚？除上述解释外，印度学者拉尔（Deepak Lal）尝试从经济角度解答此问题。拉尔在其所著的《印度均衡：公元前1500—公元2000年的印度》一书中提出"印度均衡"概念，认为印度均衡是从大约公元前6世纪至前5世纪在印度次大陆上建立起来的一种社会秩序常态。在这种常态中，生活在印度河—恒河平原的各民族形成了一种常态的行为模式，在接下来的数千年历史中，大多数人没有改变和打破这种常规行为模式和社会生活形式。在这种均衡状态下，大多数印度人对自己身处的生活形式已经习以为常，根本没有考虑改变，更没有考虑用另一种社会或经济形态将之取代。结果是，王朝更替、外族入侵等一些环境变量的变化，都没有改变印度数千年来所保持下来的这种生活形态。

印度历史上世俗权力大部分时间都掌握在外族手里，这些外族的文化和宗教与印度教在很多时候是相悖或格格不入的。奇怪的是，在这种情况下印度种姓制度仍存续至今，印度人即便在现代的议会民主制度下依然活得很自在。拉尔认为，之所以如此，是因为印度种姓制度存在的经济理由和基础。

从经济合理性分析，种姓制度是印度印度河—恒河平原上古老君主们在其特殊的自然生态和政治环境下，处理劳动供给不确定性的一个独特精妙的次优方法。从哈拉帕文化到雅利安人入侵，种姓制度构成了一种分权的社会控制体制。在这种控制体制下，既不需要中央政府，也不需要教堂，种姓制度本身就能将足够的劳动供给捆绑在村落所需要的劳动密集型任务上。因此，在相当长的时期内、缺乏任何中央集权政治权威的格局中，种姓制度是一种行之有效的制度安排。种姓制度还使刹帝利成为专门的武士阶层，避免其他阶层处于改朝换代或与外族入侵的冲突中。在这种社会结构安排中，精神权力永远掌握在婆罗门手中，世俗权力无论"城头变换大王旗"，下层邦和村庄的社会行政等体制都保持不变，以适应新的统治者。

历史上市场经济就好像被困在一种与世隔绝的"钟罩"之内，是什么因素制约着人类合作秩序的扩展? 这一问题曾被法国历史学家费尔南德·布罗代尔（Fernand Braudel）视为一个没有解开的历史之谜，这种被封隔的经济状态则被称为"布罗代尔钟罩"。在中国，很多学者认为重农抑商是中国的布罗代尔钟罩，在笔者看来，印度的布罗代尔钟罩就是种姓制度与村社。

一个个相对孤立落后的印度村社，不仅是种姓制度和印度传统文化、社会习俗的传承者和保持者，也是市场秩序在印度发展的主要障碍，但这些相互独立的村社又构成了印度长期经济发展的巨大张力。村社构成了印度教伦理社会的基层政治社会基础，在王朝更迭和外族入侵时维系着印度文化的传承。王朝和外族统治者是因变量，与种姓制度结合的村社是不变量。"人类合作秩序的扩展"长期被禁锢在一个个布罗代尔钟罩下，种姓制度与村社结合的产物就是印度次大陆的布罗代尔钟罩，维系着印度数千年的社会文化基因，成为印度历史的宿命。

　　拉尔认为，印度社会长期处于这种均衡状态有两个主要特征。一个是种姓制度和村社，另一个是超稳定性。其实拉尔的均衡理论并不新鲜，各国学者对此都有过论述，尤其是对种姓制度和村社的论述，但拉尔的均衡理论的独特之处是，从经济角度阐述了种姓制度存在的合理之处，这种对种姓制度的解构具有开创性。拉尔认为，从雅利安人开始，印度的农业可能一直停滞在很高的技术水平之上，如使用畜力、轻犁和水磨等。"公元前320年的印度人的生活标准，与1595年的生活标准几乎相同"；在2000多年的历史长河中，"印度人经历了人均收入的波动，其中最高时的人均收入为150美元（按1965年美元兑印度货币汇率换算），相当于伊丽莎白时期英国的水平"。英国经济史学者麦迪森在其名著《世界经济千年史》中计算，印度1750年的人均收入与1960年类似，约150美元（按1965年美元兑印度货币汇率换算）。麦迪森、拉尔和其他研究者的历史估算数据都表明，数千年历史长河中，印度落入了西方汉学家伊懋可（Mark Elvin）所说的"高水平发展陷阱"。[①]

　　尽管历史上对种姓制度的批评之声远多于积极评价，但基本都认同种姓制度既是印度地理政治经济长期演化的结果，很大

---

　　① ［印度］迪帕克·拉尔：《印度均衡：公元前1500—公元2000年的印度（节选和修订版）》，赵红军主译，北京大学出版社2008年版，第32页。

程度上也是印度长期不变的根本原因。现在印度史学的三大主流——罗米拉塔帕和S.R.夏尔玛代表的左翼唯物史观、斯坦因代表的分段主义以及库尔克代表的过程整合主义都主张将地理、政治、经济因素综合考虑，并不认为种姓是原因，反而认为种姓是结果。同时，现在也有学者对印度古代社会是"静止社会"的理念提出疑问。本书采用印度古代社会长期变化不大的研究成果。印度历史学家夏尔玛（Shripad R. Sharma）在其1954年出版的《印度的新月》一书中指出：印度文明得以保留的秘密是种姓制度，这是长久存在的社会结构，"其刚性常常被人们认为是造成印度衰落的原因之一。然而，在现代条件下，种姓制度绝非只是一种情有可原的制度，而是对我们文化的延续贡献良多。要塞被攻克、资本几易其主、王国兴衰，但印度社会几乎不受影响。这种印度社会主要特征的稳固性源于两项制度，即种姓和村社"。夏尔玛举例说，人类历史上，伊斯兰征服者有着超乎人们想象的改造社会和重塑文化的能力，穆斯林入侵者征服一个地方后，均会改变当地的社会结构，并改造其文化，在印度却没有做到。穆斯林侵略者在不断入侵中意识到，印度看起来很弱，但似乎又不可征服："它在政治上非常脆弱，但在文化上却坚不可摧。"[1]这从根本上阐释了印度教伦理社会对印度人数千年社会生活方式的维系和支撑，构成了印度历史的超长韧性。

---

① S.R.Sharma, *The Crescent in India*, Bombay, 1954, p.28.

第四章　印度民族性格底色

2020年新冠疫情暴发以来，部分印度人认为牛尿或牛粪可以预防和治疗新冠，并身体力行。[①]印度新德里电视台2020年3月3日报道，印度著名瑜伽大师巴巴·兰德福（Baba Ramdev）说瑜伽呼吸法和姜黄等可以预防新冠。印度政客和社会人士也经常口出狂言，这些行为对外国人来说匪夷所思。笔者看来，这与印度的民族性格息息相关。

除前述印度宗教神性的因素外，印度历史传承赓续的独特性使印度形成了有别于其他民族的思维方式和国民性格，主要表现为四个方面。第一，重口传，轻书写。在佛教之前印度教经典都是口传。佛陀圆寂后的第一次佛教经典结集也是没有形成书面文字。目前见到的最早的巴利文佛教"经、律、论"三藏，是公元5世纪前后编写完成的。根据法显的《佛国记》记载，公元5世纪初，印度很多地方依然不存在文书，而是以口授为主。公元6

---

① Chandrashekar Srinivasan, "Should We Cry or Laugh?: Akhilesh Yadav On Cow Dung As Covid 'CUre' ", NDTV, May 12, 2021.https://www.ndtv.com/india-news/cow-dung-urine-covid-should-we-cry-or-laugh-akhilesh-yadav-on-cow-dung-as-covid-cure-2440150. "BJP Lawmaker's Covid Prescription: Drink Cow Urine Daily On Empty Stomach", Indian Express, May 9, 2021.https://indianexpress.com/article/india/bjp-mla-surendra-singh-cow-urine-covid-7307827.

世纪中国禅宗始祖、印度菩提达摩来华传法，也是通过不立文字的口传记诵方式，这就要求听者的记忆力好，因此很难普及。口传叙事方式造就了印度人叙事宏大，缺乏主题和逻辑思维的性格。第二，重神话，轻史实，以及矛盾性格。口传史加上古印度历史文化载体多以神话为主，使得印度文化传承非常独特。印度经典著作绝大部分来自神话，塑造了印度人的神话思维，说话不着边际。第三，长期极端气候形成的周期性河流泛滥使印度人形成喜欢推倒重来、反复无常的性格。第四，印度教神性思维与民主代议制结合使印度人形成重权利、轻责任，重辩论、轻行动，重承诺、轻执行的性格。这些历史与现实的交织形成了印度民族文化社会心理结构，构成了印度民族性格的底色。

第一节　古印度文化传承重口传轻书写

2018年12月中印高级别人文交流机制首次会议期间，笔者在印度班加罗尔参观了一位古鲁（梵文中印度教上师）办的宗教学校，据说这位古鲁在全球有几千万名信徒，其思想传播到几十个国家。他在印度很有实力，不但办学校，还养牛，拥有大批土地，他举行的祈福盛会连莫迪总理都到场祝贺。在这个宗教学校，笔者看到这位古鲁与很多西方政要合影。在参观学校过程中有这样一个环节——印度教徒诵经，几位十几岁的年轻婆罗门给大家背诵印度教经典著作。四位婆罗门年轻人的年纪大约在十三岁到十八岁之间，他们长得非常白净和壮实，斜披着白色婆罗门衣服，露着肌肉发达的胳膊和半个胸脯，非常有阳刚之气。笔者早就听说婆罗门的经典都是通过口述传下来的，基本没有文字记载，这是第一次遇到真正的婆罗门诵经者。

前文已经描述过，婆罗门掌握了印度教经典和经文等所有知识的垄断权，他们是如何垄断的呢？即口传，而非文字。印度古代历史典籍很少有文字记载，绝大部分都是口口相传的神话故事。印度古代也有文字，但保留下来的不多，对印度大部分古代历史的认知都是来自神话或中国古代的历史书。除了神话之外，铭文、铜板铭文和其他实物资料也是现代印度对古代历史研究的主要依据，这部分资料的数量非常丰富，20世纪早期，光是石刻铭文就超过9万方，现在估算则达到10多万方，南方数量尤其多。中国历史书籍主要提供了公元5—8世纪的一些记载，不过需要和印度本土材料对照印证。中世纪之后，印度历史记载材料日渐丰富起来，对神话的依赖减弱。[1]很多印度人颇为不平地告诉笔者，印度人给中国提供了太多精神食粮，但自己却没有记下来，不得不去中国寻找一些记载。《史记》《前汉书》《后汉书》，法显的《佛国记》《晋书》，玄奘的《大唐西域记》等都有大量有关古印度诸国活动的记载。除了那烂陀大学外，曾经很火的电视剧《鬼吹灯·精绝古城》中的精绝古城是有原型的，就是位于新疆的尼雅遗址，它是西域36国精绝古城的所在地。根据德国考古学家伯恩斯和中国考古学家在尼雅遗址的考古发现，最多的是印度孔雀王朝时期的佉卢文，这种文字流行于公元前4世纪至公元7世纪的印度北部、中亚及中国西藏地区。笔者在印度博物馆看到，印度古代还有古老梵文等多种文字，但除了考古发现外，古代印度保存下来的文献不太多。据说，主要是因为这些文字大部分都记载在树叶上，易腐烂。前文也提到过，目前最古

---

① Upinder Singh, "A History of Ancient and Early Medieval India: From the Stone Age to the 12th Century Always Learning", *Pearson Education India*, 2008.

老的吠陀手写本在尼泊尔被发现,20世纪以来逐渐发现古代梵文贝叶手写本。实际上,婆罗门家族和僧院是从中世纪开始形成反复誊抄和保存贝叶文献的习惯,尤其是在东部和南部。莫卧儿时代瓦拉纳西婆罗门家族就经常以自家的藏书为傲。18世纪后,各地土邦也开始自行建设私人或王家图书馆保存文献。这在很大程度上弥补了古印度重口传的缺陷。

印度教经典很长时间没有文字记载,都是靠婆罗门口口相传。口述是印度知识创造和文化传播的主要方式。吠陀被认为是对印度最古老的精神闻识(Sruti)的整合,闻识是用耳朵听来的精神知识。声音是印度文化传播的主要媒介,而非文字和书籍。因此,注重音律成为印度诗歌创作的必然。阅读印度古代的诗,其韵律是通过音量体现的。吠陀知识就是通过这种方式创作和传承下来的,这需要严格的口头创作和口授训练,一字、一音都不能出差错。婆罗门从很小就被选中来背诵这些书籍,让这些人成为一部"活着的书",人们随时可以"翻阅",找到需要的内容。印度古代文献和印度教经典都是靠记忆力和声音保存下来的,有些口传文献一直持续到19世纪,在英国人的影响下,人们才将其整理出来,并通过印刷术使之变成书籍。但最虔诚的印度教徒和组织还是依靠口述传承印度教经典,就如笔者在班加罗尔古鲁学校看到的,被挑选出来的婆罗门年轻人通过声音记述印度教经典。吠陀、婆罗门和口授成为印度古代文明延续的特色,形成了世界历史上独特的文化传承与教育体系。

为了保密和保持对知识的垄断,古代印度的婆罗门选择口述。对此,高僧法显与玄奘都有记载。据法显记载,北天竺诸国"皆师师口传,五本可写",中天竺"皆亦师师口相传授,不书之于文字"。[1]虽经过两个世纪，但玄奘所见与法显略同："所尊典诰，有四《薛陀书》，可十万颂。……咸悉口相传授，而不书之于纸叶。"[2]印度古代文学中也保留了大量口耳相传的记载。文学产生于口头创作，文学传播依赖口头传承。古印度苏多（Suta）歌手开启了印度世俗文学叙述传统。苏多善于说唱长篇叙事诗，善于编制帝王赞歌，是皇宫的御用歌手，印度教经典史诗《摩诃婆罗多》多处记载苏多唱的诗。

古代印度非常重视教育，当然仅限于高种姓阶层。在印度教神话里，教师是梵的化身。这种传统延续至今，人们非常重视教育，这点与中华文明非常相似。印度的《摔跤吧！爸爸》《起跑线》等电影用影视的方式展现了印度家庭对教育的重视。古印度把老师称作古鲁，意为上师，因为教师身份与婆罗门地位是结合在一起的。经过数千年的演化，古鲁已经发生变化，但时至今日印度的古鲁依然非常受人尊敬，类似于中国佛教中的大师，拥有很强的精神力量和物质力量。据说，目前印度有几十万甚至上百万名古鲁，威望高的古鲁的影响力非常大。2017年被关进监狱的一位古鲁曾有6000多万名信徒以及大量土地、庄园、黄金等财产。在搜查过程中发现，他的密室中有很多童男童女，还有很多供其"享用"的女信徒等。目前，古鲁依然是印度精神世界的一个重要组成部分，这也是一个特有现象，是古代婆罗门教在现代社会的延续。他们不断世俗化和政治化，改头换面后在社会和政治领域依然拥有强大的影响力。

---

[1]　法显：《法显传校注》，章巽校注，上海古籍出版社1985年版，第141页。

[2]　义静：《南海寄归内法传校注》，王邦维校，中华书局1995年版，第206页。

印度教经典文献内容全靠世代婆罗门背诵而流传。印度语言构造是诉诸听觉而非视觉的记忆。[1]婆罗门传播知识靠的是梵语，这被认为是人和神之间沟通的语言，极其神圣，最初以口语的形式流传于婆罗门阶层，后来才有文字。即便梵文出现后，声音仍然是识别文本的主要依据。英国的印度学研究学者缪勒曾对印度口传教育做过实地调研，他记载道："我也一直和一些12岁或15岁起就会背整部吠陀的人通信。他们每天学几行，重复几小时，整个房间都萦绕着这种声音，把记忆强化到特定的程度。在这些学生的学习生涯结束之际，他们的记忆就像一部书。他们可以随时找到所需的那部分，某个词乃至某个重音。"[2]婆罗门长期坚守着这样一个原则：教义的义理只能用口耳相传。[3]

古印度文学分为大诗和小诗。大诗是叙事诗，小诗是以《吠陀》为源头的诗。大诗是印度文学的主体。印度两部最大的史诗《摩诃婆罗多》和《罗摩衍那》的总篇幅是希腊两大史诗《伊利亚特》和《奥德赛》篇幅总和的8倍。有人戏称，印度两大史诗大于所有欧洲史诗的总和。《摩诃婆罗多》有10万颂。在书的《初篇》中，作者说文章总量有600多万颂，估计有些夸大。金克木等翻译的《摩诃婆罗多》有500余万字，可窥一斑。《罗摩衍那》旧本有2万多颂，精校本为187755颂。1983年，季羡林翻译的中译本有300余万字。史诗之后，以神话为主体的叙事文学《往

---

① 于维雅：《东方语言文字与文化》，北京大学出版社2002年版，第133页。

② ［英］麦克斯·缪勒：《宗教的起源与发展》，金泽译，上海人民出版社1989年版，第107页。

③ ［德］韦伯：《印度的宗教：印度教与佛教》，康乐、简慧美译，广西师范大学出版社2005年版，第212页。

事书》总计超过40万颂，是《摩诃婆罗多》的4倍。与此同时，印度民间故事总集《伟大的故事》据说有70万颂，虽有些夸张，但足以与两大史诗匹敌。这种冗长繁复的文学叙事风格并没有因梵文的衰落而消失，反而不断延续。13世纪，印地语文学的两大史诗式长篇叙事诗《地王颂》最长的版本有1万多颂。16世纪的《莲花公主传》有11000多行。《罗摩功行之湖》有21900行。①

这些文学作品虽然看似皇皇巨著，但实际上大部分的最初主旨故事是一个，估计最多几万字就可以讲完。这些史诗采用了一种开放式叙事结构，连串地嵌入叙事，围绕一棵大树（主线）开枝散叶，讲出无数其他的故事，故事中套着故事。故事一环套着一环，内环无限小，外环无限大。口头创作和口头传承为印度人的宏大叙事提供了土壤。无论经典文献还是文学创作，都是经过一个个人口口相传，每个相传的人在故事的形式和内容上加入了自己的叙事和经验，这样一来，口传的人既是继承者，也是创作者。因此，起初是一个故事，经过几千年的口口相传，已经膨胀为一个巨大的故事树和叙事体系，其中大部分内容都与核心故事没有关系，是每个传承者自己的经验和故事。这样每转述一次，故事的叙事结构就神话一层，就加入一个新故事，进而形成了嵌入式故事结构和庞杂的叙事结构，让故事的体量变得无穷大，而叙事点变得无穷小。这种口传与文字书写完全不同，经过数千年的传承，逐渐形成了印度民族文化语境中的思维习惯，无穷大和无穷小的思维方式又与印度时空思维共振，形成了印度民族文化—心理结构的主要形式。

① 郁龙余等：《印度文化论（第二版）》，北京大学出版社2016年第2版，第214—216页。

在印度与外国人沟通，大家比较有共识的是，印度人善谈，一些人脱稿演讲几小时都没有问题，但一部分人的演讲缺乏逻辑和主题，甚至有时候内容与演讲主题没有什么内在联系。这在印度人的著作中也可以看出来，印度人写的《奥朗则布》即如此，看着有点晕，里面很多叙事东拉西扯，与主题没有太大关系。这种思维正是数千年来口传历史造就的宏大叙事和庞大繁复的叙事思维的反映。

正是这种口耳相传的知识传播方式塑造了印度人的思维方式——宏大叙事，反复无常，冗长繁复，缺乏逻辑。印度东方学者威廉·琼斯曾对印度文献望洋兴叹道："无论我们从哪个角度接近印度文学经典，呈现在我们面前的都是'无穷大'的概念。"鲁迅也以"大林深泉"来形容印度的叙事文学体系。

这种口述历史或许也让印度人免去对过去悲惨历史的回忆，钻进了宿命论中，把一切都交给了上天。奈保尔对印度人的这种性格有精辟分析："印度人不愿意正视他们的国家所面临的困境，免得被他们看到的悲惨境地逼疯。哪一个印度人能够抱着平常心阅读印度最近一两千年的历史而不感到愤怒和痛苦呢！在这种情况下，印度人只好退缩到幻想中，躲藏在宿命论中，把人间的一切交给上天，然后站在一旁，抱着冷眼旁观的态度，眼睁睁看着其他国家日益进步，并安慰自己说：这一切我们早就经历过了，没什么了不起，飞机、电话和原子弹这些玩意儿，在古代印度就已存在了，不信，翻开印度的史诗看一看，外科手术在古印度是一门高度发展的医学，印度的造船技术是古代科技发展的巅峰。"①

---

① ［英］V.S.奈保尔：《幽暗国度》，李永平译，南海出版公司2013年版，第243页。

第二节　重神话轻史实形成神话思维和矛盾性格

　　除了口述历史外，神话思维也是印度民族性格的一个关键
维度。印度教经典文献是一个庞大的神话文献体系。[①]这个体系
包括《梨俱吠陀》《娑摩吠陀》《耶柔吠陀》《阿达婆吠陀》四大
吠陀经典，这是印度教的经书，还有阐释四大吠陀经典的梵书，
阐释梵书的森林书和阐释森林书的奥义书，大部分是口传神话，
其中夹杂着颂诗、宗教教义、咒语和哲学探讨等。传承模式有
些类似中国古代的经书和传。除了印度教外，佛教和耆那教文
献大部分也都是神话故事，其中夹杂着教义阐述。对吠陀经典
进行文学化的两大史诗和三十六部大小往事书也基本来自神话。
梵语衰落后，地方文学兴起，其创作的源泉和方式也是来自神
话。经几百万人使用而形成方言的印度地方语言有几十种之多，
乌尔都语、阿萨姆语、泰卢固语、泰米尔语、僧伽罗语等皆是
如此。

　　印度神话历史主导着印度教徒的思维、习俗与生活习惯，自
然就形成神话思维的印度民族性格特征。宗教在印度人的物质生
活和精神生活中的影响是第一位的，宗教话语通过口传而形成的
神话思维自然就成为印度教徒的思维方式。不仅文学艺术创造如
此，人们的所有层面都如此。在宗教和生活不分家的印度，有的
作者为了提升自己作品的地位，直接就说自己的著作是神旨意的
表述；有的更直接，称自己是神的后代或奴仆；还有的直接把作

---

　　① J.M.Macfie，*Myths and Legends of India*，Rupa Publications India Pvt. Ltd
1993，New Delhi，Eighteenth impression 2015，New Delhi，Preface.

品神化。在印度，神代表着最高准则，印度艺术家或理论家创作中立言的最高境界是成为神，神谕天启的文艺观。这种神性带来的生活和文艺创造氛围的更高层次则是神话思维，这种神话思维所包含的基于想象的隐喻和象征特性，对后世印度人的生活和艺术等各层面都产生了巨大影响。有些印度人极富想象力，说话长篇大论，不着边际，正是这种神话思维的体现。印度神性形成的神话思维是印度民族性格的重要组成部分，自成一家，有别于中国和西方的民族特性。

法国学者莫兰在《反思欧洲》中描述欧洲的矛盾特性，"犹如一个多源且相互冲突而产生的惊心动魄的文化旋涡：宗教与理性、信仰与怀疑、神话与批判、经验主义与理性主义、存在与观念、特殊与普世、问题与重建、新与旧等相反相成的概念在这个旋涡中激荡更新"①。这种民族性格在世界各族群都存在，但印度尤甚。面对一些矛盾重重的事情，印度人自己却能说得通，怡然自若。美国著名作家马克·吐温就曾感慨道："印度，你只要看一眼就永远忘不了，因为它同世界其他地方都不一样。"还有评价也很经典："对印度的任何评价都是正确的，但是相反的观念可能也是正确的，因为它太复杂了。"②

笔者刚到印度时有点困扰，这么多宗教、这么多种姓、这么多族群大体上能够和平共处，是怎么做到的？一位印度出租车司机告诉笔者，要么和平共处，要么战斗到死。这句话点醒了笔者，这是对印度人彼此能够相安无事的经典总结。自古以来，欧

---

① ［法］埃德加·莫兰：《反思欧洲》，康征、齐小曼译，生活·读书·新知三联书店2005年版，第4页。

② 袁南生：《感受印度》，中国社会科学出版社2006年版，第11页。

亚大陆大的族群都曾来过印度，都曾留下一批人，后面的人挤着前面的人往前走，大家的信仰和习俗都不一样，产生冲突是情理之中的事，但也不能一辈子都打架，最后各族群只能和平共处，但信仰与习俗又不能丢，求同存异，各种信仰和习俗在保留本性的基础上向相同方向演化，其产生的矛盾思维便在所难免。这种说话办事的矛盾思维只有经历过这样历史的民族才能具备，其他单一族群占主体的民族很难形成这样的民族性格。

印度民族的这种矛盾性，印度很多学者和政治家都曾给予充分阐释。其中，入侵史是造成印度易变和矛盾性格的根源之一。尼赫鲁在1945年出版的《印度的发现》中就专门阐释过印度民族的这个特点。尼赫鲁表示，印度的多样性是惊人的，这种多样性之中也有统一性。"从文明的黎明开始，印度就有一致性的梦想。这不是外力强加后产生的外表和信仰标准化的一致性，而是更加深远的东西，一种对信仰和习俗最为宽容的态度，而且不同信仰和习俗都受到承认和鼓励。"在尼赫鲁看来，印度教能够成为印度最大的宗教，是由其本质属性决定的，即其对各种矛盾的包容性。在印度社会文化的长期浸润中，印度教形成了与众不同的性格，"当作一种信仰来看，印度教是模糊的、无定形的、多方面的，每一个人都按照自己的看法去理解……在它的体系里，其包含的多种信仰和仪式，从最高的到最低的，往往相互抵触、相互矛盾，印度教的根本精神似乎是对这些抵触和矛盾的宽容，待人如同待己"[1]。尼赫鲁的评价可谓一针见血，把印度民族性格中的矛盾性根源与存在的基础说得淋漓尽致，与莫兰的分析异曲

---

[1]　Jawaharlal Nehru, *The Discovery of India*, First Published by The Signer Press, Calcutta 1946, Published in Penguin Books 2004, Introduction copyright 2010, p.71.

同工，这些评价至今仍然是透视印度民族的主要视角。

印度著名历史学家D.D.高善必在其《印度古代文化与文明史纲》中也对此有所描述："凡是不带偏见的观察家站在公正的立场以敏锐的洞察力来考察印度的时候，就会发现印度具有两个对立的特点：多样性与统一性。千差万别、无穷无尽，而且常常是不可调和的，真是令人惊叹。""尽管如此，但仍然还有一种与它同时存在的统一性。"高善必对《薄伽梵歌》中大神黑天（又称奎师那，是毗湿奴的第8个化身，是诸神之首、世界之主）在战场上般度族的阿周那进行战争动员对话的解读，形象地体现了印度人这种矛盾的说话与做事方式。《薄伽梵歌》中极力赞美纯朴的生活、非暴力、灭欲和无私。当被搞得莫名其妙的阿周那忍不住问"那你为何劝说我进行杀戮"时，黑天对这一直率的问题避而不答，巧妙地转到自己要阐述的下一个话题。当局势处于危急时刻时，这位神秘人物则会现出本相，他既是世界的创造者，同时也是世界的毁灭者。用阿周那与黑天的对话来看今天一部分印度人的对话，毫无"违和感"：平时高谈阔论，但一遇上实质性问题就避而不谈。高善必对此评价道："演讲以企图调和不可调和的东西及毫不作难地吞下尖锐矛盾的本领体现了印度的特点。"[1]点评可谓犀利且准确，坦率且有力。

此外，长期的入侵史让印度人养成这样的思维模式：一切都是脆弱的，不管是无形的还是有形的，只有拿到手的才是最真实的。至今，一些旁遮普家庭还流传着一句谚语："吃下去的才是

---

[1]　［印度］D.D.高善必：《印度古代文化与文明史纲》，王树英等译，商务印书馆1998年版，第3页。

你的，别的都是侵略者艾哈迈德沙汗的。"①这是面对最坏情况的应对方法，即更好地生存下来。旁遮普是外族长期入侵印度的掠夺之地和必经之地，也是印度较为富庶之地。在印度人的思维模式中，财富最终会被偷走，所以要用尽手上的东西，至少保证这部分不会丢掉。这种居无定所的恐惧生活，使印度人把精神生活看得比一切都重要，只有精神生活才是重要的。

这种创伤文化是构成印度现代民族性格的重要因素。印巴分治后从巴基斯坦回来的部分印度教徒被分配在新德里居住，很多居住地是原来穆斯林的墓地，人们经常做噩梦，叫来祭司驱魔，但依然惶恐不安，不得不佩戴各种戒指和护身符。人们不敢挖掘居住地的土地，花都栽在盆里，树都种在水泥槽中，因为挖开的土地不知道会出现什么东西。父母告诫子女不要捡任何石头，因为可能有穆斯林用这块石头做过"Istibra"（一种小便后清洁阴茎的仪式）。随着独立后人们生活的稳定，这些受过创伤的患者及后代为了不再受创伤，都转变成与原来相反的个性。过去是受欺负的角色，"现在我们不会再在乎摸不到的东西，不会让任何东西阻挡我们获得更多"②。这种长期入侵史造成的创伤文化同样让印度人形成易变、多疑、极端、矛盾的性格。

此外，造成印度人这种性格的另一根源是极端气候。美国加利福尼亚大学洛杉矶分校历史系教授斯坦利·沃尔波特在其著名的《印度史》中称，炎热对印度人的思想、工作习惯和健康的影响无法估量，其作用不可忽视。在沃尔波特看来，炎热对印度生

---

①　［英］拉纳·达斯古普塔：《资本之都：21世纪德里的美好与野蛮》，林盼秋译，南京大学出版社2018年版，第150页。

②　［英］拉纳·达斯古普塔：《资本之都：21世纪德里的美好与野蛮》，林盼秋译，南京大学出版社2018年版，第174页。

产力的消极影响是一个几乎不能低估的因素。

笔者对印度的高温深有感触。炎热是印度次大陆生态环境的普遍特征。印度上半年的温度持续走高，1月为10多摄氏度，2月为20多摄氏度……逐月递增，5月最高能达到50摄氏度。印度次大陆平原和高原地带总体上处于亚热带，四季不太分明，主要分旱季和雨季，旱季多为冬季，但气候温和，雨季暴雨成灾，气候潮湿炎热。

"我刚刚启动发动机，就听见清脆的玻璃破裂声，然后一匹骏马出现在副驾驶座位上，含情脉脉地看着我。"这不是电影画面，而是2017年发生在印度的一个真实事件：40多摄氏度的高温把这匹马"晒傻了"，挣脱缰绳后撞向了一辆汽车。2017年6月初，印度首都新德里平均温度高达四十六七摄氏度，最高时达到48摄氏度，体感温度超过50摄氏度。熔化的道路变形了，斑驳的斑马线扭曲了，看起来更像斑马纹了。

据印度媒体报道，印度每年都有数千人死于高温。印度北部比哈尔邦菩提迦耶农村地区的人告诉笔者，有一种致命的热浪叫"鲁"，犹如高温海啸，主要发生在平原地带的农村。"鲁"袭击的地方，人畜极易被热死，草木枯萎。这样的高温海啸据说在美国和俄罗斯大平原也曾出现过。古代印度人喜欢去森林修行。这样的气候条件下，产生了印度教徒的沐浴、斋戒、禁欲、瑜伽、冥想、林栖等习俗和行为。印度文化重玄想、重宗教超越与此不无联系。[①]

为了应对高温，印度民众推崇生吃洋葱、喝咸牛奶等"土办法"。高温也塑造了印度人独特的生活习惯——早午餐都延后两三小时，早餐一般在上午十时左右，午餐在下午二时左右，晚餐

---

① 尚会鹏：《印度文化史（第三版）》，浙江大学出版社2016年版，第4页。

一般在晚上八九时。印度的炎热自然也影响其饮食。印度咖喱饭最主要的特色是香料，据说制作咖喱的香料有80多种，这有助于排汗、杀菌。在印度生活会发现，这里没有醋、酱油等在中国常见的调味料，印度饮食中常用的食材包括辣椒、洋葱和柠檬，制作任何咖喱都要滴上几滴柠檬，与中国饮食中点几滴醋效果一样。这也解释了为何在印度街头鲜榨柠檬水是必备饮品，因为它既能防暑又能杀菌。

印度河、恒河流域和布拉马普特拉河（雅鲁藏布江）流域属于潮湿的热带气候。受季风影响，旱季滴水不下，土地干裂，高温，人畜饮水困难。雨季从印度洋吹来的潮湿空气与喜马拉雅山脉的冷空气相遇，飓风频频造访，暴雨肆虐，世界雨极就位于这个位置。因降雨过于集中，这些河流几乎常年泛滥，冲毁农田、房屋和堤坝，造成大量人员伤亡和物质损失，印度河—恒河冲积平原就是这样形成的。这种旱季干旱、雨季洪涝的现象年复一年，循环往复，大自然的严酷无情将人的自信摧毁殆尽。面对反复出现的自然现象，人们感到无奈、无力和无助，唯有敬畏和消极接受。恒河被印度教徒尊奉为圣河，印度河流域产生了印度教，恒河中下游流域产生了佛教和耆那教，不得不说这些宗教的轮回和解脱思想与这些自然现象有着千丝万缕的关系。

第三节　种姓和民主代议制形成重权利轻责任性格

在印常驻的外国人有一个共同的感受：一部分印度人的诚信有问题，变化无常，商定的合同内容说变就变，即便签了合同，照样反悔。一位在印度大学授课的中国老师根据自己的经历分享了她的观点，认为印度人重权利轻责任，重程序轻结果。笔者认为，这在很大程度上体现了印度宗教神性和民主制度给印度人的性格带来的烙印。

印度宪法对权利的强调尤为突出。印度制宪者们认为，给予权利是为印度开启民智、改变积贫积弱现状的最好方式。这种浓浓的权利意识，已经投射到机构的日常运转中，也映射到公民的日常思维中。上面提到的这位中国老师列举了很多亲身经历，例如，一次一名学生抱怨学校网络服务太差，向校长写信要求改善，校长让行政部门解决，但在印度，解决问题绝非一日之功。久而久之校长也失去耐心，不过学生追着不放，校长终于有一天有点忍不住了，回信说不满意可以退学，学费会一并退还。这名学生立即把校长的信放在了Facebook（脸书，全球知名社交媒体）上，很多学生认为他们的权利和权益受到了侵害，短时间内有几百名学生开始聚集抗议，校长不得不出面平息。学生们还成立了一个执行监控小组来跟进学校网络服务的改善过程。

学生在表达诉求和维护自身权益上很有门道，但缺乏责任和内省的相对制约，很容易变形。有一名学生平常不学习，期末考试考得很差，但是他认定考卷中有一道题不符合大纲要求。为此，学校专门组织其他老师就那道题做了评估，结果是没有问题。实际上，即使那道题答对了，他仍不及格。但是，他仍揪着那道题不放，坚持自己出资让第三方机构进行独立评估。学生的这些行为让这名中国老师很无奈，她觉得如果学生把这股劲儿用在学习上，肯定会变得优秀。这不是个案，该校教务部门几乎每天都要应付因缺勤等问题不能参加考试而无法毕业的学生。老师经常需要面对学生千奇百怪的请假理由：好朋友的叔叔去世了，需要人陪，所以没来上课；周末回家，所以错过了周一的课业；有好几项作业要写，所以不能按时提交某门课的作业；参加姐姐或哥哥的婚礼，要请一个星期的假；参加毕业聚会，要求老师提前下课……"让人不能理解的是，完全可以花半小时完成的作业，非要花40分钟来跟我争执，为什么他的作业需要延期提交。"那位中国老师万般无奈地说道。

重程序，轻结果。印度思维中程序意识强，但却不以结果为导向。在印度的日常行政管理中，为解决特定问题，会成立各种委员会和调查组，还要经过各种程序的讨论。总之，想做出某个决定，需要复杂的程序。这让各利益群体的关切可以被讨论，但也让日常的行政运行变得低效。这种低效已经变成了一种文化，而不是取决于所涉利益群体的利益大小。

印度人这种重承诺轻行动、重程序轻结果的行为是一种文化，渗透到工作生活的方方面面。印度人罢工司空见惯，一言不合就要罢工，最常见的是农民罢工围城。他们开着拖拉机、拿着农具，步行几百公里围攻孟买和新德里，警察阻击浩浩荡荡的罢工农民队伍成为印度的一道风景。很多时候罢工的目的都是要政治家的一个承诺，但通常执行不下去，来年接着罢工。一部分印度人的时间观念不强，一般都要比说好的时间晚到，不太把守时当回事。有些印度人嘴上说"马上到"或"还有几分钟到"，实际情况是迟到几小时，甚至"放鸽子"，笔者有过亲身经历。这里借用一位中资工作人员的经历："我认识很多满腔热血来印度淘金的企业家，刚开始真的是豪言壮语：只要有市场，就能挣钱。但在短短不到一年的时间就懊恼地撤资回国并说：和印度（做生意）真的就是浪费时间，一个简单的生意，磨几个月甚至半年以上都没个结果……就这样到最后还没签下订单，疲惫不堪。有朋友来孟买参展，半夜打电话说：这是个什么鸟不拉屎的地方，白给钱都不在这里待着，两天内被印度人放了五次鸽子。"

对一个印度教徒来说，种姓规则和世俗义务修业是实现业报轮回和解脱的基本途径，最要紧的是吃喝得体（一般是纯素食主义者），嫁娶对了人（需同种姓婚嫁），行为正确（不能吃牛肉等）。遵照印度教法典，人生有四个阶段，即梵行期、居家期、林栖期和休闲期。每个阶段只适用于前三个再生族种姓，其他种姓需要再生修行提升后方可进行。这四个阶段反映了印度教徒理想的而非实际的教规。梵行期一般在6岁到12岁，需要离开父母，与导师一起生活，这阶段最重要的是禁欲。一般印度教徒妻子的理想年龄为丈夫年龄的三分之一，在年龄与兴趣上，年轻的妻子与学徒更接近。接下来是居家期，优秀的印度教徒需要让家庭幸福和富足。林栖期是在看到第一个孙子的面孔后放弃家产和职业，来到森林过隐居生活的阶段，妻子可以跟随。最后是无牵无挂的休闲期。这样的修行一般只有优秀的印度教徒能做到。

种姓规则是印度教教义的组成部分，在保持印度文明蔓延发挥重要作用的同时，也塑造了印度人麻木不仁、缺乏效率的民族性格。奈保尔在《幽暗国度》中从甘地关注卫生入手，把印度种姓制度对印度发展贻害之深分析得入木三分。笔者认为，直到现在其状况也没有根本改变。在1901年国大党举行的全国代表大会上，甘地要求印度议员除了关心大会通过哪些决议案外，还要特别关注他在大会上观察到的一些令人不安的现象：来自南印度讲泰米尔语的代表独自进食，因为他们担心，跟非泰米尔语族共食会使他们的身心遭受污染；有些代表明知清洁工已经下班，没有人清理排泄物，却依旧公然在走廊上大小便。这些看似琐碎、不值得大惊小怪的现象却牵扯到种姓制度。种姓制度造成人们麻木不仁、缺乏效率和无可救药的内斗，内斗使印度积贫不振；积贫不振导致列强入侵，印度不能统一，沦为殖民地。这才是甘地看到的印度。印度人做事有一种印度式歪曲——自古至今，印度人总是试图吸纳外来观念，然后加以摧毁、废弃。①

笔者对此深有感触。刚到印度时，笔者雇用了一位十八九岁的女孩做保姆，她不但做什么都弄得咣咣响，而且什么都做不好，地擦得不干净，锅碗洗得不干净，总想着快点干完走人，每天过来只是履行程序。工作一个月后，笔者赶紧将她打发走。随后，笔者又雇用了一位年长的，情况稍好，但由于她怀孕生孩子，其间让助手来清理，这位助手虽然每天用一两个小时以各种姿势擦地，把每样东西都清洗一遍，但结果是这些东西都留着黑白相间的擦洗印。这位清洁工生完孩子回来工作后，情况稍有好转，却依然是很多东西都擦不干净。这些现象给笔者留下了深刻印象，同样的时间做同样的事，为什么不做好，无论笔者如何与他们沟通，他们依然我行我素，没有任何变化。

奈保尔在其著作中也描述了同样的事情。"身为清洁工，你可不一定要拿起拖把，认认真真把地板打扫干净，那只是附带责任，你的真正职责是'担任'清洁工，当一个下贱的人，每天做一些低贱的动作。譬如，打扫地板时你必须弯着腰，驼着背。在时髦的德里咖啡馆，清洁工必须蹲着，像螃蟹一样爬行，在顾客的腿胯间钻进钻出，不得抬头乱瞄，不得触碰顾客的身体。"

行动一旦沦为象征，标签就变得格外重要——对人、事、物

---

① ［英］V.S.奈保尔：《幽暗国度》，李永平译，南海出版公司2013年版，第78—84页。

都是如此。现代国家的制度和体系存在于印度。衙门四处林立,但更多是一种象征,一旦危机爆发,整个体制和结构的本质就会显现。官员发表演说,报纸充斥着政客的谈话,娱乐休闲活动暂时中断,但接下来怎么办?没人知道。1962年中印边境自卫反击战期间,印度效仿英国当年的做法,在德里挖战壕,但只是象征性地挖一挖,东挖一条、西挖一条,公园挖、树下挖,把整个德里搞得乱七八糟。而供应军队的补给品很快就通过某种获准流入加尔各答的市场,被公开叫卖。

建立在象征性行动上的、东方式的"尊严"和"功能"概念,就是种姓制度所倡导的那种危险的、腐朽的务实主义。象征性的服装、象征性的食物、象征性的膜拜——印度人成天与各种各样的"象征"打交道,无所事事,懒懒散散。"懒散"产生自公开宣示的"功能",而"功能"脱胎自"种姓"。[①]这也成为印度持续发展不起来的主要因素之一。

印度宗教神性的历史和民主制度的熏陶,让印度人形成了重承诺轻诚信、重辩论轻行动、重权利轻责任的行为习惯。笔者在印度经常参加各种会议,一部分人讲起来就刹不住车,限定15分钟时间,说上一两个小时都有可能,关键是没有草稿,全靠即兴发挥。长期入侵史和多族群形成的陋习与宗教神话思维,不仅让印度人躲在宿命论里,面对外部快速发展的世界他们还喜欢吹嘘或用过去的辉煌掩盖现在的失败。印度这种自我虚荣和吹嘘,在国家发展战略和政策上体现得尤为明显,这一部分因素来自民主制度的经常性选举,需要先说出来,各政党都比着看谁的政策

---

① [英]V.S.奈保尔:《幽暗国度》,李永平译,南海出版公司2013年版,第85—92页。

最宏大，但基本不会考虑是否可行。2014年莫迪上台后，印度在内政上出台的未来一两年或未来五年的重大施政方针政策和预测结果都非常庞大。莫迪提出计划2022年安装175GW的可再生能源，实现100GW的光伏装机容量。根据《印度快报》报道，莫迪政府没有完成其制订的2022年可再生能源安装计划。官方数据显示，截至2022年6月，太阳能安装计划仅完成57.71GW，风能仅完成40.71GW，共计98.42GW。[①]印度媒体"Down to Earth"报道，根据英国智库Ember的最新报告，截至2022年9月，印度安装可再生能源116GW，仅相当于2022年可再生能源安装计划的66%。这对印度已经是一个奇迹。[②]莫迪自上台以来推出的主要经济政策不下十几个，但能有效贯彻的几乎没几个。莫迪的这种强势心态并非来自印度国内形势和国际环境出现迅速而明显的改善、印度的实力或相对实力的变化，而是来自印度在推行这些政策时的心理层面的变化。换句话说，这是莫迪和印度人想象的目标，不是真正能够达到的目标。

2020年8月初，印度国防部发言人尼廷·瓦坎塔表示，印度政府已做出史无前例的决定，政府计划未来10年在私营国防企业的辅助下投入1500亿美元对陆军进行现代化改造。值得注意的是，这距离2020年3月莫迪宣布300亿美元的武器装备"印

[①] Richa Sharma, "India to miss renewable energy targets for 2022", Indian Express, Aug 7, 2022. https://www.newindianexpress.com/nation/2022/aug/07/india-to-miss-renewable-energy-targets-for-2022-2485055.html.

[②] Noble Varghese, "India's renewable energy race: MP, UP will take more than 50 years to meet 2022 target at current pace", Down to Earth, Sep 29, 2022. https://www.downtoearth.org.in/news/renewable-energy/india-s-renewable-energy-race-mp-up-will-take-more-than-50-years-to-meet-2022-target-at-current-pace-85195.

度制造"计划，仅仅过去4个多月。类似不切实际的政策和数字一个接一个，令人眼花缭乱。莫迪上台后提出每年创造1000万个就业机会，而2017年仅创造了34万个。莫迪提出2022年前印度农民收入翻番，照此速度，印度农业年均增长率需至少达到15%，实际上现在印度农业年均增长率在2%左右。最明显的是印度规划的首条高铁，从经济中心孟买到古吉拉特邦的艾哈迈德巴德市，全长508公里。高铁建造工程在2017年日本原首相安倍访问印度时启动，原定于2018年12月开工，2023年通车，后来延期到2019年开工。据印度"铁路技术网"2020年9月7日报道，该项目可能要延期5年。①笔者仍怀疑延期5年能否顺利通车。这种对政绩的夸大正是印度人重承诺轻诚信、重辩论轻行动、重权利轻责任的行为习惯的产物。

第四节　印度文明为何被称为早熟文明？

本节借用早熟文明来解构印度民族文化—社会心理结构，找到印度民族精神世界超级稳定的根源。笔者认为，印度文明的根本特征是世俗依附于宗教，在情感与理性的关系中追求超世拯救，从而将外族入侵的痛苦转向对彼岸的追求，这也是理解印度文明的钥匙和密码。

西方学者很早就把中华文明视为早熟文明。最早提出这个话题的是马克思。马克思认为，许多非西方国家的形成，"在历史上

---

①　"India to reassess time frame of Mumbai-Ahamedabad bullet train project". https://www.railway-technology.com/news/india-timeframe-mumbai-ahmedabad-bullet-train-project.

所走的路程是前行的，比希腊、罗马的历史差不多早了1000年"。包括"马克思所讲的'收取贡纳的国家'或'东方专制君主的国家'"，还包括"土地为国家所有的路径"等。"这不能不说是'早熟'。"[①]马克斯·韦伯（Max Weber）也提出了同样的观点。韦伯在研究西方现代国家中的非人格的官僚体制时发现，这一体制"自从秦始皇以来至当前的中国"便已存在。行政官僚体制比西方早了2000多年。[②]弗朗西斯·福山（Francis Fukuyama）多次引用"早熟论"的观点定义中国的国家成长。"依马克斯·韦伯的标准，中国出现的国家比其他任何一个都更为现代。中国人建立了统一和多层次的官僚行政机构，这是在希腊或罗马从未发生的。""所谓的东方专制主义不过是政治上现代国家的早熟出世。"[③]

梁漱溟对此也有经典论述，他提出中国文化是一种早熟文化，是世界唯一一个神权，也就是宗教附属并依附于世俗政权的文明。"中国文化是人类文化的早熟……现在更正确的指实是人类理性开发得早，想明白中国过去的文化及中国未来的前途，都要先明白这个东西——理性。"[④]后来的黄仁宇和钱穆都曾论述中国文化的早熟。笔者认为真正对早熟论述清楚的是李泽厚。用李泽厚的话来说，儒家的内核是孔子的"以仁释礼"，将社会外在（客观世界）规范化为个体的内在自觉，这是中国历史上的创举，为汉民族文化—心理结构奠定了基石。孔子维护的周礼，是氏族

---

①　《马克思恩格斯选集（第4卷）》，人民出版社1995年版，第176页。

②　［德］马克斯·韦伯：《经济与社会（下卷）》，阎克文译，商务印书馆1997年版，第287页。

③　［美］弗朗西斯·福山：《政治秩序的起源——从前人类时代到法国大革命》，毛俊杰译，广西师范大学出版社2012年版，第91—92页。

④　梁漱溟：《乡村建设理论》，上海人民出版社2011年版，第39页。

贵族的规范化制度，经过不断演化，吸取其他学说和外来营养，形成完善的中华文明伦理治国的独特方式。其中最重要的是心理情感原则，即强调情感（主观）与理性（客观）的合理调节，以取得社会存在和个体身心的均衡稳定，不需要外在的神灵膜拜，非理性的狂热激情或追求超世的拯救，在此岸中达到济世救民和自我实现。[1]这从精神层面彻底解释和解构了梁漱溟提出的早熟文化。

本书就是运用这一框架分析印度文明。面对主客观世界，中国走了一条情感（主观）与理性（客观）相协调和平衡的道路，工具是以儒家为核心的文明体系，实现了宗教从属于、依附于世俗社会。印度则与中国恰恰相反，在情感与理性关系上走了一条不平衡的道路，直接上了追求超世拯救的船，从此再也没有下来。这是世界几大文明视野的区分，西方经过中世纪后的文艺复兴运动和宗教改革及工业化，破解了情感世界与客观理性的关系，让理性逐渐战胜情感、主导社会，产生了现代自然科学和以理性为基础的现代性或以工业化为主导的近现代文明。

梁漱溟也提出印度也是早熟文化，因为太早，所以停止不动。笔者认为，中印同属早熟文化，在文明演变中形成了稳定的民族文化—心理结构，只不过中国形成的是以实用理性为特征的早熟文化，印度形成的是以宗教神性为特征的早熟文化，中国早熟文化强调的是情感与理性的合理调节，取得社会存在与个体身心的均衡稳定，在此岸中达到济世救民和自我实现；印度则相反，通过神灵的膜拜和追求超世的拯救，在彼岸中达到济世救民和自我实现。这两种发展路径都奠定了各自民族的

---

[1]　李泽厚：《中国思想史论（上）》，安徽文艺出版社1999年版，第20页。

文化—心理结构，使得各自民族在数千年发展中在精神和物质层面都没有太大的突破，即便现在增加了外来的现代性新元素，其文化的根基与核心依然是各自传统民族文化—心理结构，让心理结构长期稳定的中印，面对外来西方文化的殖民和入侵都显得非常被动。

在印度人民的生活中，古代印度教宗教神话被赋予现代精神生活的全部内涵，成为数千年来印度教徒精神和物质生活的全部意义。印度教展现了其顽强的延续性和继承性，这是印度文明历经数千年外族入侵而得以延续的根本，同时也是印度社会浓厚保守性的根源。印度哲学家 S·拉达克里希纳对此评价道："在新文化或新知识突飞猛进的时刻，印度人绝不屈服于一时的诱惑，而是坚守传统信仰，尽可能把新东西纳入旧轨道，这种保守的自由主义是印度文化和文明成功的秘诀。"①巴沙姆也认为："印度文化倾向于向内看和朝后看。向内是指个人的精神生活，朝后是指远古的神圣规范。"

尼赫鲁在《印度的发现》中对印度文明的精神核心有过经典论述，"每一种文化和每一个民族的面前都摆着两条平行的河流，一条是人生的外观，一条是人生的内境。它们相遇或仅仅靠拢就会产生均衡和稳定，若是两者有分歧，就会发生矛盾和危机，会给理智和精神折磨"。同样，印度学者拉达克里希纳在《印度哲学》卷首是这样界定宗教的内境的，他说，精神性是印度思想的本质特征。在其看来，以精神性为本质核心的印度哲学虽然不一定塑造出伟大的政治结构或社会组织形式，但其强烈的精神性仍

---

① 文富德：《印度经济发展前景研究》，时事出版社2014年版，第270—271页。

能抵御时间和历史的侵蚀。历史上那么多外来侵略和内部倾轧损害了印度文明，那么多外来族群试图压制它，但印度教仍保持发展势头，没有最终屈服，其核心是精神性，将入侵的痛苦转化为对彼岸的无尽追求。这是印度社会文化保守性的精神根源。

印度文化尽管有着浓厚的保守性，但不排斥外来文化，在汲取融合与统摄外来文化上与中华文化有着相同的特点，具有强大的包容性和改造功能，这从印度入侵史中可以看出。印度大文豪泰戈尔曾说，印度人不应该忘记自己的民族尊严和民族文化，不应该用借来的西方"羽毛"装饰自己。如果只是一味抄袭、模仿，那就意味着印度民族的慢性自杀。有人曾总结道，纵观印度近代哲学发展，基本有三个特征：复兴印度古代宗教哲学，将西方哲学与印度哲学结合，将哲学思想与宗教、伦理及社会政治学紧密结合。从宗教主导世俗，即神性这个视角来分析印度，如今印度各种社会现象和在外国人看来不符合现代性或常理的事物、观念及行为都得到了合理的解释，这是打开理解和认知印度文明的一把钥匙。

印度首任驻华大使潘尼伽在其《印度简史》中论述，"2500年前释迦牟尼佛所目睹的生活，在今天这个大陆上基本没有什么变化。'业'和'幻'的问题依然是人们辩论的主要内容。今天的人们依然信仰着同样的教义，过着同样的生活，保持着没有变化的婚姻制度、丧葬礼仪、社会关系的组织。释迦牟尼佛如果生于今日，一定会将印度人民认作他自己的人民"[1]。

---

[1]　［印度］K.M.潘尼伽：《印度简史》，简宁译，新世界出版社2014年版，第3页。

第二部分

印度民主是成功的吗？

引言

　　印度能否运用民主一直统一下去？印度民主能否持续？印度能否自我发展？印度民主对印度是制度红利还是负资产？在印度独立前，类似话题就一直引发西方殖民者的讨论。英国前首相丘吉尔的话比较有代表性，他在1930年和1931年多次就印度的未来发表系列演讲，核心观点是英国不能抛弃印度，如果没有英国的支持，印度将会退回到中世纪。①丘吉尔的警告刚过去15年，印度就迎来独立，这的确带来了混乱，但很快就恢复了秩序，建立了在当时世界上全民普选的超前民主制度。印度独立70余年来，各种猜测如影随形，印度统一能维持多久？每一任总理去世都会引发军事政变的猜测；每一次雨季的推迟或干旱都会引发印度大饥荒的猜想；每一次发生武装暴动都会出现印度要分裂的风言风语。自1947年以来，来自西方和世界各国的学者对印度灾难的预言不绝于耳，印度的存在不仅本身就是一个疑问，而且还是政治学上的一种反常。很多西方学者怀疑，积贫积弱的印度缺乏民主发展的所有条件，维持民主制度看似完全不可能。笔者的感觉是大部分人都在为质疑印

---

① Ramachandra Guha, *India After Gandhi*: *The History of The World's Largest Democracy*, Pan Macmillan Ltd, 2008, Prologue.

度民主制度持续性和可行性寻找论据。

笔者试图从印度民主政治基因、身份政治和两大主导性思潮来解读上述对印度民主的质疑。笔者认为,印度民主政治植根于印度多元社会和印度教伦理社会,使其在演化中呈现与传统西方民主政治不同的"例外论"——身份政治的异化和老树发新芽,进而在两大主导性政治思潮周期性变化中迎来现在的"国族再造",吻合与纳入印度教千年复兴的宗教历史轨道。

与西方"一人一票"的现代民主和"二战"后发展中国家的民主相比,从形式上来说印度民主属于超前民主,但其仍植根于传统的政治基因,即传统印度教伦理社会中的宗教、村社与种姓制度等。英国的近代民主制度与教育等为印度传统政治提供了一个外包装,吻合了印度多元政治和社会文化。因此,印度传统政治基因与近现代民主制度不是零和游戏,也不是你死我活的相互斗争或排斥,而是两者在相互竞争中走向融合,为印度政治发展提供了空间。当然两者也有诸多不匹配和冲突,这必然带来政治和社会动荡,其负面效应成为印度发展的挑战。

印度传统政治基因与近现代民主制度的冲突与融合产生了印度民主政治发展的"例外论",主要表现在民族国家建构的独特路径、宪政设计的"过度完美"、中央与地方关系的持续紧张、身份政治的异化和两大主导性思潮的相互否定等方面,形成印度政治"罪犯化"、司法代替行政、语言宗教与种姓政治化、政治认同地方化、"国族再造"等独特政治现象,进而形成印度国家建构和民族认同始终处于浅层次和低层次的状况。这种半自发的政治状态让印度民主制度红利在部分释放的同时,对印度政治发展和经济社会发展构成根本性制约因素。

在笔者看来，印度民主为及格但不优秀。从民主形式看，印度实现了"一人一票"的全民直选，但印度统一的"民族—国家价值观"还处于浅层次，仍在形成中，对种姓、族群、宗教、地区等的认同依然高于对国家和民族的认同。从绩效来看，印度民主持久稳定，是民众相信并支持的"唯一游戏规则"，但印度民主没有让印度民众摆脱贫困和不平等的命运。

第一章 印度民主政治的胎记

第一节 超前民主的喜悦与酸涩

1947年8月15日，印度各界在全国举行了隆重的庆祝独立活动，尤其是国大党在新德里举行了盛大的独立庆祝活动。不过甘地没有参加，甘地这天在加尔各答。8月14日晚，西孟加拉邦首席部长请示甘地第二天独立日庆祝活动的内容，甘地回答："人们都挣扎在生死线上，在这毁灭时刻你还有心情庆祝吗？"当时，《印度斯坦时报》采访甘地对于独立日的感受，甘地的回答是"我已经精疲力尽了"。英国广播公司想要甘地录一段话，代表新印度谈一下感想，甘地让尼赫鲁代替，英国广播公司不甘心，采用各种方式劝说甘地，甘地不为所动，说"让他们忘掉我知道英国"。

甘地的心情是可以理解的，经过几十年的民族独立运动，结果却令人无法接受，独立前一年印度教徒攻击穆斯林引发的骚乱遍布全印。在民族独立运动中印度兴起了以印度教徒为主的民族主义和穆斯林联盟两大政治思潮和派别，都以宗教为基础发展政治。1934年中央立法选举中，作为弱势的穆斯林越来越感到不安，开始强化斗争心态。国大党在组织政府时一方面许诺给予穆斯林职位，另一方面又试图控制穆斯林扩张，两者的矛盾越来越激化，穆斯林联盟逐渐走向独立建国的道路。同时，英国人想通过穆斯林来牵制独立的国大党。1946年，英国代表与印度各党派代表在西姆拉举行会议，商讨独立建国方案。尽管国大党与穆斯林都接受英国提出的将印度分为三个"邦集团"的方案，但穆斯林联盟将此方案作为过渡，仍未放弃独立建国的计划。

英国使团1946年6月离开印度后，国大党与穆斯林的矛盾激化，在教派主义的挑动下，印度开始出现印度教徒攻击穆斯林的暴力冲突与仇杀。1946年8月16日从加尔各答开始，印穆骚乱和暴乱迅速蔓延至比哈尔邦、北方邦、旁遮普邦乃至全印，实际上这是大屠杀的前奏，最终导致印巴分治。此时，77岁的甘地奔走于全国各地，曾一周内徒步116英里（177公里），到100个村庄发表演讲，呼吁停止攻击穆斯林，防止国家分裂。甘地寻求抑制印度教徒对穆斯林的报复，实现民族和解。甘地的呼吁和理性没有浇灭印度教徒燃起的熊熊愤怒之火，1946年前11个月的骚乱造成的死亡人数就超过5000人。当时一份数据显示，1946年11月18日至1947年5月1日，4014人死于骚乱，光旁遮普一个地方的死亡人数就达3024人。1947年8月14日，巴基斯坦宣布独立，15日印度宣布独立，随后公布两国边界，旁遮普被一分为二。然后，大规模骚乱进一步升级。根据前线军事指挥官的记录，从1947年3月到7月末，旁遮普平民死亡人数高达4500人，2500人受伤。仅8月一个月估计至少有1.5万人死亡，"但真实数字可能是公布的两到三倍"[①]。分治造成数百万人大迁徙，人们来不及收拾东西，把能砸的都砸了，带上金银细软立即启程。巴基

---

① Ramachandra Guha, *India After Gandhi: The History of The World's Largest Democracy*, Pan Macmillan Ltd, 2008, pp.8-20.

斯坦的印度教徒向印度迁徙,印度穆斯林向巴基斯坦迁徙。据理查德·西蒙兹的研究,即使是最保守估计,也有至少50万人在冲突中丧生,1200万人无家可归。这期间,印穆产生的不信任感和憎恶对之后的印巴关系都产生了深远影响。国民志愿团等印度民族主义者认为甘地对穆斯林和巴基斯坦太过让步。终于,在1948年1月30日,狂热的印度民族主义者在德里暗杀了甘地,提倡非暴力的甘地被印度教徒的愤怒大火"吞灭"。从巴基斯坦回来的数百万难民充实了新德里的人口,是新德里人口迅速增长的一个重要原因。如今新德里的国防社区就是原来印巴分治难民的安置地之一。

印度独立虽然没有经过政权更迭带来的武装暴力洗礼,但印巴分治和整合土邦带来的惨重代价毫不亚于一场内战和地区冲突的代价。现在阿姆利则降旗仪式依然延续着印巴分治以来印穆敌视留下的疤痕,印度新民主社会诞生的首个"见面礼"的影响一直持续到今天,可能还会持续下去。

印度民主就在印巴分治带来的阵痛中诞生。独立后的印度根据西方政治发展经验,以国大党为代表的世俗派直接采用了西方议会民主制度,提出并实践了在印度建设现代民主政治制度的目标,可以说这是一个非常超前的政治发展路径。根据现代民主代议制和社会主义原则,当时印度用4年时间制定了印度宪法:1946年12月9日在新德里召开制宪会议,1947年1月22日提出宪法草案,1949年11月26日通过新宪法,1950年1月26日宪法生效。按照新宪法,印度于1952年2月举行第一次大选,当时选民有1.76亿,实际参选率为61%。

印度的独立日和共和国日不同,这里面还有一个小插曲。国大党早在1930年拉合尔年会上就把1月26日定为印度独立日,每年都在此日庆祝。然而到了印度独立时，英国人蒙巴顿急着回国就任，不愿意再等到 1948 年 1 月 26 日，于是蒙巴顿选择将 1947 年 8 月 15 日作为印度独立日，这便是印度独立日的由来。每年的独立日，印度都在首都新德里红堡前举行盛大的升国旗仪式，总理发表讲话。1950 年 1 月 26 日，印度议会通过印度共和国宪法，因此 1 月 26 日被确定为共和国日，也是印度国庆节日之一，也算圆了国大党独立日的梦想。独立后，印度每年都在 1 月 26 日举行庆祝共和国日庆典，在总统府与印度门之间的责任大道（原为国王大道）上举行阅兵和群众游行庆祝活动。大家比较熟知的各种阅兵时的奇特姿势是在独立日亮相，尤其是摩托外挂。

为什么说当时印度民主超前？英殖民政府时期设立的是有限民主制度，只有部分精英才有选举权。首先，印度独立后立即实行全民普选，这在世界上是非常先进的。美国黑人获得全面选举权是在 1965 年，当年的《选举权利法》才正式以立法形式结束美国黑人受到选举权方面限制的情况。美国妇女获得选举权是在 1920 年。1918 年，英国 30 岁以上妇女才获得选举权，1928 年，21 岁以上妇女才争取到与男性同等的选举权。绝大部分亚非拉新独立国家的选举权都是在 20 世纪五六十年代民族独立后才获得的，均晚于印度。因此，从形式上印度民主走在了广大发展中国家的前列，在一些发达国家面前也毫不逊色。

其次，印度首创在落后国家发展全面民主。巴灵顿·摩尔在《民主与专制的社会起源》中提出民主的三条道路：欧洲式的资产阶级民主道路、法西斯主义反民主道路、共产主义革命开辟的民主道路。印度没有发生这三类革命风雨的洗礼，不具备西方民主的条件，但也走出了一条具有印度国情的民主道路。有人认为印度民主开辟了一条不同于西方民主的"第四条道路"。依据现代政治理论，美国政治学理论家李普塞特等人提出的民主政治发展客观条件在印度都不完善，目前是能维持运转而不崩溃。印度研究学者鲁道夫指出："民主是在实践演练中学会的。印度民主实践表明，实行民主的先决条件事实上不是民主的基础。印度人，当他们经历过一系列的选举和社会实验后，已经积累起丰厚的民主价值观，在这些民主价值观基础上才支撑起民主制度。"[①]此话的意思是，印度人相信终究会有一天通过民主能够实现他们提高生活质量和善治的目标。

印度在初尝民主喜悦的同时，也同样经历了民主带来的酸涩。印度没有经历暴力革命，直接从"二战"后英国殖民地中继承，但这条路走得非常艰辛。虽没有暴力革命的洗礼和代价，但印度独立过程跌宕起伏，带来的巨大创伤不亚于一场暴力革命，印度民主一出生就带着动荡与血泪，独立的喜悦伴随着的是山河破碎、骚乱动荡与大屠杀。

第二节　大师流行背后的传统政治基因

2017年8月28日，中印洞朗对峙结束当天，笔者正赶赴哈里亚纳邦潘切库拉市报道一位名叫辛格的"大师"被关进监狱的事件，由于当地断网，笔者错过了洞朗对峙结束的大新闻。辛格"大师"当时引起印度和国际社会广泛关注。印度警方在距离监狱50公里处设立了第一道岗，除了当地人和记者外，其他人一律不准进入。监狱方圆50公里全部断网。接近监狱5公里处，大批警察在路口驻守，拉起铁丝网，建立沙包碉堡，数十名军警在

---

① 　王洪生：《论印度的民主》，社会科学文献出版社2011年版，第402页。

铁丝网内列队，严阵以待，全球数十名记者也扛着"长枪短炮"严阵以待，印度多家媒体还派出采访车和直播车，结果等到下午，记者们只能远远地看着直升机把这名"大师"送进监狱。

这名"大师"是一家"宗教与社会福利组织"的负责人，全名叫拉姆·拉希姆·辛格。据印度媒体报道，2002年，一名女性在寄给印度总理的匿名信中揭发辛格强奸教派内女性成员。印度中央调查局于2017年8月25日在哈里亚纳邦的潘切库拉特别法庭审理该强奸案，并裁定其罪名成立，判处有期徒刑7年。这一消息随即引发多地发生大规模骚乱，当天就造成31人死亡、300多人受伤。仅在哈里亚纳邦就有近6万名示威者聚众滋事，现场有超1万名军警控制局面，至少六个城市宣布宵禁。骚乱还向北方邦和德里蔓延，部分火车站、店铺被打砸、焚烧。媒体首当其冲，新德里电视台和印度时报社都遭到袭击，新德里电视台一辆直播车被烧毁。当地时间8月25日下午5时，军队紧急介入，600名士兵被部署到潘切库拉市。印度总统考文德通过推特谴责骚乱，要求人们维持和平。8月25日晚，总理莫迪也通过推特发声，表示暴力事件令他感到悲痛，他强烈谴责暴力行为，呼吁民众保持冷静。当天，新德里高度戒备，路过哈里亚纳邦和旁遮普邦的200多趟列车被取消，哈里亚纳邦大部分地区网络被切断。

据路透社等媒体此前报道，据称辛格在全世界有6000万名信徒。辛格被判刑后，数十万支持者蜂拥至潘切库拉，进行街头抗议。美联社称，中国、美国等国驻印使馆此前均发布旅行警示，敦促在印公民注意当局对辛格判决后可能发生的骚乱。媒体披露，"大师"辛格运营着一个有69年历史的教派组织。据称，该组织在哈里亚纳邦拥有近1000英亩产业，包括酒店、电影院、板球场和学校等。辛格在印度的影响力非常大，他出演过五部电影，在不计其数的流行音乐视频中露面。在电影《神的使者》中，他扮演拯救国家的英雄。从长相看，辛格既像摩托车帮成员，也像印度史诗中的英雄。英国《镜报》称，辛格被戏称为"珠光宝气的灵魂导师"，坐拥约2600万英镑（约合人民币2.4亿元）净资产。辛格十几年前曾让5000万名信徒自宫，称这样可以更加接近神灵。有目击者称，2000年前后，400名受到辛格鼓动的信众在辛格名下一家医院通过手术割掉了睾丸。路透社评论道，在印度，一些"圣人"能够召集成千上万人上街，他们的"布道"方式在那些对政府失望的民众中非常受欢迎。[①]

英国广播公司2017年8月25日题为《一个分裂的印度如何催生大师的崛起》报道，印度拥有"大师"的历史应该与人类拥有记忆一样久远，现在印度"大师"犹如一个超级政治家，他们经常向迷信的政治家兜售政治影响力。印度社会学家维斯瓦娜认为，"大师"体现了印度传统政治与社会的延续，同时又告诉人们对现代政治的失望，他们转向非常规政治的宗教以寻求某种慰藉和尊严。显然，现代印度这些"大师"和宗教团体的存在与兴起在告诉人们，印度仍然存在着深深的分裂和等级制度，这些人正在运行着一个平行的国家。[②]

印度社会中的古鲁拥有巨大的政治社会能量。这种政治社会能量源于印度教传统政治基因。宗教、种姓和家族是透视本土政治基因的主要视角，古鲁是三者的完美结合。古鲁在政治动员方面让任何政治人物都不敢小觑，包括总理莫迪，他曾参

---

① 苑基荣、张倍鑫：《这个让印度骚乱的"大师"究竟是何方神圣？》，《环球时报》2018年8月26日第四版。

② Soutik Biswas, "How a Divided India Fuelled the Rise of the Gurus", BBC, Aug 25, 2017. https://www.bbc.com/news/world-asia-india-41052605.

加多位古鲁的活动，一方面出于宗教崇拜，另一方面也有政治因素。

一个国家的政治制度基本是基于本国国情做出的选择。根据现在的民主理论，民主发展是有条件的，需要有强大的中产阶级作为经济社会基础，需要有比较完善的治理框架作为政治基础。印度是在"二战"后几乎"一穷二白"的基础上实现"一人一票"的完全选举，而且是在继承多族群社会和英殖民遗产情况下。当时，英国遗留了500多个土邦需要收编整合，国大党政府真正掌握的国土面积不多，几乎全民文盲。这是一种跨越式民主，只能是"边开车边修车"，先建立现代民主制度，在实践中完善。在这样一个长期入侵历史造成的多族群文明体中，建立一个现代的民主国家、构建一套各族群都认同的政治架构、实现国家建构和民族认同，其难度可想而知。

印度政治学者拉吉尼·科萨里（Rajni Kothari）在其《印度政治》中提出，印度独立后政治民主体制是长期以来各种影响的产物，三条历史主线对其产生突出的实质性影响：一是印度教的影响。这是印度社会的坚实基础和统一框架；二是英国政治遗产的影响。英国殖民政府统治影响了印度独立后政治制度的理念和关系；三是殖民时代的民族主义的影响。[1]笔者非常认同这种分析框架，在此基础上，笔者认为印度独立后的政治制度设计还受到印巴分治和社会主义苏联的影响。中国的一些学者在解读印度现代政治制度时，对英国殖民政治遗产和民族主义着墨颇多，对印度教传统政治基因提及较少，笔者认为这才是印度现代民主政

---

① Rajni Kothari, "*Politics in India*", Second Edition, First Orient Blackswan Impression 2009, Second Edition 2012, p.21.

治的根基。

在外国人看来，古鲁是印度政治发展进程中的一个奇特现象，事实上，在印度它是印度教伦理社会中宗教政治化的正常体现。一方面，印度传统村社和种姓制度侵蚀了普通民众的政治敏锐性，形成了一种对政治不太感兴趣、性情温和的民族性格。另一方面，村社和种姓制度又形成了地方化政治倾向，容易形成以血缘族群和种姓等为基础的政治板块和政治行为，激发底层民众压抑的政治热情，一旦遇到适合的话题则很容易产生聚集效应，形成巨大的政治社会海啸式力量。如今，印度已经建立基层政权，但这种基层政治资源在传统村社和种姓制度面前犹如侍女，传统社会力量依然发挥着主导甚至关键作用，这也是古鲁和宗教群体兴起的根本性因素。传统型力量与现代型力量在基层并没有像上层政治一样完全融合，相互之间的碰撞和融合带来的制度缺失不得不让民众另寻他途。

拉吉尼·科萨里在其《印度政治》中认为，雅利安人进入印度后的3000多年历史中，印度经历了各种政治形态，从小王国到帝国，包括君主政体、寡头政治和共和政体，印度教伦理社会的治理模式本身就是这些政治进程的结晶。然而，如果详细界定印度教政治体制或制度特性又说不清楚。[①]印度缺乏统一的历史和传统，通常又远离全球军事和政治权力中心。现在能遗留下来的最明显的制度特征是雅利安人的种姓制度，尽管是社会和宗教等级管理制度，但也包含政治治理的功能，为印度政治发展提供了一个非正式的机制或仲裁，该系统发展了自己的政治社会规

---

① Rajni Kothari, *"Politics in India"*, Second Edition, First Orient Blackswan Impression 2009, Second Edition 2012, p.23.

范和神秘感，创造了政治社会的既得利益，并随着历史进程而固化。

　　首先，印度教伦理社会产生了一个不关心政治的社会。科萨里认为印度是一个不关心政治的社会（Apolitical Society）。种姓制度构成了传统印度社会与政治关系的重要特征。印度古代制度是一个基层非常稳定的秩序和一个上层建筑短暂不稳定的秩序的松散妥协。前者大部分限定在村社秩序，为农村提供安全和秩序，后者尽管有强大的政治经济力量和习俗赋予统治者的神圣为后盾，却造成了分歧和不确定性。印度过去最大的失败是一直无能力建立一个统一政治权威、一个有凝聚力和持续的中央集权政府。从这个角度来看，印度村社的特征在很大程度上是不关心政治的。当然这不意味着古代印度没有政治，而是各种秩序中都存在政治。一方面，是以血缘或种姓主导的村社政治；另一方面，是外族入侵带来的外部权威政治。印度村社一般不太关心外族入侵带来的上层政治变化，无论谁入侵、谁统治，村社都一如既往存在，纳税交"皇粮"。外族入侵带来的上层政治需要在本地政治主导模式中发挥作用。印度学者拉尔在《不均衡政治》中也认为，印度村社在政治和经济上发挥主导作用，一直延续至今。总的来说，这种制度从整体上解决了各阶层关系和基层政治问题，但主要失败原因是没有发展出一个统一的全国性政治架构。

　　其次，印度教伦理社会产生了强烈的地方化和小团体化倾向。这种地方化倾向通过两种方式产生，一个是对家庭和亲属的忠诚；另一个是对所属群体、种姓、小团体或村社的忠诚。这种忠诚从属结构和村社规范将个体绑定，形成个人依附。每个个体不仅存在于种姓和亲属道德规范的特殊环境中，其社会体系中的地位也由其所属的职业、与世俗权威关系来决定。这种地区凝聚力非常强大,整个社会体系都建立在血缘、宗教和种姓关系基础上,形成了千千万万碎片化社会小群体和"隔断"。这样的社会政治结构缺乏更大的政治认同,产生对政治权威疏远和断断续续的性质特征。因此,传统印度政治具有小团体倾向(Orientation)①,这种倾向直到目前也没有被彻底铲除。

再次,印度教社会强调义务,反对权利;强调容忍和克制,抑制抱负和张扬。印度传统社会的习俗和对家庭与社会权威的尊重得到印度教伦理道德规范的支持。印度教伦理社会是一整套印度教社会责任规范体系。在这套印度教伦理社会道德准则里,首要强调的是"义务",而不是"反对权利"。在印度教徒生活中,他们满足于个人财富而不是渴望不属于自己的东西。因此,印度教强调对自己所需的限制,对其财富的满足,强调容忍而不是抱负,强调克制而不是张扬。总之,这样的社会安排和秩序产生小团体凝聚力和个体服从,产生对社会和政府相对较低的预期和诉求。在一个高度多元的社会结构中,印度教伦理社会一直能够保持高度忠诚,从而产生较高的个人安全感与凝聚力。

最后,印度教伦理社会容易形成形而上学的规范,形成不依恋和满足感,这有助于化解社会紧张和减轻边缘群体的痛苦。印度教徒中明显存在容忍,对屈辱敏感性低以及在使用和滥用权力方面的犬儒主义。小团体倾向和形而上学的规范形成了印度教徒一种特殊的个体主义——非侵略和非集体主义的倾向。同时,这种形而上学的规范和忠诚阻碍了更大的政治认同

---

① Rajni Kothari, "*Politics in India*", Second Edition, First Orient Blackswan Impression 2009, Second Edition 2012, p.26.

和契约精神的形成与发展，限制了大规模经济的潜在动员。因此，在印度次大陆，雅利安人的权力依靠的是印度教伦理社会体系的巩固，而不是几个王朝或王国的变迁。印度历史上大的政治扩张和巩固期都归因于印度教伦理社会体系的增强，在更高层提供稳定，鼓励本土产业和手工业的增长，从而刺激了文学、艺术和宗教等方面的创造性。古代印度社会与政治间拥有巨大鸿沟，王朝的更迭和帝国的拓展与衰落对底层民众社会生活产生的影响程度较低。目前，印度基层社会在很大程度上依然沿着自己的轨道运行。在印度创建一个认同单一中央集权的任务在很大程度上是不可能完成的。[①] 尽管经历如此多的外族入侵，或多或少打乱了发展节奏，但直到今天印度都没有从根本上改变这一社会政治结构。结合印度上述传统政治基因可以看出，宗教和种姓制度等形成的印度基层稳定与易变和不稳定的上层关系，为古鲁政治发展提供了土壤和空间。

事实上，印度传统政治基因带给印度现代政治的不完全是消极因素，对印度政治现代化也贡献颇多：第一个是印度文明持续4000余年的延续性，印度教伦理社会体系跨越了政治分歧、种族和语言的差异，成为独立后印度政治社会的基本基因。独立后的印度是多元社会的凝聚，印度的统一是基于对各种生活方式的宽容，由此产生的一种多元凝聚力。强调整体而不是分裂，包容而不是对抗，共识而不是分歧。种姓制度中作为精英阶层的婆罗门让地方文化迅速融入印度现代文明的主流，调整其地位和定位。政治学家巴灵顿·摩尔也赞扬印度这种以具有自我维系与凝聚力

---

① Rajni Kothari, "*Politics in India*", Second Edition, First Orient Blackswan Impression 2009, Second Edition 2012, p.31.

特性的种姓制度为基础的政治社会秩序。[1]

作为印度传统的托管人，婆罗门精英迅速适应新政治社会形态，成为新时代的政治经济代理人。作为传统社会的知识阶层，婆罗门精英在印度进入现代社会的时刻被赋予了一种持续的领导能力，迅速掌握新的文明工具——英语、法律、教育和文化，从而在政治社会中发挥领导作用。在第一届人民院议员中，高种姓占到50%。[2]如果算上中央和邦各部部长与副部长及企业精英，高种姓的比重还要更高，这是独立后印度出现具有传统风格的政治精英和工商界精英的根源。这些精英能够在不破坏印度文明延续性的同时为新国家建构提供统一的框架。种姓制度也让国家精英创建的中央权威减少了诸多挑战。印度教伦理社会中印度教义和规范的模糊性，意味着印度精英可以一种有选择性和创造性的方法诠释传统，选择那些与现代需求相关的元素，允许其他传统继续增长或消亡。这让独立时印度精英将他们的意识形态施加给大众，而没有引起巨大的抵制和反抗。新的现代元素以不打断或不打破印度文明的方式逐渐融入印度的古老文明潮流。

总之，印度传统社会为独立后新印度统一的政治体系所做的贡献不言而喻，赋予其现代政治设计的深度、灵活性和可操作性，从而形成丰富的传统、现代民主制度、价值观新框架间的持续互动和相互作用。印度政治框架体现的不是现代性排斥传统，不是另起炉灶，传统习俗和制度也不是完全排斥和否定现代制度

---

[1] Barington Moore, *Social Origins of Dictatorship and Democracy*, Beacon Press, 1966, p.458.

[2] Dr Ronojoy Sen and Taisha Grace Antony, "An Analysis of the Social Composition of the Indian Parliament", *Institute of South Asian Studies*, No.504, Aug 7, 2018, p.7.

和理念，而是特定的传统部分得到保持，特定的现代性元素得以增加，做得更多的是加法，而不是减法或零和游戏。越来越多的印度人认为，印度的现代化实质上是沿着民主制度重建印度传统，试图强调的不是排斥印度传统。在分析印度问题时，不要将现代性和印度宗教神性对立起来，两者并不是非此即彼的，而应立足印度传统神性，用现代性重新焕发传统宗教神性的辉煌，赋予其新内涵和外延，这是印度精英治国的逻辑。

第三节　英国留给印度哪些政治遗产？

2018年9月6日，印度最高法院判决推翻该国《刑法》第377条，承认同性恋行为无罪，但这仅是一场性少数群体（LGBTQ）的胜利。印度《刑法》第377条是1862年英殖民政府出台的反同性恋条款，印度媒体直呼"我们终于从殖民枷锁中解放出来了"[1]，而英国早在1967年就已经废除本国的"同性恋禁令"。1543年，亨利八世制定了对鸡奸判处死刑的法律，该法律一直实施到1961年，随后"死刑改为监禁"。印度2001年就有民间团体要求废除《刑法》第377条，但2013年保守团体的上诉，使该条款卷土重来。2019年，印度最高法院判决《刑法》第377条违反宪法，接下来还不知道该条款会走向何方。

截至2020年，印度约有108项与劳动法相关的立法，很多是英国殖民时期留下来的。例如，1923年的《印度锅炉法案》、

---

① Adrija Roychowdhury, "Section 377: A British Legacy from Which We Have Finally Broken Free", Indian Express, Sep 6, 2018.https://indianexpress.com/article/research/section-377-a-british-legacy-from-which-we-have-finally-broken-free-5342898.

1926年的《工会法》、1932年的《职工补偿法》、1936年的《工资支付法案》及1938年的《雇主责任法案》等，1859年制定的《民事诉讼法典》被1908年的《民法典》取代，1861年的《刑事诉讼法典》、1865年的《印度继承法》、1872年的《契约法》、1881年的《票据法》、1882年的《财产转移法》（1929年修正）、1882年的《信托法》……这个名单还可以罗列很多。这些法律迄今依然具有法律效力。

这是英国在世俗法律方面留给印度的遗产。美国普林斯顿大学著名发展政治学家阿图尔·科利教授将英国殖民遗产归纳为政治民主、联邦制和世俗主义三项。[①]这里要分清的是，英国在印度地方政治和法律体系方面因地制宜，一般不与印度传统地方法律习俗冲突，英国制定的政治法律体系仅限于印度这个特殊环境实施，管辖范围也仅限于英国人和该地区的印度人。即便如此，英属印度政府在各省、邦的政治和法律体系也是分不同层次和结构的。[②]在英国人统治之前，印度实行的印度教伦理社会法律体系的核心是印度教法，以"法论"为核心，包括继承、婚姻、抚养、收养、监护等，这是印度教伦理社会的主要法律准则和道德规范，法律与伦理混在一起。英国人对此进行了改造，让印度教法吸收了英国法的传统和法治原则，让法律逐渐统一。真正确立和完全实现这三项的是印度民族主义者，他们在印度独立后吸收借鉴了英国的这些遗产，确立了印度政治框架和发展方向。

英国人到来之前，穆斯林对印度政治体系的建设也有贡献。

---

① ［美］阿图尔·科利主编：《印度民主的成功》，牟效波等译，译林出版社2013年版，第7页。

② 肖光辉：《英国的殖民统治与印度法律的变化》，《广西社会科学》2010年第7期，第81页。

穆斯林是在印度统治时间最长的外来族群之一，但从政治体系建设来看，穆斯林给印度带来了比较先进的民间政府机构，在印度形成了一个中央主导政治模式，一个权威的中央集权和遍布全国的行政机构，根据军事建立的科层管理体系，建立了省和区行政机构，后来英国殖民者大致继承了这一政治体系。然而，这些并没有改变印度教伦理社会的基层组织架构，两者尽管有融合与吸收，但整体上依然是两套相互独立的政治社会体系，尤其是穆斯林没有完全渗透印度教徒的生活。

英殖民遗产对印度政治体系影响之深，主要原因是代表了近代世界先进的政治体系。从整体来看，其政治模式要高于印度本土文明的政治体系，为印度各层民众参与政治和社会提供了足够的空间，或者说预留了足够的空间。正如马克思所说，"不列颠人是第一批发展程度高于印度土著的征服者，因此印度的文明就影响不了他们"①。

英国殖民者首次在印度建立了一个覆盖印度次大陆的中央权威政府，这为独立后的印度奠定了领土版图和统一的民族国家概念基础。英国人给印度带来了近现代法律和秩序，新的司法和行政理念与机构，逐渐形成了现代政治中的中产阶级群体，这为独立后的印度奠定了民主代议制的基础。英国殖民者无能力和意愿重塑印度社会秩序，便延续了基层的保守性制度。

随着英国对印度征服的完成，代表英国治理的东印度公司采用了军事征服和建立藩属国两种方式，在印度次大陆产生了直接统治的殖民地和间接统治的类似于附属国的印度土邦。东印度公司随后逐渐演化为殖民统治机构，形成以总督及参事会为主体的

---

① 《马克思恩格斯全集（第9卷）》，人民出版社1961年版，第247页。

中央政府和省两级政权体系，从而在印度次大陆形成了两种统治形式和双重权力中心。从中已经看到了1950年印度宪法的影子，印度独立后的宪政模型已然可见。

英国殖民统治对印度现代政治发展起到了双重作用。马克思认为，"英国在印度要完成双重使命：一个是破坏性的使命，即消灭旧的亚洲式社会；另一个是建设性的使命，即在亚洲为西方式的社会奠定物质基础"。笔者赞同第二个使命的说法，对消灭旧的亚洲式社会持保留意见。从政治发展角度来看，英国给印度留下了国家政治制度的框架模型和统一的版图，以及现代政治的基本要素，客观上推动了印度政治现代化进程，"充当了历史的不自觉工具"。具体来说，英国实现了印度历史上最大的一次统一，结束了其四分五裂的状态。英国人并没有完全推翻印度传统的政治制度，而是有选择地按照英国政治模式建立起统一的印度上层政治制度，部分渗透到印度乡村。"殖民统治带给印度政治和行政统一的程度超过历史上任何时期。"① 这不仅体现在制度框架上，还体现在独立后印度的治国精英上，英国的教育体制和文官制度为印度培养了第一批治国精英。英殖民者采取分而治之和因地制宜的策略，保持了直接管理的省和土邦自治等多种治理模式，基本延续了印度传统地方自治或委托管理，对印度政治进程改变多集中在上层政治，底层的村社和种姓制度基本没有动，很大程度上保留了印度式基层政治社会组织形态。这既有利于英国人统治，又给了印度本土族群政治精英及基层乡绅发挥作用的空间。

---

① Bipan Chandra, A.Mukherjee and M.Mukherjee, *India After Independence*, New Delhi, 1999, p.17.

英国人的治理制度带给印度的劣势也是影响深远的。英国人关注的是印度次大陆的财富，将所有权力架构嫁接给印度都是围绕着攫取财富展开的，印度的权力架构是：上层是按照总督独裁下的有限议会民主制，中央政府向英国负责；下层是分而治之，基本保留了印度传统政治治理模式，包括保留王公贵族和基层村社的五老会议制度等。印度宗教和种姓制度等传统印度教社会治理体系在民主体系下改头换面，都找到了自己的归宿，成为现代治理架构中的重要因素。英殖民统治还在政治上给独立后的印度留下了分裂、宗派和教派主义，成为独立后印度发展的巨大障碍。

第四节　印度现代政治体系的缔造者

对印度现代民主政治影响产生根本性影响、重塑和缔造印度政治秩序的是印度民族主义者。这些民族主义者产生于英属殖民时期，有的反抗英国殖民者，有的支持英国殖民者，他们的思想和行动成为1947年印度独立后国家建构和民族认同的所有政治源泉，其中影响最大的是印巴分治和世俗民族主义与印度教民族主义斗争。

甘地和尼赫鲁代表的世俗民族主义，在印度民族独立过程中也是用印度教作为工具和武器，激发人们的情感。实际上，世俗民族主义虽没有明说，但印度教民族共同体中暗暗排除了穆斯林和非印度教徒，尤其是基督教徒。甘地的民族话语和绝对的印度教生活观让穆斯林感到担忧和害怕。《甘地之后》一书中曾指出，甘地个人对巴基斯坦建国之父、当时穆斯林民族主义者真纳居高临下。真纳最初想与甘地领导的世俗民族主义融合在一起，但甘地的行为和话语让真纳认为，甘地的世俗民族主义也排斥穆斯林，因此与世俗民族主义彻底分道扬镳，构建了穆斯林民族主义的话语体系，结果造成印巴分治。[1]造成印巴分治的因素有很多，但印度民族主义者内部的分歧，尤其是印度教与穆斯林教派主义者间的分歧是主要矛盾。

在民族解放运动中，国大党部分承袭了英殖民时期上层政治制度和架构，并将组织网络和结构渗透到印度部分乡村一级，给印度政治带来一股新的历史性力量，创造了印度次大陆普遍的认同和世俗多元自由主义价值观，其创建的机构对印度独立后的国家建构发挥了关键作用。在长期入侵的历史中，印度文明多样性演化出了独具创造性，强调宽容、妥协与合作的政治机制，这也构成了印度民族主义精英集团理性选择的宏观历史前提之一。[2]

在尼赫鲁的影响下，印度宪法最终确立的国家目标是民主主义、社会主义、世俗主义，这与英国宪政目标重合度很低。从印度宪法文本来看，很大程度上兼采当时世界所有政治制度的精华，吸收了发达国家宪法的精髓，包括英国的议会政府体制、法治原则、立法程序，美国宪法中基本人权的设计和联邦组织架构，法国宪法中的自由博爱精神，德国魏玛共和国紧急状态的宪政设计，苏联中央集权制度等。

印度世俗民族主义者在宪政上给印度留下最重要的遗产之一是世俗主义精神入宪。印度自古以来就是一个宗教大国，宗教观念根深蒂固，教派势力庞大，宗教认同高于国家和族群认同。这一方面有利于印度独立后的国家稳定，另一方面也与代议民主制

---

① Ramachandra Guha, *India After Gandhi*: *The History of The World's Largest Democracy*, Macmillan, 2007, pp.26–28.

② 张毅、曹海军:《超大型发展中国家治理悖论:基于印度民主的反思》,《马克思主义与现实》2015年第4期，第154页。

度下的公共秩序和社会道德产生冲突。印度的宗教与政治社会不分离，很大程度上以教义治国，宗教政治化是常态，这对议会民主制正常运行构成威胁。与印度教民族主义者暴力激进和以印度教建国主张相反，国大党代表的印度世俗民族主义者选择了世俗主义立国，不设立国教，实行政教分离和宗教宽容，推动政治多元世俗，反对教派主义，限制宗教力量干预世俗事务，保护少数族群利益。世俗民族主义者还要求印度教公共设施对所有印度教徒开放，反对种姓歧视，不能在公共机构进行宗教教育，废除英殖民的教派代表制等。经过70余年检验，其效果并不完全理想。世俗主义立国的确在推动印度世俗主义深入人心、整合国家和维护稳定上发挥了重要作用，但在推动民族整合和国家建构上还有很多问题，进而给印度教民族主义创造了发展空间，让印度教民族主义宗教立国的"国族再造"卷土重来。

第二章　印度民主的"例外论"

相比西方民主，印度民主拥有鲜明的特色。印度政治体系糅合了西方国家几乎所有的民主形式，同时还吸收了社会主义因素，走了一条资本主义与社会主义结合的道路。在国家发展路径上，印度走的不是"民族—国家"建构路径，而是"国家—民族"建构路径，是先有国家再去构建印度民族。在联邦三权分立上，司法功能突出，出现司法代政现象。在联邦制上，宪法本意上是强化中央权力，但现实是出现了邦权过大的现象。在印度政治体系中，除了以国大党为代表的中左翼力量，还有以印度共产党为代表的左翼力量对印度政坛产生不容忽视的力量。从印度现代政治体系中的上述特征来看，印度民主的确是现代民主进程中的一个"例外"。

第一节　走向"罪犯化"的印度政治

笔者在印度的居住地是新德里的卫星城——哈里亚纳邦的古尔冈市。这是一个新兴的现代城市，位于新德里西南部30公里左右，英迪拉·甘地国际机场正好位于两个城市中间。1979年，古尔冈从哈里亚纳邦较为发达的法里达巴德市划分出来时还是一片荒地，一眼望去，小村庄点缀在低矮的灌木和农田中间。然而古尔冈搭上信息技术革命的浪潮，迅速崛起。1991年，古尔冈市人口约12万，2001年达到87万，2019年估计已经超过250万。现在世界500强跨国企业有一半以上都在古尔冈开展业务和设立办公室，古尔冈是印度信息技术产业的枢纽和增长最快的城市之一。几十座购物中心、高大的写字楼和装饰辉煌的五星级酒店鳞次栉比，还有带高尔夫球场的大型社区。

古尔冈如此爆发式增长的一个关键因素是古尔冈没有地方政府。古尔冈成立以来，直接受邦政府管理，没有任何城市管理机构和公共机构。按照1991年印度政府所做的人口普查，古尔冈不符合城市发展部关于设置地方政府的标准。哈里亚纳邦也没有宣布古尔冈为城市地区，直到2008年新的分类开始实施，才设立市政机关。这期间古尔冈没有地方行政单位，哈里亚纳邦首席部长握有允许土地流转的关键权力，这里也是给私人土地开发商发放牌照的主要权力中心。哈里亚纳邦首席部长还兼任哈里亚纳邦城市发展局局长，因此古尔冈土地开发权力的寻租环节大大减少，法律和监管复杂性很小，大幅降低了土地交易成本，这种"垄断性腐败"给古尔冈的快速发展提供了历史性机遇。[①]

除了古尔冈快速发展的政治因素外，印度政治罪犯化也引起了笔者的兴趣。印度选举有一个特色——政治罪犯化，黑帮成员或有犯罪记录的人占议会和选举官员的比重很大。据印度非政府组织"民主改革协会（Association for Democratic Reform）"统计，印度第十五届联邦国会议员中至少有162人面临不同名义的

---

① Shruti Rajagopalan and Alexander Tabarrok, *Lessons from Gurgaon, India's Private City*, George Mason University Department of Economics Working Paper, Oct 25, 2014, pp.7–9.

犯罪指控,占总人数的20%,其中76人面临超过5年刑期的指控。与此同时,多达1460名各邦地方议员卷入各项犯罪指控,其中涉及5年以上刑期的占30%。但是没有任何党派为这些犯罪的议员感到羞愧。国大党甚至任命锡布－索伦为煤炭部部长,他曾面临绑架和谋杀私人秘书的指控,还涉嫌参与11起宗派暴力谋杀,虽然前两起案件他均被宣告无罪。印度民主改革协会统计数据显示:2011年至2016年,联邦上院有犯罪背景的议员占比保持在15%以上,2016年甚至高达23%;有严重犯罪背景(含谋杀、绑架、金融犯罪等)的议员占比也基本保持在5%以上,2016年甚至高达12%。在由五年一次直接选举产生的联邦下院中,2009年(第15届)至2014年(第16届),有犯罪背景和严重犯罪背景议员的占比居高不下,第16届联邦下院中犯罪议员占比高达34%,严重犯罪议员占比达21%。2019年第十七届联邦国会人民院犯罪议员比例更是高达近50%。新一届人民院选举议员539名,其中233名有犯罪指控。[1]

根据1951年施行的印度《人民代表法》第8条第3款,任何被判有罪且刑期在2年以内的公民将在宣判之日起至其释放后6年内不具备担任议员的资格。但第8条第4款中又规定,如果受到起诉并被判决的议员向更高一级法院上诉,其资格可以保留3个月。由于后一条款在解释和执行过程中存在争议和漏洞,印度中央和地方议员中很多有犯罪记录或面临指控的人,能够通过不断上诉逃脱法律惩罚并堂而皇之地继续坐享议员的权益。

---

① Anand Patel, "Nearly 50 percent MPs in new Lok Sabha have criminal records", India Today, May 25, 2019. https://www.indiatoday.in/elections/lok-sabha-2019/story/50-per-cent-mps-new-lok-sabha-criminal-records-1534465-2019-05-25.

印度犯罪分子当上议员主要有两个直接原因。第一，财力。根据印度选举委员会统计，印度政党在2014年大选中的平均竞选开支在7000万至1亿卢比之间，为了满足庞大的竞选开支，政党需要吸纳拥有财力的党员。而在印度，犯罪分子的犯罪事实与财富存在明确的正相关关系。犯罪分子既可以支付自身参选的经费，又能为政党活动提供支持，而经费支持是参与选举、吸引选民的基础。第二，罪犯的竞选手段。具体而言包含宣传与威胁两种，一方面罪犯可以通过大规模宣传战略向选民表明自己的无辜，赢得"边缘"选民；另一方面，罪犯可以使用非常规手段，包含贿赂、威胁等，在选举时直接提升政党的选票。如此行之，虽然不能广泛地赢得选民支持，但在选举差距较小、选举竞争更激烈的选区，能够有效地吸引摇摆的选民，直接提升政党的选票。

印度政治罪犯化现象的深层次原因则是政府职能缺失和民主政治效能低下。选民选择罪犯，替代政府的社会公共产品服务提供者。具体来说，其一，罪犯可以利用他们的能力帮助选民解决棘手的公共服务问题。例如，帮助房地产商清除占用土地的人、收取地方小贩的保护费（低于小贩贿赂政府的费用）等。以印度古吉拉特邦艾哈迈达巴德为例，伊桑布尔地区面临着严重的腐败、政府不作为等问题，当地居民向议员反馈后，当地议员疲于要求政府改善教育机构、安装新的水管、清理水槽等，而有能力的犯罪分子会快速解决这些问题，为选民提供替代性公共服务，这种情况下罪犯很容易获得选举的胜利；其二，罪犯能够通过施压的方式解决争端。在庇护主义传统下，武断且暴力的行为可以作为地方领导的标志，贫穷地区尤其如此，故而能够慷慨又无情地使用暴力的罪犯，是公共权威的一种表现方式，他们的暴力性角色能够在当地形成"敬畏"心理，以更有效地解决争端。

古尔冈发展历史和政治罪犯化现象体现了印度民主政治演进面临的问题。事实上，尼赫鲁等印度世俗民族主义者为印度设计了一套非常复杂的现代政治体系，这套体系是上述问题的总根源。根据独立后印度精英的理想设计，联邦的宪政单位是邦，联邦的国家元首是总统，由选举产生，代表国家。联邦的立法权属于国会和总统，任何法律都需要两院通过总统批准才能生效。联邦的行政权属于人民院选举产生的以总理为首的部长会议。联邦的司法权属于联邦最高法院，由1名首席法官和不超过7名大法官组成，这是联邦层面的三权分立政权组织架构。总理是由人民院选举产生的多数党组阁产生，或者由多个政党组成联合政府，这是印度政府的首脑，也是印度权力最大的政治人物。

在邦一级，总统任命的邦长代表总统，是邦的宪政首脑。邦立法权属于邦立法院和邦长，邦行政权属于邦立法院选举产生的以首席部长为首的邦部长会议。邦司法权属于邦高等法院。首席部长是由选举产生的邦立法会获得多数席位的政党产生，或选举中的多个政党联合产生，是印度邦的最高行政长官，属于印度地方上拥有最大实权的人物。

总统是由联邦两院和邦立法院议员组成的选举团选举产生，任期5年，原则上不超过两届。总统是国家元首，不是行政首脑，代表国家，不治理国家。从中就可以看出，印度政治体系结合了英美两国政治制度的优点。印度国家元首由选举产生，有任期制，与美国的总统共和制相同，与英国的议会民主制有着根本区别。该制度是印度人自己创造的。在这些看似花哨的完美政治设计中，真正具有实际权力的是总理和各邦的首席部长，总统和邦长都是虚位。印度整体政治体系与其说是兼容并包，不如说在很大程度上是一个大杂烩，从后续的论述中可以真切地感受到这一点。

印度的国家实权在总理和内阁手中。总理集军政大权于一身,是政府首脑和军队的最高统帅。总理是最高统帅表现为:三军统一指挥权直属总理,通过内阁秘书处和国防部行使;战时授权主要军种参谋长实施统一的指挥。总理主持部长会议(the Council of Minister of India)、统管各部事务,可以要求内阁部长辞职并改组政府,总理辞职意味着部长会议集体辞职。总理在人民院代表整个部长会议。内阁部长出席议会会议时只有发言权和讨论权,无表决权。议会有权监督部长会议,如咨询、拒绝、通过政府财政预算和通过对政府的不信任案等。后两种情况部长会议应公开辞职,由总理建议总统解散人民院,重新改选。

内阁部长多为总理的积极支持者、党内重要领袖或专家,掌握政府重要部门,领导本部并参与整个政府活动;国务部长和副部长仅领导本部工作。国务部长分两类,一类是副部级独立部门的国务部长,类似中央直属单位;另一类是各部的国务部长,即副部长。在2020年11月最新的内阁部长中,有24位内阁部长(Cabinet Ministers),9位独立部门国务部长〔Ministers of State (Independent Charge)〕,24位国务部长(Ministers of State)。[①]有时一位国务部长兼任多个部。这些都是政务官,不属于公务员,随内阁上下。一个部里还有公务员系统,最高长官为部秘,类似中国中央政府各部常务副部长,最了解情况。

在地方政府上,分为农村地区和城市地区。在农村地区,邦以下设专区(Division)、县(District)、区或乡(Block)、村(Village)四级单位,中央直辖区设县、区、村三级单位。专区是

---

① List of Ministers of India-Narendra Modi's Cabinet.https://www.mapsofindia.com/election/list-of-portfolios.html.

邦政府派出机构，旨在加强邦与县的联系，类似中国的地级市，有专员。乡设有乡委员会和乡评议会，村最高决策机构是村民大会，村评议会是执行机构。城市地区分为三类：大城市或大都市地区政府（Municipal Corporations）、较小的城市市议会（Municipal Council）、城乡接合部的镇潘查亚特（Nagar Panchayat）。①

　　客观来说，这套制度在很大程度上吻合了印度多元社会结构和多元权力中心的国情。在种姓、教派、王公土邦、印巴分治、贫穷、饥饿、疾病和无知泛滥这种最不利条件下，这套政治制度创造出有利于社会改革进步的新气候，通过议会迎来发展的新时代，能够保持言论、思想、表达的自由，能够允许不同政党以民主的形式发挥作用，能够促进消除文盲的祸根，开始管理5亿人口，这已经是一个了不起的成就。这套政治制度也没有对英殖民统治体系进行翻天覆地的改造，而是在其基础上根据自身情况进行改建和完善，虽然是嫁接，但伤痕已经基本被抚平，延续了英殖民时期比较成功的上层制度治理模式。

　　最重要的是，这套制度与印度多元分散的基层政治社会文化情况吻合，基本适应了印度历史上的中央与地方二元治理体系。从基层来看，严格的印度教伦理社会将社会分成无数的亚种姓集团，政治与社会不分离，这制约着国家权力在基层的行使和效力。不同亚种姓类似于民主社会里的阶层，种姓评议会则与民主社会的政党有着诸多相似功能。婆罗门和刹帝利围绕政治权力和经济权力展开争夺，世俗与僧侣、国家统治集团和高低种姓之间形成相互争夺和相互牵制的局面。这些基本情况与民主议会制度比较吻合，有利于顺利实现国家政治版图统一，有利于尽可能地

---

① 孙世海、葛维钧：《印度》，社会科学文献出版社2010年版。

减少政治统一的阻力，凝聚社会共识，集中力量发展经济。

采用武力征服的单一制也不现实。印度的多族群、多语言、多种姓、多宗教等，对印度政治统一构成严重威胁，议会民主制则在很大程度上把不同利益集团纳入其中，可以为利益集团和社会集团提供表达诉求的合法渠道，更是调节和缓冲政治社会各种矛盾的制度工具，极大消解了印度政治社会的消极因素。

美国政治理论家苏尼尔·希尔纳尼（Sunil Khilnani）曾写道，1947年以后，印度的历史"可能被看作民主政治理念的冒险"①。独立的印度看似是18世纪末法国大革命和美国独立后伟大民主实验的第三时刻，每一次实验都释放出巨大能量，每一次实验都提出很高的期望，但每一次实验都带来悲惨的失望。相比外国人的质疑，很多印度人则信心满满。印度政治学者古哈表示："作为印度人，我认为印度民主将比西方经历更重要。"印度是一个在衰落帝国的废墟上诞生的新国家。②70余年来，印度在小心翼翼地进行着国家建构、民族认同和国家发展，解决了土邦问题，日益消除印巴分治带来的巨大影响，防止土邦或其他族群再次分裂或独立，防止军人干政或政变，民主制度日益成为一个长治久安的国家制度框架，在促进国家发展、实现独立后印度全球大国战略目标上发挥着越来越重要的作用，有可能为未来印度崛起奠定预想的制度优势和红利。

这是人类历史上第一个通过民主制度管理超过14亿人口的案例，如果打分的话，印度民主达到合格标准。然而印度民主政治并不优秀，古尔冈发展和政治罪犯化现象可以略见一斑。印度

---

①　Sunil Khilnani, *The Idea of India*, New York: Farrar, Straus and Giroux, 1997, p.4.

②　Ramachandra Guha, *India After Gandhi: The History of The World's Largest Democracy*, Pan Macmillan Ltd, 2008, Prologue.

选举中的金钱政治、身份政治、政治极化和耗时浪费等现象也日益凸显。各政党需要庞大的经费用以宣传，选举结束后需要用巨额资金在组阁上进行收买。2019年印度大选从4月11日开始，到5月19日结束，历时39天。此次选举出动了大约1000万名选举官员，有超过6亿人前往100多万个投票站投票。新德里的"媒体研究中心（Centre for Media Studies）"数据报道称，2019年印度大选耗资达到86亿美元！和印度5年前比——2014年印度大选，投票数5.5亿，大选耗资约50亿美元。和世界最大经济体美国比——2016年，美国总统大选（特朗普获胜）耗资65亿美元。这次印度大选耗资比5年前高1.4倍，甚至比美国大选还要多。[1]彭博社评论称，这意味着2019年印度大选打破了两个纪录——印度最贵的大选及世界最贵的选举！据估计，印度人民党花费超过45亿美元。出生于印度的作家阿拉文德·阿迪加在他所著的《白老虎》一书中有这样的阐述："先生，这个国家有三种主要疾病：伤寒、霍乱和选举狂热。第三种病是最严重的。"[2]

印度民主的主要问题是民主过多，缺乏集中，最终形成相互掣肘、政令不畅的局面。好心办了坏事，印度民主制度的主观意愿是实现人人平等和促进经济社会发展，客观结果却是造成的贫富差距越来越大，严重阻碍了生产力的发展和人民生活水平的提高。这在1991年经济改革以来印度政坛进入多党联合执政这30余年最为典型。这30余年印度无一个政党能够主导政坛，悬浮议会

① Swati Gupta, "India's Election Spending Surges Past US to Record High", CNN，Jun 9, 2019. https://edition.cnn.com/2019/06/08/asia/india-election-spending-intl/index.html.

② ［印度］阿拉文德·阿迪加：《白老虎》，路旦俊、仲文明译，人民文学出版社2010年版，第88页。

是常态，党派争夺越来越严重，有民主无集中，权力分散、涣散，政府效率低下。选举仅是一个形式，无法选出真正代表民意和为民办事的代表，政治代表的是宗教和种姓等固有力量，有时被少数政客操纵，有时被广大底层民众左右。政客只关心自己或政党的利益，而非国计民生；底层民众投票踊跃，但对国家政治状况一知半解，很容易被鼓动和操控，也容易被蝇头小利所诱惑和收买。"有奶便是娘"的选民丧失了理性，也使大选丧失了公正性和意义。此外，民主选举还产生很多怪异现象，对经济发展造成伤害。例如，政客为争取选民支持大搞短期效益工程，不敢关闭几近破产的企业，不敢实行控制人口政策，不敢修改劳动法等。

"如果用制度和效率来衡量民主的健康，那么，印度民主是脆弱和令人沮丧的。"印度德里大学教授古普塔这样告诉笔者。这也让笔者想起黑石集团的印度高级分析师阿格拉瓦尔在一篇分析印度民主的文章中写道："评价民主的标准除了人手一票外，更重要的是效率。"在印度，选举过程中的掺假行为具有连锁反应。印度议员对议会选举失去信仰，他们要么为了满足自己狭隘的利益，要么就反对大多数人的主张。无论哪个政党执政，议会都很难通过有意义的改革。狭隘的党派利益、种姓利益使议员不能全盘考虑，政治极化严重，议会效率不高且经常陷入僵局。

印度家族政治和政党政治极化的现象严重，各级官员都希望子承父业或确保家族企业的生存。印度海得拉巴大学教授齐娜亚表示，印度政党政治就像一个挂毯上的拼图，代表着特定区域、社会、语言和身份，代表着不同的种姓或宗教群体，在增强代表性的同时也加剧着政党纷争和政府的不稳定。政党政治特性决定印度在经济、社会发展等问题上很难达成共识。

民主还导致印度政治腐败和民粹盛行。腐败已经是印度政治的顽瘴痼疾，官僚主义和文牍主义进一步加剧了腐败。印度民主体制的特点是决策反复、朝令夕改与腐败，在涉及金钱的经济领域尤甚，打着"反腐""正义"旗号的政治运动常常会加剧决策反复，导致经济环境高度不确定，有人总结成了顺口溜："搞定了中央，搞不定地方；搞定了政府，搞不定议会；等到全搞定了，又选举了。"在这种情况下，流动性较低的实业直接投资面临的风险远远大于高流动性的组合投资，前任政府签署的直接投资协定经常被后任政府推翻，这在印度屡见不鲜。

印度国有企业垄断部门如电力、铁路、天然气等基础设施和基础产业长期停滞不前，除了政策存在问题外，定价过低、政府补贴过高也是重要因素，这些产业几乎丧失了自我发展的能力，鼓励了浪费，印度政府补贴燃油、水和粮食等过多，直接威胁到印度财政和国际收支的稳定性。在这种民粹主义政治潮流下，这类违反经济规律、挑战法律秩序和政治伦理的事情成为印度社会的重要组成部分。

对印度本土政治文化来说，西方民主是一个舶来品，但这个舶来品并没有帮助印度完全消除因种姓制度等问题带来的社会乱象，为公民创造自由与和平的互动空间。印度阿育王大学教授巴拉克利斯曼认为，无论是西方吹捧"印度民主优越"，还是印度人谈论自身的民主制度，他们都拒绝把印度的现状与西式民主在印度的失败联系起来，这种选择性忽视体现在印度的每个角落。公共话语被情感和言辞吸引，而不是基于现实进行反思。巴拉克利斯曼认为，无论印度独立的开创者们最初的愿望是什么，眼下这个印度都没有达到他们的期望。

在笔者看来，独立后的印度政治发展是建立在糅合印度本土民族主义外加民主主义和社会主义思想上的政治体制。换句话说，独立后的印度走了一条糅合了当时"二战"后资本主义和社会主义两大制度体系的道路，政治制度方面以议会民主制为主，经济方面以社会主义的计划经济为引导，希望取两者之精华，使印度快速实现成为世界大国的愿望。后来有人评价，印度本想汲取两种制度的优点，结果是把两种制度的劣势结合了起来。

第二节　三权分立中的司法代政

2018年，印度最高法院批评德里政府不作为，让德里垃圾堆积如山，法院要求德里政府提交一份宣誓书。同时，印度最高法院还对10个邦和2个联邦直辖区因没有提交垃圾处理政策宣誓书处以罚款。面对新德里日益严重的雾霾，印度最高法院不断颁布禁令，公布各项举措，包括禁止10年以上车龄的车辆进入德里等，应对德里的雾霾污染。2020年3月4日，印度最高法院推翻印度央行加密货币的交易禁令。印度储备银行2018年4月实施了该项禁令，不允许银行和其他金融机构促进"与虚拟货币相关的任何服务"。据《印度斯坦时报》2020年9月22日报道，在印度采取疫情封锁措施后，数十万性工作者陷入失业和没有其他生计来源的困境。印度最高法院给予各邦一周的时间，向性工作者提供免费口粮，并询问中央政府是否可以根据《国家灾害管理法》立即向性工作者提供物资。按照现行的各国政治运作，印度最高法院上述行为应该属于政府行为，而不是最高法院的职责范畴。这就是印度民主进程演化过程中的一个例外，以司法代替行政，三权分立与联邦制在演化中逐渐适应印度本土化特色。

印度宪法是一个过程，独立之初设立的宪法只是一个架构，各机构之间能否按照这个架构履行职责，需要在宪政实践中磨合，在不断改进中形成宪法精神与实践。其中除了行政与立法之间的分权与制衡外,最高法院的作用得到了提升,在推动印度民主进程的同时也带来巨大挑战和代价。有学者认为,1991年经济改革前,印度中央政府属于干预型政府,经济改革后,印度政府属于监管型政府,监管代替了干预。这种趋势的一个重要特征是印度政府的行政机关和立法机构权力衰退,宪法设置的最高法院作用凸显。最高法院在打造一个合法性和可预测性的政治框架中扮演了重要角色,该框架在保护公民权利、约束渎职行为和保护环境及其他公共产品上取得了一定成功。①这是印度民主进程中一个独特的现象,是印度民主有别于西方和其他亚非拉民主制度的一个特征。

尼赫鲁在制宪大会上代表议会主权宣称:"最高法院和司法部门的判决不能超越至上的议会意愿,后者代表着共同体的意愿。"然而,这种平衡很快就被司法功能主义加强而打破,最高法院的扩权(学术上称司法功能主义)是印度民主进程中一个新的转折。1991年经济改革之前,国大党主导政府期间,印度以牺牲司法审查为代价来扩大议会主权,这期间最高法院就对此做过斗争。议会主权和司法审查首次冲突发生在1967年格拉克诉旁遮普邦案。当时,最高法院援引宪法对基本权利的保护,挑战尼赫鲁政府的土地改革立法,称这项判决限制了议会修改基本权利的权力。更大的对抗发生在英迪拉·甘地实行紧急状态体制时期。英迪拉·甘地运用国大党议会多数席位通过了《宪法》第42条修正案,试图排除最高法院运用司法审查限制议会根据第368条修改宪法的权力。但英迪拉·甘地没有成功。进入20世纪80年

---

① [美]阿图尔·科利编:《印度民主的成功》,牟效波等译,译林出版社2013年版,第147页。

代，最高法院通过受理公益诉讼进一步为司法扩权打下基础。20世纪80年代末90年代初，最高法院将原来的保护公民基本权利延伸到保护公共产品，如纯净水和空气等。1992年，最高法院命令关闭212家泰姬陵附近的工厂、企业，防止它们污染泰姬陵；最高法院还对恒河岸边的190家企业发布关停命令。

进入20世纪90年代中期，最高法院将司法功能转向了恢复联邦政府的主要调查机构——中央调查局的独立性，应对政府的高官腐败问题。这让最高法院具有了改变司法和行政权力平衡的地位。1991年和1993年最高法院判决，将任命和调任最高法院及高级法院法官的权力从印度总统根据其部长会议的建议决定，转变为由总统根据最高法院首席大法官的建议决定，并最终在"S·P·古普塔诉印度联邦案（S.P.Gupta v. Advocates on Record）"判决中确定下来，判决赋予首席大法官给予总统建议权力及法律约束力。1993年的"联邦政府诉备案律师案"判决中，在任命和调任高级法院和最高法院法官时，在首席大法官的意见与中央和邦的政治性行政机关的意见之间，优先考虑前者。

除了司法扩权外，印度司法的自身问题在世界上也较为罕见，尤其是法官家族腐败和法官缺员。最高法院法官和高等法院法官由总统任命，不能随意罢免。罢免一个最高法院和高等法院法官的程序非常繁琐，比罢免总理有过之而无不及。根据《法官调查法案》规定，须由联邦院50名议员或人民院100名议员向联邦院主席或人民院议长提出罢免要求，联邦院主席或人民院议长审阅后要任命一个独立调查委员会调查。如果证据确凿，须经两院全体议员的过半数及出席投票议员的2/3多数赞成才能通过罢免议案，最后由总统发布罢免命令。印度法官薪俸由印度统一基金支付，这就形成了一个独特的现象——法官家族。由于法官很难被罢免,法官接受贿赂的现象越来越严重,很多法官明目张胆地做起了法官家族生意,一家人办案收取费用屡见不鲜。

笔者曾采访过德里高等法院一名民事协调法官。在印度最高法院大楼后面,有一排排调解室和类似店铺一样简陋的小摊,每个摊铺上有一个等待雇用的书记官,每个摊位上挂着一个类似酒店的小招牌,上面写着律师的名字、联系方式和从业范围等。调解室是类似板房一样的小楼房,显得非常窄小,楼间距不足2米,道路上充满积水。板房里间隔出一个个3平方米左右的小隔间,每个小隔间有一套朝里放的桌椅,朝外沿墙有两个长板凳,小桌上摆着各种办公用具。笔者路过正在进行调解的房间,里面传出争吵或大声咒骂的声音。

据接受采访的法官介绍,法官在工作日的办公时间是10时至16时15分,中间还有一小时午餐或下午茶时间。法官的假期很多,几乎所有国家假期、地方假期和宗教节日,法官都会放假。法官与医生的下班时间是雷打不动的,无论多么重要的事情,只要到了下班时间都要顺延。给笔者带路的向导拉柱说,法官开庭判案,到点就下班,案例延期审理。印度《瞭望》杂志2017年4月第2期封面文章写到,印度法官都有专车和专职司机,一些法院还设有庞大的礼宾部专为法官服务。法官们出去就餐、看电影或回老家探亲等私人活动,也要由专人事先安排并陪同前往。这些法官在法庭上俨然一副英国法官的模样,仪式是英式的,着装也是当年英国殖民者的风格。文章的标题"封建体制中的殖民法袍",形象而准确地解读了这一特权现象。①

---

① Ushinor Majumdar, "Colonail Coat Tails In Feudal Fabric", *Outlook*, Apr 10, 2017, p.21.

　　印度法官的薪资很高，加上假期生活非常悠闲，使其成为一个非常好的职业，尤其是在印度很多法官职位空缺的情况下。据《不顾诸神》中的数据显示，2006年，印度一些地方法官缺额有近四分之一。[①]再看看近几年印度法官短缺情况：据2018年9月24日印度《经济时报》报道，根据印度司法部数据，印度每100万人拥有19名法官，印度司法系统持续面临法官短缺问题，现在全国基层法院法官缺员超过6000名，区法院缺编5748人，24个高等法院缺员406人。基层司法部门法官现有16726人，满编应为22474人。高等法院满编1079人，实为673人。印度最高法院满编31名法官，现在空缺6名大法官。全部算下来，印度全国从区法院到最高法院缺少法官总数为6160人。2016年时任大法官T·S·塔库尔认为政府不作为，法官人数应该从当时的2.1万人增加到4万人，以此来处理"雪崩"一样的诉讼。印度法律委员会1987年建议每100万人拥有的法官人数增加至50名，但从1987年到今天，一直没有任何变化。印度前司法部部长拉夫提交的数据显示，截至2018年8月，印度区法院共有27644499个案件待审，可谓堆积如山，"其中一个重要原因是严重的法官缺员"[②]。印度媒体"the Wire"2022年3月26日报道称，由于法官缺员，印度政策告诉人民院堆积待审案件已达4700万件。

　　从上面的宪政分权来看，印度议会民主制度的三权分立原则

---

　　①　［英］爱德华·卢斯：《不顾诸神：现代印度的奇怪崛起》，张淑芳译，中信出版社2007年版，第65页。

　　②　"India has 19 Judges per 10 lakh people：Data"，India Times，Sep 24，2018. https：//economictimes.indiatimes.com/news/politics-and-nation/india-has-19-judges-per-10-lakh-people-data/articleshow/65935214.cms.

有弱化趋势。从行政和立法来看，按制度设计，掌握行政权的内阁要对人民院负责，人民院对内阁有监督责任。事实上，尽管宪法赋予议会各种权力，但实权却掌握在以总理为首的部长会议手中，议会在一定程度上成了摆设，是政府政策合法化的工具。议会最重要的立法权也是有名无实，政府控制了立法的全过程，甚至还控制了立法的提案权。有数据显示，第一届人民院政府提出315项法案，个人提出的法案仅为7项。第二届人民院和个人法案分别为327项和2项。第三届分别为273项和3项。不仅如此，政府还通过总统命令来代替议会立法。印度媒体抱怨，莫迪总理第一任期内撇开人民院，用部长会议的十几个人治理国家。在监督权上，议会最大的权力是财政预算，实际上正好反过来，议会只能按照政府要求批准拨款法案。平时媒体经常报道议员批评政府的财政状况和其他情况，但这与罗马的元老院元老批评恺撒大帝一样，不具有法律约束力和实质影响力。

第三节　印度人为何老纠结把"Union"改回"Federal"？

与中央政治框架设计一样，印度在中央与地方关系上也下了很大工夫，将当时国际流行的各种理念糅合，结果表明效果不太理想。印度联邦制对联邦和邦权力进行了详细划分，列出的联邦权力范围包括国防、外交等97项，联邦与邦共享权力47项，邦权力包括警察、教育等66项。[①]截至2021年，联邦权力已经达到100项，联邦与邦共享权力50项，邦权力缩减为61项。名义上，

---

① Manish Jha, *State Politics in India*, Centrum Press, 2016, p.2.

联邦权力高于各邦，尤其是在立法上，联邦权威高于邦，甚至很多学者认为"没有任何联邦国家像印度联邦那样，其宪政单位要如此强烈地依靠联邦"。有人称之为"合作联邦制"[①]，还有学者提出这是集权联邦制。在行政上也是如此，各邦行使权力应遵守联邦法律，联邦有权调查联邦与邦间共同利益问题，联邦干预或管理邦内部事务。在财权上联邦也占据主导地位，在国家发展计划、税收分权、财政转移等各方面都进行了详细的规定。

从宪政权力分配来看，印度联邦制采用的是集权联邦制，这可以从下面名字的改变看出来。印度联邦制采用的是苏联的"Union"方式设立，属自上而下的联邦制，而不是美国自下而上自愿联盟的"Federal"方式。从实际运行来看，印度联邦制是一种集权型联邦制或具有单一制国家色彩的联邦制，这汲取了印巴分治和印度500多个土邦分裂的教训。这种集权表现为，联邦议会有权增设、撤销邦的边界和建制，2019年莫迪政府撤销查谟－克什米尔邦宪政特殊地位，拆分为克什米尔邦和拉达克中央直辖区就是这种权力的体现。联邦政府可以根据宪法授权，采取政治和法律手段干预邦的事务，如解除邦首席部长职务、实行总统治理或宣布进入紧急状态，这明显具有苏联中央集权的元素。如此设计的初衷是结束印度地方散漫纷争的局面，实现真正的国家统一，调动全国资源发展经济，改善人民生活和实现大国梦想。

印度宪政设计的联邦制非常理想，但在实践中联邦权力的垄断和滥用引发邦的强烈反弹，要求重新评估联邦制，扩大邦自治权力，有学者称这是印度地方分权运动。[②]印度将"State"翻

[①]　Louise Tillin, *Indian Federalism*, Oxford University Press，2019，p.17.

[②]　宋丽萍：《浅析印度地方分权运动的发展及特征》，《唐宋学刊》2012年5月第28卷第3期，第84页。

译为"邦"，而不是英属殖民时期的"省（Province）"，也不是美国的"州"，比较经典地解释了这一问题。网上一位名叫达雷尔·佛朗西斯（Darrell Francis）的学者给出了定义和解释，笔者认为很有道理：省的称谓来自拉丁文，意思是意大利以外的地方，这是古罗马帝国的遗产。这些省属于中央政府的下属行政单位，也是中央政府派出机构，目的是让中央政府在地方上行使权力更加便利，中央政府可以任意废除、合并省。"State"的概念来自拉丁文的"Status"，表示的是社会或政治秩序。"State"具有政府和政治身份与权力，不仅仅是一个地方行政单位。虽然"State"可以让渡一部分权力给中央政府，但不被视为完全隶属或屈从于中央，不经"State"政府同意不得轻易取消或合并。印度宪法制定者安倍德尔卡也曾解释，印度的联邦（Union）有两层意思：一是印度联邦不是由各邦协议联合的结果；二是各邦没有退出的自由。这与美国州可以退出联邦完全不同，印度联邦是永久不可分割的，与英国等单一制国家相同。因此，印度将"State"翻译为邦，是区分于美国的州权，印度的邦没有美国联邦下的全部州权，但具有州的形式和部分州权。印度的邦还具有地方族群文化属性。因此，将"State"翻译为"邦"非常恰当，因其同时具有三重属性：服从中央、拥有自身完整权力体系、地方文化族群身份。后来印度各邦一直要求将"Union"改回"Federal"，原因也就在于此。

70余年来，印度中央与地方的分权博弈大致进行了五波。

第一波中央与地方较量和冲突是语言建邦，这部分内容将在后文语言建邦部分详细叙述。结果是1956年重新调整行政区划，以语言建邦，印度行政区域统一为14个邦和6个中央直辖区。通过这波分权，印度联邦政府的控制和权威遭到一定程度的削弱，邦政府的权力得到一定的加强。[1]鉴于国大党的强大，垄断了联邦和地方权力，这波分权仅局限于联邦和邦，作用有限。

第二波博弈从1967年至1980年，这是中央与邦博弈最活跃的时期。主要体现为地方政党在印度政治体制中的作用越来越大，根源是国大党的式微和印度经济发展。随着经济发展和民主选举的推进，一批维护地方利益的地方精英崛起，在土地改革和地方工商业发展过程中，这批精英逐步意识到联邦权力过多和滥用对地方利益的危害，他们以地方利益为政治目标，组建地方政党与联邦对抗。这一波博弈已经超越语言建邦的范畴，开始挑战中央与地方一般性问题，并呈现出有组织和法律化的迹象。这些地方精英通过建立委员会和建立地方联盟共同对抗中央，其中较为著名的是1977年西孟加拉邦左翼阵线政府提交的名为《中央地方关系》的文件。文件直接指出印度联邦制的单一制特征，以牺牲地方自治为代价，赋予联邦更多权力，要求重新明确联邦与邦的权力，限制联邦权力，包括将"Union"改为"Federal"。

第三波是从1980年至20世纪90年代初。这波博弈有两个主要特征：第一，各邦从单打独斗演化到联合起来共同对抗联邦。第二，各邦联合协调邦之间的事务，挑战联邦权威。"1983年至1984年期间，多达14到16个反对党参加了4次会议，目的是重新建立一个统一的反对党，尽管这是个难题，但他们在联邦与邦的关系问题上取得广泛的一致。"

第四波是从20世纪90年代初至2014年。主要特征是地方政

---

① 陈峰君：《印度社会论述》，中国社会科学出版社1991年版，第219页。

党借助印度联合执政局面纷纷进入联邦立法机构，成为联合执政的重要力量，直接从中央获取利益，联邦与邦的关系对抗性下降。地方利益不再通过中央与地方关系调节，而是通过地方政党参与联邦政治获取资源与权力，在很大程度上淡化了中央与地方的关系。

第五波是从2014年至今，这波操作又回到联邦与邦的紧张关系上来。主要根源是印度政坛再次出现一党独大的局面。2014年莫迪上台后，印度人民党一党独大，又开始赋权中央，希望让中央在政策制定、协调和执行环节能够获得更强势的地位。中央政府2016年试图用总统规则在国大党执政的藏南和北阿坎德邦挑战现政府权威，并且动用法院干预此事。2016年11月，废钞违反了合作联邦精神，让各邦怨声载道，认为中央政府侵犯了他们的领地。中央与地方的冲突再次加剧，突出表现是2019年公民法修正案，全国推行印地语和取消查谟-克什米尔邦的宪法特殊地位，由此引发剧烈社会动荡。2019年，中央政府取消查谟-克什米尔邦的联邦宪政地位，截至2023年，该邦仍处于军管状态。

纵观独立后印度联邦与邦关系的发展演化可以看出，地方力量在中央与地方关系调整中日益发挥主导作用，印度政治格局的演化和经济发展对中央与地方关系的调节是根本性因素。印度中央与地方关系陷入"和谐—冲突—和谐—冲突"的恶性循环中，导致中央与地方关系变化的深层次制度问题并没有解决，中央与地方的关系仍是影响印度国家整合、社会稳定及经济发展的一个重要因素。宪政设计者的理想是强中央弱地方，但在随后的民主实践中逐渐形成了弱中央强地方、中央与地方相互竞争与牵制、决策在中央执行在地方的政治格局，与宪政设计者和制定者的理想背道而驰，在一定程度上表明国家建构的失败。

造成这种局面的根源是宪政设计和经济发展财权的转移。首先，宪政设计的联邦虽然赋予联邦垄断强势地位，但执行层面还得靠地方。尽管联邦和邦有宪法分权规定，但由于联邦和邦的宪法权力源于民选，形成强大的邦权，在人事权和财权上，看似联邦占据主导，实际上却是邦各自为政，掌控地方主导地位。印度多权力中心和多文化结构也进一步强化了这一趋势。印度联邦与邦利用宪法权力相互要价、相互牵制、相互竞争，让政策制定和执行脱节。有印度学者分析，这导致决策都集中在中央、执行都集中在地方的局面，形成了政府野心和目标与治理能力（执行力）之间的巨大不匹配。[1]造成国家宏大战略目标与战略能力之间存在巨大鸿沟，这是目前印度政府问题的总根源之一。

其次，财政转移增强了邦与联邦争权的筹码。邦没有足够的税收权以支持自己的政策，因此需要中央财政转移。这种财政转移一般来自两个方面，一个是固定税收比例转移，另一个是授权援助或专项转移项目。但随着经济发展，越来越多邦的税收不断增长，能够在一定程度上支持其发展政策，其独立性自然增强（见表1）。

表1 2016—2017财年邦税收和财政转移比重（单位：%）

邦	本邦税收比重	与中央共享税比重	中央专项比重
那加兰邦	5	32	59
米佐拉姆邦	6	38	51

---

[1] Louise Tillin, *Indian Federalism*, Oxford University Press，2019，p.78.

续表

邦	本邦税收比重	与中央共享税比重	中央专项比重
曼尼普尔邦	6	41	51
梅加拉亚邦	13	44	35
锡金邦	14	45	31
特里普拉邦	15	41	26
查谟-克什米尔邦	19	23	49
比哈尔邦	22	56	19
阿萨姆邦	25	41	26
喜马偕尔邦	27	17	50
贾坎德邦	28	41	20
奥里萨邦	31	38	20
北方邦	33	43	13
恰蒂斯加尔邦	35	35	19
中央邦	36	37	19
西孟加拉邦	39	38	21
拉贾斯坦邦	41	31	18
北阿坎德邦	44	26	25
果阿邦	45	24	3
恰尔肯德邦	45	30	17
安得拉邦	45	27	24
喀拉拉邦	56	20	11
旁遮普邦	58	20	10
特伦甘纳邦	58	18	12
古吉拉特邦	59	17	12

续表

邦	本邦税收比重	与中央共享税比重	中央专项比重
泰米尔纳德邦	61	17	14
卡纳塔克邦	62	22	12
哈里亚纳邦	65	13	11
马哈拉施特拉邦	67	16	11

资料来源：2018—2019年印度储备银行。

从表1可以看出，随着大邦财政收入的增长，中央对地方财政的影响呈递减趋势。不仅如此，1991年印度改革后，中央与地方发生重大变化，出于改革和地方诉求考虑，中央将大量财权下放。1993年，印度约3/4原中央税逐渐转移到地方[1]，这对中央与地方的关系产生革命性影响。中央在财政上事权的削弱有助于地方发展，但产生了两个恶果——邦之间的恶性竞争和邦发展不平衡的加速。在基础设施严重不足的情况下，参与竞争的地方政府为吸引外资，加大优惠力度，导致地方财政收入累退性越强，地方基础设施供给越弱，结果反而为投资者提供了逆向选择的理由。越是资源稀缺，地方竞争越激烈，各地方为保护本地利益而对外来产品采取歧视性政策和税收。地方政府希望通过相互博弈，最大限度地保障本地利益，甚至渴望"搭便车"，相互间各自为政，难以协调。地方性竞争不是优胜劣汰、促进共同发展，而是造成恶性竞争，造成各邦发展差距越拉越大，贫富差距

---

[1] 王启友：《印度中央与地方财政关系的变革启示》，《经济导刊》2007年第9期，第65页。

也越来越大。

印度商品服务税（GST）改革施行之后，财政收入的权重再度向印度中央大幅转移，南方富裕的邦还较好，对中央转移支付依赖不大，但北方各邦本来造血能力就差，现在更是负债严重，部分邦政府的债务甚至超过了邦内GDP的40%，对中央转移支付依赖也变得更加严重。[①]

地区经济发展的不平衡也加剧了政治地方化趋势。印度邦的经济发展水平参差不齐，这是正常现象。但落后地区的邦认为问题不是出在自身，而是出在中央的忽视和歧视上，地区政党和领导人则利用这种情绪谋取政治利益和向中央施压，这样不断强化地方政治认同。有的地方领导人和政党为了个人或党派利益，把地方主义情绪作为削弱联邦权威的工具，增强自己的权威和权力。这种地方主义宣传无疑会增强地方政治认同感，削弱国家建构和民族认同。

这种宪政结构使印度陷入了经济学上的"公地悲剧"境地。虽然印度有全国统一的法律，但地方保留的立法权仍然可以制定出拥有五花八门、千奇百怪的罪名的法律内容。例如，不同的邦对屠宰牛、饮酒的行为是否入罪、如何入罪有着截然不同的规定。有关酒类的规定各邦政策各异——北方邦等多邦严格禁酒，在家中喝酒都要入狱；有的邦半开半放；有的邦完全放开。因地方或宗教差异而导致印度至今没有统一的民法典。例如，对土地所有权或使用权的规定，德里与其毗邻的哈里亚纳邦对同样性质的土地有着90年使用权、99年使用权、永久使用权的不同界定。

[①] State of State Finances Report（2021–2022）.https：//prsindia.org/budgets/states.

这些立法权的地方性和差异性，无法让外界快速、明了地熟悉错综复杂的游戏规则，也必然成为横亘在印度全国统一市场上的拦路虎。

印度的经历表明，一个过分集权的中央会扼杀地方积极性，而一个没有权威的弱中央则容易造成地方各自为政，恶性竞争。这两者都不可取。

第四节　不容忽视的印度共产党力量

除了尼赫鲁的社会主义情结形成的印度政治经济中社会主义成分外，印度还存在一股左翼力量——印度共产党。印度共产党的成分比较复杂，里面有很多派别，既有现在还在坚持武装斗争的印度共产党（毛派），也有坚持走议会和平夺权的印度共产党（马）等。这是印度政坛和经济发展中不可忽视的一股力量，力量最大时，印度共产党曾在多个邦执政。以莫迪为代表的印度人民党上台以来，印度共产党的力量有缩减的态势，这与国大党中左翼力量衰减同步，不过依然在印度拥有很大影响力。笔者有机会走访了印度共产党（马）执政的喀拉拉邦，一睹印度共产党给印度带来的影响。

在印度喀拉拉邦，执政的是左翼民主阵线（Left Democratic Front，LDF），左翼民主阵线中唱主角的是印共（马）。喀拉拉邦在印度名声显赫，被印度人看成"富有、干净、好玩儿"的邦，还因治理有方、经济发展有特色被印度媒体冠以"喀拉拉邦模式"进行报道。这个别具特色的邦还与中国有些特殊关系，在郑和七下西洋期间，喀拉拉邦是重要的目的地和中转地。几百年前中国人留下的大渔网至今还给当地渔民带来实惠。笔者在2019

年曾走访喀拉拉邦第二大城市科钦和第三大城市卡利卡特，走进印共（马）的基层支部，听当地人讲社会变迁，在历史和现实之间，对印度左翼力量有了一定的了解。

喀拉拉邦位于印度西南部，西濒阿拉伯海，面积为3.8万平方千米，是印度第十二大邦。喀拉拉邦人口约3300万，其中58%为印度教徒，21%为穆斯林，21%为基督教徒。该邦官方语言为马拉雅拉姆语，首府为特里凡得琅，笔者每次从新德里去马尔代夫都从这里转机。从飞机上看，特里凡得琅景色非常美，除海岸线和纵横交错的河流外，满眼都是翠绿的椰林，难怪喀拉拉邦又称"椰子国"，有数据称，全球60%的白椰壳纤维都来自这里。

喀拉拉邦气候宜人，文化发达，被看成"完好保存印度梵文、古代印度医学、天文学和《瑜伽经》的地方"。在印度，尤其是北部地区的印度人，把喀拉拉邦看成旅游和疗养胜地。很多到过喀拉拉邦的人都说，这里是"印度最干净、最健康的邦"。喀拉拉邦第二大城市科钦给笔者留下的印象是很现代，也很"西化"，道路两旁有很多高楼大厦，间或有大型商场、酒吧，也能看到教堂、清真寺。到了晚上，霓虹灯闪烁，街上车水马龙，很是热闹。笔者选的宾馆位于科钦港入海口的一个人工岛上，可远望科钦新旧两大港口。各种大型货轮在拖船的引导下进出港口，鸣笛声一大早就将笔者吵醒。岛上还有科钦政府的行政机构，垃圾桶随处可见，街道和社区都被打扫得十分干净。

喀拉拉邦是印度第十一大"经济邦"，2019年该邦的人均GDP为3300美元，而整个印度的人均GDP约为2000美元。20世纪50年代印度共产党人开始执政时，学习苏联经验，推出"五年计划"。当时该邦正在执行第十三个五年计划（2017年至2022

年）。印度媒体在评价该邦经济时喜欢用"喀拉拉邦模式"等字眼。《印度快报》曾报道，喀邦人口平均寿命与欧美国家差不多，教育程度也不错。据印媒报道，喀邦建有11个工业区，有5000多个乡村图书馆，产妇在医院的分娩率达到100%，该邦同时也是印度自杀率和人口出生率最低的邦，并正在努力成为印度首个"零无家可归者"的邦。喀拉拉邦有4个国际机场，这在印度为数不多。特里凡得琅、科钦和卡利卡特国际机场新修的跑道和宽敞的候机楼都给笔者留下很深的印象。科钦国际机场还是世界上第一个全部靠太阳能提供电力的机场，据说该机场由来自全球30个国家和地区的上万名海外印度人集资修建。

来自哈尔滨的刘爽和喀拉拉邦的乔伊在新加坡相识并结婚，回到印度发展已有十多年。他们选择在喀拉拉邦定居除了因为乔伊出生在科钦外，主要还是考虑到这里的生活条件好，气候也不错。乔伊从事信息技术方面的工作，据他介绍，以印共（马）为主的左翼民主阵线执政的喀拉拉邦大力发展科技产业，开办了印度第一个技术园区。目前该邦是印度第二大信息技术中心，邦收入的1/3来自信息技术产业，印度和很多国际科技巨头在该邦设有研发中心或工厂。乔伊不是印共（马）成员，但对左翼民主阵线在喀拉拉邦的治理表示赞赏与支持。他表示，受益于喀拉拉邦的发展，自己买了3块地，其中一块正准备建商场。

印度共产党在喀拉拉邦的活动要追溯到反殖民运动时期。20世纪二三十年代，在现在的科钦、特里凡得琅等地区出现农民和工人运动。1939年12月，左翼力量在喀拉拉邦成立共产党。1957年，印度共产党在喀邦选举中获胜，建立地方红色政权。20世纪60年代，印度共产党分裂为印度共产党（马）等党派。据相关资料显示，目前，冠以"共产党"名字的几个印共党派的党员总数接近200万,是世界上非社会主义国家中最强大的一支共产主义力量。其中印共(马)占了一半,党员总数接近100万,其党旗上画着镰刀和斧头。印共(马)在左翼民主阵线的支持下,于1967年、1980年、1987年连续在喀拉拉邦执政。目前,印共(马)在喀拉拉邦执政,该党现有10万个支部,下属群众组织的总人数约5000万,在喀拉拉邦有31万名党员。在印度第十六届国会里,印共(马)和印共共有62个议席。印共(马)在印度乃至世界创造了一个奇迹——从1977年开始,在西孟加拉邦连续执政34年。此外,印共(马)在喀拉拉邦和特里普拉邦多次执政。印共(马)在第十六届国会里有9个议席,在处于高峰期的2004年拥有43个议席,第十七届议会缩减至3个议席。

在印度,左翼民主阵线的领导者是印共(马),左翼民主阵线里面还有全印共产党等其他小党。印共(马)的力量最大,也是喀拉拉邦历次邦选举组阁的主导力量。印共(马)总部位于新德里,中央委员会总书记是西塔拉姆·亚秋里。印共(马)2018年4月18日在海得拉巴市召开了党的第22次代表大会,选举了95名新一届中央委员、17名中央政治局委员和5名政治局常委。政治局委员中有4位来自喀拉拉邦。印度共产党的群团组织除了工会外,还有印度民主青年联合会、印度学生联合会、印度贸易工会组织、全印农民组织、全印农民工工会、全印民主妇女协会、印度银行雇员联合会等。亚秋里2016年在接受笔者采访时表示:"中国共产党为中国设计的发展路径非常了不起!"让他难忘的是,20世纪80年代随印共(马)代表团访问北京时,他还受到邓小平的接见。

印共(马)国际合作局负责人马·巴比也向笔者表示,喀拉拉邦政府的各项计划取决于邦自筹资金能力。在此基础上,共产党执政后进行了系列改革，自己筹措发展资金。在农业上通过了《土地关系法案》，该法案改变了喀拉拉邦古老的农业体系，废除了封建主义，建立了资本主义农业体系；20世纪60年代，印共（马）政府努力发展工业，学习苏联经验，推出了雄心勃勃的五年计划；印共（马）还改革了政府架构，成立行政改革委员会以提高政府效率，让行政改革委员会审查现有行政管理，并对协调机构的新方法提出建议；让地方一级政府承担更多责任，政府通过权力下放减少腐败、裙带关系。这些行政上的改革被冠以"国大党—社会主义改革"。

在科钦，笔者早晨一出宾馆就迎面遇到一个由二三十辆摩托车组成的车队，每辆摩托车上都插着画有镰刀斧头的红旗。原来，宾馆附近有印共（马）的一个支部，而宾馆门前是支部成员每天升旗的地方。在支部书记库马尔的带领下，一些人拿出党旗，神情庄重地围着旗杆站成一圈，当红旗升起时，人们举起拳头，齐声高喊"共产党万岁"。库马尔告诉笔者，支部每周一或逢国际劳动节等重大节日都要举行升旗仪式。

科钦码头装卸工人巴伊萨是码头工会的成员，巴伊萨告诉笔者，在他眼中，印共（马）修建港口、发展渔业和远洋运输，让像他这样的人富裕起来。科钦街头的摊贩萨义德一早起来卖早点，为人朴实，他告诉笔者，左翼民主阵线的干部比较清廉，不要回扣，能让他安心做生意。科钦的司机拉马尔是有着20多年党龄的老党员，他告诉笔者，其所在的党组织每月甚至有时每周都要开会，研究和解决该地区出现的各种问题，帮助那些有困难的群众。拉马尔是左翼民主阵线出租车司机工会中的一员，工会权力很大，有400多名成员。工会经常组织活动，如与商家集体谈判，维护出租车司机群体的权益。从出租车司机到船主，从当地博物馆管理员到工人，从小商贩到店主，笔者接触到的绝大部分印度人都对以印共（马）为主导的左翼民主阵线表示感激和支持。

走在科钦和卡利卡特的大街小巷，最明显的感受是，印共（马）的力量很强大。在科钦，道路两边的墙体上画着印共（马）的党旗标识和格瓦拉等革命者的头像。一些街边商店和栏杆上也挂着红旗或喀拉拉邦首席部长皮纳拉伊·维贾扬的画像。维贾扬是一名老共产党员，2002年被选为印共（马）中央政治局委员，也是喀邦左翼民主阵线的领导者。在科钦的饭店和机场书店，还备有或出售马恩列毛等马克思主义经典著作。在距离科钦市区两小时车程的阿勒皮回水旅游区，大部分码头、商店、民居也挂着红旗。更有意思的是，当地人还将红旗或镰刀斧头的标志画在椰子树上，或将红旗绑在椰子树上。

在科钦，笔者来到一个印有格瓦拉头像的街头建筑前，进门时还要脱鞋。得知记者来自中国后，几名年轻人显得很热情，介绍道："这是印共（马）党支部日常组织活动的地方。"在一间面积不足10平方米的小屋里，昏暗的吊灯照着四周墙壁上贴着的历届党和邦领导人以及列宁、格瓦拉等人的头像。很可惜，几个年轻人的英文不太好，无法与笔者进行更深入的交流。笔者感觉这里是一个印共（马）的支部。

在卡利卡特，笔者遇到在迪拜工作、带妻子回国休假的夏尔马。也是印共（马）党员的夏尔马在迪拜一家贸易公司当主管。据他介绍，海湾国家有大批印度人，从劳工到中高层管理人员都有。印共（马）国际合作局负责人马·巴比告诉笔者，喀拉拉邦的很大一部分经济收入来自侨汇。数据显示，2018年，喀拉拉邦在海湾国家的劳工超过250万人，每年的侨汇收入接近70亿美元，位居各邦之首，约为印度侨汇总量的15%。2015年，喀邦居民存款总额为140亿美元，相当于印度所有居民账户存款的1/6。

谈到自己的家乡，夏尔马介绍，印度独立时继承的是半封建土地所有制，喀拉拉邦第一个选举产生的共产党政府推出触动地主阶层利益的《土地改革条例》，土改促进了该邦经济社会的发展。该条例1957年被修改为邦法律，最近一次修改是2012年。法律规定了一个家庭拥有土地的上限，没有地或地少者可以有偿租种或购买地多者的土地。夏尔马家就是租户，先是从地主家租地种，后来有了钱就买下土地。家境逐年改善，夏尔马也考上大学，走出国门。他告诉笔者："今天喀拉拉邦的良好局面应归功于印度的共产党人。相比印度其他政党，共产党人廉洁，有使命感，在政治、社会、经济等各领域进行了一系列改革，推动了喀拉拉邦的经济发展。"

喀拉拉邦与中国的关系非同一般。据史书记载，元朝航海家汪大渊曾抵达这里。明朝郑和七下西洋，前三次终点都是古里国（卡利卡特）。1407年第二次下西洋时，郑和向古里国国王宣读明成祖朱棣颁的敕书，赐给诰命银印，并赠予王公大臣礼物。为纪念这次到访，郑和还在古里竖起一块石碑，上面刻着"其国去中国十万余里，民物咸若，熙嚎同风，刻石于兹，永示万世"。从第四次下西洋开始，卡利卡特和科钦还成为郑和船队向西出发的大本营。卡利卡特宾馆的一名服务员告诉笔者，郑和当年登陆的地点位于卡利卡特南部11公里处的贝普里村，小时候他们的课本里还有郑和的故事，但据说现在没有了。历史具有惊人的相似性，大航海家达·伽马也在50余年后在同一地点登陆印度，两人都在这里去世，也都葬在这里。

从笔者在科钦住的宾馆的窗户望去，能看到海边停靠的大型军舰和货轮，以及矗立在海中的大渔网。当地人称之为"中国大渔网"，据说是郑和船队的中国人留给印度人的。用"中国大渔网"捕鱼成了当地一大景观，外国人想要体验一下，还要交500卢比（约合人民币50元）。除"中国大渔网"外，当地博物馆里还能看到古代中国的瓷器和钱币。给笔者留下最深印象的是，科钦国际机场候机楼也有中国古代建筑的风格。在科钦步行商业街的一家古玩店里，记者还看到一条二三十米长的龙舟。

第三章　身份政治惹的祸

身份政治（Identity Politics）也称认同政治，是指人们在社会政治生活中产生的一种感情和意识上的归属感。个人在一定的社会联系中确定自己的身份，并自觉或不自觉地以对这种身份的要求来规范自己的政治行为。印度《瞭望》杂志2022年初的文章指出，印度身份政治——种姓、宗教、性别、种族、地区等——都呈现出不同且经常重叠的形式，造成族群对立、教派纷争、政治撕裂、社会动荡，消解着社会凝聚力。[①]

《甘地之后：世界最大民主史》一书将印度独立以来社会冲突根源归结为五个：种姓、语言、宗教、阶级和性别。[②]除以上根源外，还有家族、职业和地域等身份因素。有人认为，印度有2000至4000个重要的身份符号，是印度社会、政治和经济活动的主要基础。[③]这恰是印度独立以来传统社会与现代民主结合后

---

① Ashutosh Bhaardwaj, "Electons in India: When Everything But Identity Politics Takes A Back Seat", Outlook, Jan 28, 2022. https://www.outlookindia.com/magazine/story/india-news-elections-in-india-when-everything-but-identity-politics-takes-a-back-seat/305376.

② Ramachandra Guha, *India After Gandhi: The History of The World's Largest Democracy*, Pan Macmillan Ltd, 2008, Prologue.

③ 张家栋：《印度族群政治透视》，《世界知识》2015年第23期。

矛盾的所有根源，用现代政治术语来说是"身份政治"惹的祸。印度多元文化和多族群结构决定了其身份政治的特殊性，构成印度政治文化的主要特征，成为决定印度政治进程演进的一个主要变量。笔者从知网等智库搜索发现，国内对印度身份政治的分析文章不多，大多都集中在宗教和种姓上，对印度身份政治认知还没有太多系统性的论述。本章尝试从身份政治角度综述印度见闻和发展情况，从而透视身份政治在印度政治进程中的地位和影响。

第一节　印度纸币上为何有17种语言？

2019年12月，笔者在阿萨姆邦和梅加拉亚邦深切感受到该地区族群的复杂性。这里环境优美，气候湿润。为了追寻世界雨极乞拉朋齐，笔者从梅加拉亚邦首府西隆驱车来到印度与孟加拉国边境地区。在梅加拉亚邦乞拉朋齐山谷下面有一个优美的景点，花费15卢比就可以参观。曲径通幽，热带雨林中搭建在树梢上的木桥，深藏山涧里的瀑布，潺潺的溪流，汩汩的山泉，让人神清气爽。游览中有一位当地导游免费给笔者讲解，他叫卡亚，是当地的卡西人，卡西人是母系氏族。

卡亚身材矮小，完全是东方人的面孔。根据卡亚介绍，他已经嫁人，嫁人后他要搬到妻子家居住，这里女人是一家之主，掌管家里的大权。不过卡亚说"他也有点发言权"。卡亚用还算熟练的英语介绍卡西人的情况。卡亚有个弟弟，还没有出嫁，他妻子家则有多个女孩。在卡西人中妇女的地位特别高，有权继承家中的一切财产，有权管理家庭财产，男人和儿子则没有此权利。据卡亚说，卡西人有上百万人口，是梅加拉亚邦的一个主要族群。此外，该邦还有加洛（Garo）人，该邦的官方语言是加洛语、卡西语及英语。但这仅是官方语言，山里每个村子的山民的语言都不一样。笔者在旅途中路过很多村庄，问路时发现人们不会说印地语，能说英语的都是中学生。据卡西介绍，这里的语言太复杂，有时一个村子里有四五个族群，说四五种语言。

梅加拉亚邦是东北地区族群复杂的一个缩影，这里典型的是"阿萨姆"问题。"阿萨姆"是当地语言，有"掸"之意，是傣族的别称。在英殖民时期，阿萨姆是一个专员辖的邦。该地区有大量部族，他们有着各自的语言、文化，其中较大的族群包括那加族、米佐族、加洛族等。印度独立后没有设立单独的行政机构管理这个地区，统一归阿萨姆邦管理。1956年邦改组法没有涉及阿萨姆地区和那加族、米佐族、加洛族等族群单独语言建邦要求。按照1956年邦改组法，该地区只划了阿萨姆邦和中央直辖的曼尼普尔。

1960年，阿萨姆语被定为阿萨姆邦的官方语言，遭到其他部族的强烈反对。阿萨姆语被定为官方语言还加剧了其他部族强化自己语言的行动，他们纷纷要求以本族语言建邦，分离主义倾向日益严重。更有甚者如那加族，想要单独建国。那加族当时只有50万人，信奉基督教，拥有自己的政治组织，在印巴分治时就提出独立的要求。要求自治未遂后，1954年成立"自由那加兰德人民主权共和国"，并开始实行游击战争。在中央政府的镇压下，极端头目逃亡伦敦，温和派领导人与印度联邦谈判，1963年成立那加兰邦，官方语言为那加兰语和英语。在语言和地区政治力量的推动下，到2019年原来的阿萨姆邦已经划分为8个语言邦，其中就包括笔者游览的梅加拉亚邦和阿萨姆邦。

东北诸邦以语言建邦是印度建国后解决地方政治的一个基本方略，具有深厚的渊源。英殖民期间把印度各语言聚集区分得支离破碎,民族独立运动兴起后,人们普遍希望按语言划分行政区。为此,国大党1920年决定邦一级组织按语言地区建立。国大党因印巴分治而出于对分裂的担忧,独立后一直反对语言建邦。但这种潮流一直涌动,印度地方积极推动,尤其是南部讲泰卢固语的地区,要求建立讲泰卢固语的安得拉邦,这一主张已持续半个世纪。1952年10月,泰卢固语建邦运动领导人帕提·斯里拉玛鲁宣布绝食,向联邦施加压力,58天后死去,这引起安得拉地区为期三天的骚乱和冲突,最终联邦政府同意建立安德拉邦。1953年10月该邦成立,这是印度独立后的第一个语言邦,这鼓舞了其他语言集团建邦的信心,纷纷提出以语言作为各邦划定边界的依据。1953年,印度成立邦重组委员会,研究语言建邦问题。经过两年多的研究,委员会认为语言建邦不会必然引起分裂,反而有利于国家整合和经济建设。1956年,印度人民院以邦重组委员会报告为基础,通过邦改组法,宣布重新以语言建邦。根据语言分别重新划分14个邦、6个中央直辖区,各邦以该邦语言为官方语言。2019年莫迪政府取消查谟–克什米尔邦宪政特殊地位后,印度已经划分到28个邦,8个中央直辖区,邦一级有22种官方语言。

当时尼赫鲁曾担忧这会加剧分离主义倾向,但架不住地方文化族群以独立相逼,经过权衡后不得已采取一个既能满足地方诉求又能保持中央稳定的办法。实际上,印度独立之初的并邦就为语言建邦预留了伏笔。印度独立前还有562个土邦,约占印度领土总面积的1/3,占人口总数的1/4以上。最大的海得拉巴土邦的面积相当于整个法国的面积,人口约1600万;最小的西姆拉邦的面积只有几十英亩,相当于一个地主庄园,人口不到1000。大多数邦都提出独立或自治的要求,尼赫鲁和副总理帕特尔软硬兼施，最终将这些邦整合进联邦，迈索尔、海得拉巴和查谟－克什米尔三个特大土邦予以保留，各自成立立法议会和政府，赋予宪法特殊地位；地理位置相连、历史关系密切、语言文化相近的土邦组成5个土邦联盟；语言、文化背景与邻近邦相同的并入邻近邦；其余战略位置重要的成为中央直辖区。查谟－克什米尔邦的宪法特殊地位就是这么来的，莫迪2019年取消其宪法特殊地位也是冲着这点去的。迈索尔和海得拉巴的特殊地位早就被拆解和取消。这些王公得以保留，继续享受其相应的待遇，拥有原来的土地和财产。但1970年印度政府将这些王公待遇全部取消，土邦主的土地按照土地改革法案进行了分割，部分财产充公，现在这些王公有的已经沦落为穷人。笔者在参观拉贾斯坦邦首府斋普尔的粉红色皇宫时发现，皇宫的一部分对外开放，另一部分不对外开放，不开放区域还住着原来的王公后人，开放区域用来赚钱养家。

印度卢比上最初的17种语言也是这样来的。卢比的含义是"银"。在使用卢比时笔者看到，卢比上印有17种语言，这是印度各邦的官方语言。笔者在印度找各阶层的人来辨别这17种语言，一般人只能认出3种——英语、印地语和他熟悉的本族语言，即便是印度学者一般也只能认出5种。印度卢比正面印有英语和印地语，背面印有15种地方性语言，包括阿萨姆语、孟加拉语、古吉拉特语、坎纳达语、克什米尔语、孔卡尼语、马拉雅拉姆语、马拉提语、尼泊尔语、奥里亚语、旁遮普语、梵语、泰米尔语、泰卢固语及乌尔都语。其中，英语使用拉丁字母，梵语、印地语、马拉提语、尼泊尔语、孔卡尼语使用天城体梵文字母，乌尔都语、克什米尔语使用阿拉伯字母，孟加拉语、阿萨姆语使用孟加拉字母，其他语言有各自的字母，但是除了拉丁字母、阿拉伯字母外，大都由婆罗米字母发展而来。

语言建邦适应了印度多元社会文化，充分照顾了地方文化的差异性和多样性，部分满足各语言族群的文化与政治诉求，扩大了族群参与印度政治进程，总体上维护了国家的统一和稳定，避免了国家分裂，至少有利于目前国家的整合。事实也证明，建立新邦并不会必然威胁到印度的国家统一，相反可以扩大相应群体的政治参与，从而缓和少数群体与优势群体之间的矛盾，增强印度民主的包容性，利于印度政府更好地进行国家整合。

然而，语言建邦并没有完成国家建构和民族认同，语言建邦在中央与地方的博弈过程，也是一个迫不得已的、被动融入的过程。语言建邦并没有遏制分离主义倾向和分裂势力，反而强化了地方认同，更重要的是成为社会动荡和冲突的主要根源之一。国家官方语言迟迟无法统一，由此引发的骚乱此起彼伏；不断有语言族群提出建邦或重新划邦的政治诉求，各邦则压制邦内语言族群，不允许重新划邦。从长远看，这种政治紧张成为印度现代国家建构和民族认同的一个时隐时现的动荡根源，成为国家建构和民族认同的巨大障碍。

首先，强化地方族群认同，形成政党地方化现象。语言建邦在很大程度上导致国家意识和民族认同淡薄，有强化族群和宗教认同趋势，各邦内族群认同高于国家认同，宗教认同高于民族认同，这对印度国家建构形成了威胁。印度实行的议会民主制度在一定程度上又人为地强化了族群认同和宗教差异，一些政客借机鼓励甚至操弄类似话题谋取政治利益，构成印度政治与社会不稳定的重要因素和经济发展的重要障碍。旁遮普邦的阿卡利党和泰米尔纳德邦的地方政党在这一方面的问题比较突出。

其次，在印度全国推行印地语遭到地方政府强烈反对，引发长期冲突。无法形成全国性官方语言，进而就无法形成民族国家认同。在国人的印象中，印度人的英语说得好。实际上，尽管被英国殖民几百年，但真正能说英语的印度人不多。根据目前数据统计，能说英语的印度人口不足10%，其中绝大部分都是精英阶层。印度媒体报道称，莫迪在共和国日发布印地语演讲时，能听懂的人仅有40%。独立后为消除这种殖民主义遗迹，宪法把以天城体书写的印地语规定为印度官方语言，同时规定英语在官方继续维持使用至1965年。宪法规定政府向全国推广印地语，这引起了其他族群的抵抗，他们坚决反对推广印地语作为官方语言，尤其是包括泰米尔纳德邦在内的南印，历史上这些地区与北印关系疏远，形成了自己独立的民族，他们宁可用英语，也不愿意用印地语。1952年人民院开会时，铁道部部长用印地语讲话，南印各邦的议员集体退席以示抗议。因反抗印地语为官方语言的骚乱此起彼伏，在地方的压力下，联邦在推行印地语为官方语言上放慢了脚步。

1955年，印度成立官方语言委员会以期解决这个问题。该委员会提议，1965年以后印地语为主要官方语言，英语作为辅助官方语言继续使用，并制订了一个从英语转换为印地语的计划。1963年，议会通过了《官方语言法》，该法规定印地语取代英语的条件尚未成熟，决定1965年1月26日印地语成为官方语言后，英语继续作为联邦和议会的官方语言使用。印度政府还提出三种语言公式，规定学校必须教三种语言，即本地语言、英语、印地语，非印地语地区对应当地的一种语言。当1965年1月25日即将实行印地语时，多邦爆发大规模学生示威，演变为骚乱和大规模流血冲突。骚乱持续了两个多月，造成60多人死亡。这样的抗议每隔一段时间就会重演，最近是莫迪政府。莫迪政府2019

年10月再次提出这个问题，要求全国所有学校统一教授印地语，结果引来南印各邦的强烈反对，发生大规模抗议示威，演变成骚乱，最后莫迪政府再次推迟计划，草草收尾。

第二节　种姓政治移花接木

印度《铸币报》（Mint）2018年4月报道，卡纳塔克邦国大党政府同意给两个比较富裕的社区的少数族群表列种姓特殊地位，达利特（贱民）团体走上街头进行抗议示威，认为这侵犯了他们的权益，是对表列种姓的滥用。过去几个月，类似这样的种姓政治团体发生了多次示威抗议，甚至演化为暴力冲突，以保护或扩大其成员的特权。2023年5月，曼尼普尔邦爆发部落冲突，造成至少54人死亡。事件起因是曼尼普尔邦主体民族梅泰人要求印度联邦政府将其纳入"表列部落"，却遭到该邦其他"表列部落"的极力反对，引发冲突。这种身份政治的复兴有悖于宪法基于个人权利的自由。印度主要政党都在通过种姓推进其选举议程，而种姓的碎片化与多元化为身份政治提供了肥沃的土壤。[1]表列种姓和表列部落（SCs）是处于印度主流社会之外的、印度宪法规定的两类社会弱势群体的总称，在政府职位和教育等方面给予特殊照顾，后文会有详述。

印度身份政治已经延伸到海外印度侨胞。美国《外交》杂志官网2020年9月2日报道，印度身份政治已经延伸到美国印度裔

---

[1]　"The Return of Identity Politics and Its Hefty Cost"，*Mint*，Apr 10, 2018. https://www.livemint.com/Opinion/x42E8WuLHwYaGk1N1DoiiN/The-return-of-identity-politics-and-its-hefty-cost.html.

社区，美国印度裔社区的碎片化已经削弱印度外交游说能力。美国印度裔社区也因身份政治划界，这些印度人早已因宗教、种姓和年龄等因素极化，并且很多与印度国内近几年政治变化有关，如克什米尔问题、公民身份法修正案和印度教民族主义政治。2020年6月，加利福尼亚发生歧视低种姓印度裔雇员案件。①

种姓政治主要体现在种姓政党上。种姓制度在印度历史上存在合理性，并在独立后的印度民主制度下继续呈现出新的形态，构成印度现代身份政治特征之一。反殖民主义和独立运动以及独立以来的民主政治开始破坏印度种姓制度的意识形态基础。现在印度没有一个政党在政治上支持种姓制度，但事实上都在利用种姓政治。随着西方现代性元素的注入，印度种姓制度也在发生着细微的变化，适应着印度的整体变化，其中最大的变化是种姓政治化。印度政府在政治上着力清除种姓制度，同时也在选举政治上强化着种姓政治，这形成了印度政治上的一个矛盾现象。正如此，种姓依然是印度社会中一个敏感的神经。

种姓制度在历史上也曾经历过多次改变，基本是在种姓之间流动，属于量变，而非质变。西方带来的现代性对印度种姓制度的冲击超过了佛教和伊斯兰教对印度教种姓制度在历史上的冲击，其变化程度大而深，这让种姓制度发生了缓慢而又复杂的变化。研究种姓制度的中国学者尚会鹏认为，这主要体现在两个方面：其一，种姓已经丧失并且仍在丧失某些传统的功能，传统的种姓制度呈现衰落的趋势；其二，种姓仍旧是印度教社会的重

---

① Mohamed Zeeshan, "India's Identity Politics Has Reached Its Diaspora in the US", the Diplomat, Sep 2, 2020. https：//thediplomat.com/2020/09/indias-identity-politics-has-reached-its-diaspora-in-the-us.

要因素，它还在各方面支配着印度民众的生活。[1]不仅如此，种姓制度同现代民主代议制结合，产生了政治化等新特点。笔者认为，现代性带给印度人的还有个体（尤其是贱民和低种姓个体）的觉醒，这种冲击有好有坏。现代民主制度让广大贱民和低种姓民众从被动进入印度政治民主进程的裹挟者，变为日益觉醒并主动提出诉求和维护权益的政治进程参与者和塑造者。有人专门总结了种姓政治对印度民主发展和优化的深远影响，认为这扩大了政治参与，增强了政治权力，多重身份交叉认同促进了种姓团结，暂时遮蔽了其他身份带来的冲突与分化。[2]同时，也带来了诸多动荡和冲突，贱民和低种姓民众在强化自己种姓身份认同的同时，也在破除种姓的一些障碍。

西方殖民者带来的现代元素严重冲击着印度种姓制度等级制，使其功能逐渐销蚀，负面效应逐渐显现。这让印度精英阶层意识到，废黜种姓制度、改善下层民众地位是印度实现现代化和建立世俗社会的必经之路。在此背景下，近现代以来，种姓制度显示出弱化的趋势。首先，现代教育和文官制度从根本上打破和削弱了婆罗门对知识的垄断，为低种姓提供了改善社会地位的渠道，这应该是印度3000年来首次出现的情况。英国人带来了法院系统，建立西方的法律体系，任命司法和征税的各级官吏，这让原来属于婆罗门的立法权和司法权受到极大冲击和削弱，进而挑战了其宗教权威地位。英国人的文官制度让印度各种姓都有了参与国家治理的机会。通过考试选拔官员，而不是种姓和出身，

---

[1]　尚会鹏：《种姓与印度教社会（修订本）》，北京大学出版社2016年版，第179页。

[2]　张毅、曹海军：《超大型发展中国家治理悖论：基于印度民主的反思》，《马克思主义与现实》2015年第4期，第161页。

同样挑战了种姓制度。甚至出现婆罗门在政府机构内成为低种姓的手下的情况，笔者在新德里中央部委办公室曾见过此类现象。英国人还带来了现代教育体系，入学标准大幅降低，各种姓只要符合条件就可以上学，从根本上冲击了婆罗门对知识的垄断。独立后印度政府雇员实行"公开考试、择优录取、机会均等"的原则，进一步打破了种姓制度职业世袭的规定。

其次，西方近现代的工业化和城市化进程同样冲击着种姓制度。不同种姓的人都卷入工业化经济大潮中来，印度兴起各种工厂，人们蜂拥而入，到城市工作。在同一个办公室工作，乘坐同一辆电车，住同一栋楼，让高低种姓的人不得不在一起相处。生活方式也日益现代化，甚至更加西化。酒精和西式文化对年轻人心灵的诱惑不比鸦片差到哪里，且大部分是不分种姓的。

最后，世俗化做法逐步改造着印度古老社会的一些种姓陋习。英殖民政府于1856年颁布允许寡妇再嫁法令；1872年又颁布了特别婚姻法，宣布不同种姓的青年男女可以结婚；1876年，孟买高等法院宣布，种姓议会无权批准结婚，也不准干涉寡妇改嫁；1923年通过的婚姻法修正案规定，申请结婚的人无须通报自己的种姓身份。这削弱和消除了种姓制度内婚制。独立后印度继续削弱和抑制种姓制度。尼赫鲁曾指出："在今天社会的组织中，种姓制度及其相关东西是完全不可调和的、反动的、拘束的，是进步的障碍。"[1]

早在1917年，国大党就把取消不可接触制度写进党纲。1933年，国大党在马德拉斯组织了争取不可接触者进印度寺庙

---

① Jawaharlal Nehru, *The Discovery of India*, First Published by The Signer Press, Calcutta 1946, Published in Penguin Books 2004, Introduction copyright 2010, p.320.

的运动。1948年，印度通过了废黜种姓制度的法案，1955年又通过了包含消除种姓歧视的新宪法。印度《宪法》第17条规定，废黜"不可接触者度"，"贱民"有权去公共场所，有资格去圣河、圣湖沐浴和取水，有权进入商店、旅馆或公共娱乐场所，有权选择职业，有权去公共医院看病、买药，有权上学读书和在学校住宿，有权在村庄、集镇居住，有权佩戴各种首饰等。

在英国殖民者和独立后印度精英阶层的推动下，种姓制度已经发生很大变化，种姓问题已经成为表面上的"政治正确"，公开场合谈论种姓是违法的。在城市，种姓与职业的关系有所降低，出身不再完全决定一个人的职业和经济情况。一些贱民开始发家致富，成为著名的文艺家，并登上政治舞台。在印度可以发现，穷人中也有婆罗门，富人和政治家中也有贱民。印度前总统纳拉亚南、前人民院议长巴拉约吉、印度人民党前主席拉克斯曼、现任总理莫迪等都是贱民或低种姓出身。

种姓结构也在发生微妙的变化，中等种姓的出现就是一个表现。中等种姓主要来自部分低种姓集团地位的提高。一些低种姓的人通过经商或从政等途径提高了自己的社会地位，但他们的低种姓身份无法改变，于是他们采用"梵化"过程，即模仿高种姓的生活习俗、宗教仪式和信仰，试图通过礼仪习俗的改变进入高种姓。[①] 低种姓还通过"西化"的方式，即接受西方教育而改变传统生活方式，主要有两种形式：一是出国留学，这也是印度盛行出国留学的主要原因之一，寄托着家族改变社会地位的美好愿望；二是利用表列种姓的特殊照顾，通过努力成为白领和社会的

---

① Parmajit Singh and Gurpreet Bal, *Strategies of Social Change in India*, New Delhi, 1996, p.162.

中产阶层甚至参政，提高本种姓的地位。这种通过经商、留学或教育改变低种姓地位或模仿高种姓的行为，已经成为印度当今社会的一个主要现象。

尽管印度种姓制度有所弱化，但并未完全消亡，在宗教和民主政治下反而改头换面，借助新的政治社会组织形态焕发新生。除了种姓宗教化外，种姓政治化和种姓集团政党化日益成为印度现代政坛和种姓制度发展的重要特征。民主政治的主要特征是政党政治和选举政治，选票多少关系到政党的生死存亡。种姓是一个个社会集团，背后是强大的政治选举资源，这自然成为政党利用的工具。政党利用种姓谋取党派利益，种姓也借助政党获得本种姓的利益和生存空间，种姓政治应运而生，表现形式便是种姓协会和种姓政党。这在英国统治期间就有所体现，印度独立后伴随着印度教伦理社会的回归，种姓政治化趋势日益显著。

首先是"种姓协会"的出现。看名字就知道该协会是维护种姓地位和种姓利益的组织，其主要职责是整理和编写本种姓的历史和种姓谱系，推举本种姓人员参政，甚至有的种姓协会还开设学校、医院和工厂等，向成员发放贷款，发挥了金融职能。其组织形态也非常现代化，采用任选贤人的方式，并且不是由本种姓中德高望重的人决定，而是通过投票表决的形式决定。借助现代组织方式，种姓协会成为传统社会组织和现代政治体制相结合的产物，是独立后印度政治社会发展下产生的种姓化政治组织，种姓制度很快跟上了时代步伐。

英国人迪利普·希罗著的《今日印度内幕》揭露，独立初期国大党人在比哈尔经常把申请人的种姓作为推选人的主要条件之一，他们经常提到要给予占统治地位的种姓以代表性，这就明确种姓是候选人的主要参考因素。此后这一做法被其他政党效仿，纷纷打着民主和选举的旗号，以种姓作为工具培养自己的政治势力。如今，种姓协会已经成为印度选举的一个重要力量，是任何政党都不容忽视的一种力量。

其次是种姓集团政党化趋势日益明显。由种姓协会等组织形态形成的种姓集团逐渐成为印度政党的一个重要形态。种姓集团是许多政党构成的组织基础，各政党大部分都代表着不同种姓集团的利益。泰米尔纳德邦的民族民主党就是代表纳亚尔（Nair）种姓利益的政党，社会主义共和党是代表埃扎哈瓦（Ezhava）种姓利益的政党。1984年，北方邦创建了代表贱民的大众社会党；20世纪90年代，北方邦又出现代表亚达夫种姓的社会党。比哈尔邦出现代表库尔米种姓的平等党。就连国大党、共产党和印度人民党都不能免俗，都在各邦代表着不同种姓的利益。翻阅印度政治性和种姓类著作，类似的案例和论述比比皆是。印度共产党领导人南布迪里巴德曾表示："试图推翻封建制的农民起义，如果要想从没有领导、没有斗争目标状态中前进一步，就必须依靠种姓组织。"[①] 种姓是印度各政党背后竞争和斗争的一个主要内容和工具。印度政治家J.P.纳拉扬有一句名言："印度最大的政党是种姓。"点出了种姓政治化的实质。

种姓政治化趋势在很大程度上强化了种姓制度，加剧了政治极化和社会分化现象，成为印度政治社会的一个敏感神经，稍不留神就会引发本节开头提到的社会动荡。低种姓政治力量的崛起使印度社会政治力量的对比发生分化与组合，增加了印度政治发

---

① Selig S.Harrison, *India:The Most Dangerous: Decades*, Princeton University Press, 1960, pp.196-197.引自郁龙余等《印度文化论（第二版）》，北京大学出版社2016年版，第94页。

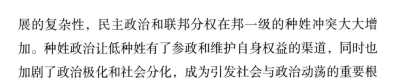

展的复杂性，民主政治和联邦分权在邦一级的种姓冲突大大增加。种姓政治让低种姓有了参政和维护自身权益的渠道，同时也加剧了政治极化和社会分化，成为引发社会与政治动荡的重要根源。以下是印度种姓政治正在演化的几种趋势。

第一，种姓歧视贯穿于经济社会各层面。印度学者佛兰克因·佛兰克尔指出，民主政治和国家及邦领导人与农村地区占主导地位的种姓成员经过复杂互动，产生了一个独特的政治联盟，这种政治网络塑造着印度邦和基层政治利益输送。[①]印度独立后种姓制度有所改变，但种姓间的矛盾和歧视并没有根本性改变，依旧影响着社会稳定和经济发展。只有5%的婆罗门却占据着全国有组织工作的60%，而占人口16%左右的达利特人却只有不到1%的工作岗位。印度政府尝试改变种姓制度却遭到高种姓的强烈抵制，引发此起彼伏的流血冲突。高种姓压迫低种姓，高种姓占据大部分财富，低种姓大多处于贫困的局面没有根本性改变。随着经济的发展，高低种姓内部日益分化，矛盾也更为突出和激化；随着经济发展和民主意识的增强，低种姓对平等、权利和财富的渴求增强，对传统分配提出日趋激烈的挑战。目前，印度教民族主义者通过强化印穆矛盾将这些问题转移，塑造部分种姓的印度教民族身份，但效果并不明显，并且种姓冲突越来越有暴力倾向，冲击着政治社会经济发展。

第二，种姓制度强化了不平等。在世界历史上，没有一个国家经历过如此广泛的、维持时间如此之长的、意识形态上如此根深蒂固的不平等。其他文明讲平等都是理直气壮的，但印度人始

---

① Frankel, Francine and M.S.A.Rao, *Dominance and State Power in Modern India: Decline of a Social Order*, Oxford University Press, 1989.

终把与他们的祖辈同样的职业和生活地位观念深植于宗教信仰和社会习俗。尽管历史上不乏反抗婆罗门和其他高种姓的运动，但社会中的不平等现象如此之深且持续时间如此之久，在世界历史上也是罕有的。印度不仅在社会标准上存在广泛的不平等，而且这种广泛的不平等深入印度社会关系中——吻脚、趴伏、穷人张开的双手、低种姓清洁工弯曲的后背。种姓被纳入政治体系，增强了其政治力量，但没有改善该种姓整体的经济和社会地位，没有产生显著的收入差距缩小，财富和经济机会的巨大鸿沟越拉越大。印度普那大学、尼赫鲁大学和印度贱民研究所经过 2015 年至 2017 年调研，发布了一份报告，称印度高种姓占有全印 41% 的财富，而其人口仅为 22.28%，高种姓拥有的财富是其人口的一倍，占有全印土地、房屋和固定资产的 90%。[①]

第三，强化自身平等与否定他者平等的平等悖论现象。印度人在涉及自身种姓权益的问题上寸步不让，但如果将这些权益赋予低于自己种姓的人则完全不可能。这种悖论在现代理性社会是不成立的，在印度却是合理存在的。比如，农村的高种姓可以骑马，新富起来的低种姓农民则不行，这种不平等存在于印度各领域。

落后种姓精英和表列种姓纳入政治体系并没有减轻印度的等级森严与不平等现象。如此之多的落后种姓与表列种姓政客没有反映在提升其所属种姓福利的政策中，如教育、童工、基础设施、各种社会福利等。低种姓成员政治权力的增加没有改善该种姓的整体境遇。尽管低种姓进入行政机构任职人数有较大提

---

① "Upper caste Hindus Own 41 Percent of India's Total Wealth: Study", Business Today, Feb 12, 2019. https://www.businesstoday.in/current/economy-politics/upper-caste-hindus-own-41-per-cent-india-total-wealth-study/story/318727.html.

升，如卡纳塔克邦表列种姓在邦行政机构中雇员比重从1960年的1.9%提升至1986年的12.2%。当该邦首席部长戴夫拉兹·乌尔斯引入各种惠及表列种姓的举措后，行政机构几乎没有执行。在表列种姓官员的推动下，泰米尔纳德邦的学校有了午餐，马哈拉施特拉邦有了以工代赈，西孟加拉邦有了乡村发展计划等。然而，总体上印度政府提供物质救济的效果不大，来自贱民的政客和官僚等对公共政策的影响很小。

印度的城市公路有一个奇特的地方，很少有人行道，农村就更不用提了，这是公共政策向富人倾斜这一执政思维的主要体现。印度独立后公共政策的导向是为官僚、政客和富人服务，对穷人和落后种姓阶层几乎没有兴趣，尽管口号喊得震天响，一些"政策大饼"画得无穷大，但收效甚微。尼赫鲁和英迪拉·甘地政府打出公平旗号，但开支数据又显示出另一番景象。教育支出就是一个典型的例子，大部分教育支出集中在高等教育和私立学校，惠及落后种姓和阶层的初级教育、中等教育的投入占比最小，低种姓出身的莫迪也概莫能外。

种姓不平等在教育领域体现得尤为明显。表列种姓中对教育和就业领域的保留政策被证明是减轻种姓间差异的一种低成本策略。低成本是因为政府几乎不重视初等和中等教育，花费在大众教育上的财政资源极少，造成本来有资格进入大学并在平等基础上得到就业机会的贱民和部落成员的储备仍然很少。印度建立了一种双层教育体制：一种是私立的但受政府资助、用英语教学、主要为高种姓服务的教育系统；另一种是完全由政府拨款、用本土语言教学、为低种姓服务的教育系统。这种双层教育体制已经非常完备和固化，以至于具有社会流动性的低种姓成员都渴望进入私立教育系统。能够负担得起的其他落后阶层和贱民将他们的孩子送入私立学校,导致农村和小城镇出现大量收费低廉的学校,入学者几乎都是来自目不识丁的家庭。

第四,种姓不平等导致社会冲突持续扩大。笔者目前观察到的矛盾现象是,虽然种姓在决定个体社会机会时变得不那么重要,但种姓作为一种政治身份和公民社会的制度化要素变得非常突出。目前,印度政治社会甚至连经济都朝着基于种姓的制度结构发展,而这种结构不开放、不具有包容性,因而在种姓间滋生冲突和不信任,持续影响着印度政治经济社会的演化。

印度农村中贱民与当地优势种姓的斗争和冲突持续存在,甚至恶化。农村土改和绿色革命及新农村计划等塑造了印度农村朝着市场化导向的劳动力市场,这将有利于农业工人的谈判和抗议,同时也有助于优势种姓利用政权力量维护自己的支配地位。市场化导向的经济平等产生的结果是种姓间产生更大的竞争和冲突,而不是取代等级制认同。农村地区低种姓想通过婚姻和其他仪式抬高自己的社会地位,中高种姓及其他落后种姓获益者则常常组织自己的私人武装或利用政权力量镇压贱民。从媒体报道来看,要求工作机会、更高的农业工资、重新分配土地及更大社会尊重的贱民好战分子,与中高种姓招募的私人武装经常发生冲突,这种冲突一直存在,将来还会因经济发展而不断恶化。一些最激烈的冲突并非都发生在落后种姓与其他中高种姓之间,大部分冲突都发生在贱民与落后种姓和中间种姓之间。暴力冲突一般是零星的、局部的,高强度暴力冲突只发生在少数地区。恐惧和屈辱弥漫于部分印度农村地区。种姓的凝聚力不是建立在族群自豪感之上,而是建立在对那些试图延续其支配地位的人的愤怒之上。这种冲突、不信任、恐惧和屈辱,大大降低了政府的运作效率,也阻碍了地方经济发展与族群融合,进而影响族群认同和国家认同的建构。

对表列种姓的迫害和残杀一直没有停止过。1968年，泰米尔纳德邦基尔文尼村的高种姓将42名贱民活活烧死，表列种姓组织将此事提交联合国，影响甚大。1980年2月6日，比哈尔邦加雅县帕拉斯比加村印度教徒将12名贱民杀害，将其房屋焚毁。1955年至1976年，攻击贱民事件高达22470起，1977年至1981年增至64511起。现在类似事件也不时见诸报端。

此外，邦及基层财富分配不均和优势种姓的坚持，让低种姓在财富和政治权力上越来越边缘化。在优势种姓控制的地方，贱民和其他落后阶层则倾向于反抗；而在低种姓控制的地方，优势种姓则倾向于制造混乱，迫使政府干预。这些反抗和骚乱可能塑造一个富有成效的政府，也可能带来一个无能的政府，这是印度基层的基本现状之一。

第五，市场导向的经济自由化让落后种姓的保留问题更具争议性，引发更多的社会冲突。印度的曼德尔委员会[①]就这样描述过："当一个落后阶层的候选人成为税务官或警司时，其职位所产生的物质利益仅惠及家庭成员。但这种现象产生的心理影响是巨大的。那位落后阶层的候选人所属的整个群体会感到社会地位的提高。即使在没有实质利益惠及整个群体时，在'权力走廊'中有'自己人'的感觉也会鼓舞士气。"[②]

为保证贱民和低种姓的政治和经济权利，印度政府对这两类

---

① 1979年，印度北方多个邦爆发支持保留政策的骚乱后，当时执政的人民党政府任命比哈尔邦前首席部长曼德尔（B.P.Mandal）为主席的落后阶层调查委员会，即曼德尔委员会。

② ［美］阿图尔·科利编：《印度民主的成功》，牟效波等译，译林出版社2013年版，第248页。

弱势群体实行了著名的"保留政策"，旨在改善他们的生活，提高其能力。根据该政策，议会要为低种姓保留一定数量的席位，所有政府机构和国有企业中要为低种姓保留27%的名额。2004年又将比例提升至49.5%。在教育机构给低种姓学生预留名额，2006年颁布的《新规》中，要求印度理工学院、印度管理学院及全印医学院这三所最著名院校的低种姓学生的入学名额从原来的22.5%提高到49.5%，其他20所大学提高到27%。不仅媒体经常报道这类矛盾，很多高种姓印度人也经常向笔者抱怨，不仅抱怨这类政策挤占了名额，更重要的是造成了社会上新的不公平。由于传统观念或出于维护自身利益考虑，高种姓不愿意看到低种姓在社会地位方面和自己平起平坐，更不愿意看到国家对低种姓的特殊政策，因而采取特殊手段迫害表列种姓，发泄愤恨情绪。

　　笔者在印度媒体报道中看到这样一个案例，有一位女孩报考古吉拉特邦的政府职位，其分数比其他低种姓高，但囿于"保留政策"落选，比她成绩低很多的低种姓都被录取，这让她非常伤心。从社会反应来看，高种姓对这种不满经常诉诸街头政治。长期以来，印度医学界基本被高种姓垄断，收入丰厚、待遇优越，这种垄断在改变印度整体医学不公平和提升落后地区健康水平上的贡献不多。因此，多招录落后地区的低种姓学生有利于医疗资源的平衡和公平，受到低种姓和中下层民众的支持。不仅在教育界，在经济界也是如此，国有企业给低种姓预留名额导致无法选拔出人才。围绕该政策，印度社会各阶层论战和斗争已经持续数十年，冲突不断，造成社会撕裂，耗费大量社会资源。

第三节 印度宗教的新宿主

　　印度《经济时报》2019年初有一个专刊，论述了牛带来的系列问题。在北方邦，印度教民族主义的约吉政府上台后，崇尚印度教文化，关闭了全邦的牛屠宰场，全力保护牛。印度许多邦几十年一直禁止屠宰奶牛，导致农民转向饲养水牛。印度的水牛数量在1951年至2012年的60年间飙升了150%，而奶牛的总数量仅增加了23%。反屠宰法执行严格的邦，水牛数量更多，拉贾斯坦邦50%以上是水牛，哈里亚纳邦为77%，旁遮普邦为67%。没有限制屠宰的邦，如喀拉拉邦和西孟加拉邦，水牛比例仅分别为7%和3.5%。根据最新的普查报告，2019年印度牛保有量超过2亿头，约占世界的1/4，其中有530万头流浪牛，仅奥里萨邦就有超过100万头，其次是北方邦、拉贾斯坦邦、中央邦、西孟加拉邦和古吉拉特邦。①

　　印度对作为圣物的牛的保护已经到了不可理喻的程度。一些邦设立了牛的避难所，收容流浪牛。在哈里亚纳邦，遗弃一头奶牛将罚款5100卢比。2019年，北方邦政府向每个市政公司拨款1.1亿卢比管理流浪牛，并在首席秘书下成立了一个委员会，专门管理流浪牛事宜。德里政府还为转运牛增购液压汽车，有的邦政府要求在转运牛的过程中每辆车不能超载，车里还要配备护理牛的医生等。

---

　　① Shantanu Nandan Sharma, "Great Indian Cattle count: An Inside Story", the Economic Times, Jan 27, 2019. https://economictimes.indiatimes.com/news/politics-and-nation/how-a-team-of-experts-are-conducting-indias-first-tech-aided-livestock-census/articleshow/67704952.cms?from=mdr.

　　对牛的过度保护给底层民众的生活带来威胁。过多的流浪牛毁坏了庄稼，加剧了各村之间的紧张关系。各村严防死守，不让流浪牛进入本村，或者将流浪牛驱赶到其他村庄，为此还造成了印度与尼泊尔边境关系紧张。2018年4月12日，北方邦靠近尼泊尔边境地区的塞姆里村召开了一个"入侵"大会，参会人员为农民和工人，会议的主要内容是如何解决流浪牛的威胁。伴随着屠宰场的关闭，流浪牛的数量急剧增长，无论在城市还是农村都成为北方邦的主要威胁。经过激烈讨论后，人们一致同意将流浪牛赶到邻国尼泊尔，因为尼泊尔也是一个印度教国家，他们不会伤害牛。村民们众筹3.7万卢比，使用22辆拖拉机，把村周围225头牛装上拖拉机，浩浩荡荡开赴尼泊尔边境地区。同时，40辆摩托车载着100多位村民为流浪牛护航，确保牛能被顺利送到尼泊尔。

　　过度保护牛还危及畜牧业和农村经济。根据官方数据，由于过度保护牛，买卖牛的数量急剧下滑，拉贾斯坦邦牛市上的交易量下降了90%。对于印度乳制品行业而言，这可能是一个可怕的警告，2015年印度乳制品行业利润为5.5万亿卢比，吸引了7300万个小农和边缘农民就业。越来越狂热的护牛运动正在危及这些产业的发展。

　　印度护牛自古就有，护牛在很大程度上是沿着排斥穆斯林而日益严重，现在则由于现代性，让护牛提升到政治高度，反映了印度教内化越来越严重。这种内化更多表现为对印度教的狂热追求，对其他宗教的严格排斥。面对现代性，印度的经济发展速度明显落后于主要发展中国家，印度表现为更加向内求，而不是向外求。在精神和政治上不断强化印度教教义和形式，排斥其他异教徒；在经济上加大开放，同时也在强化对国内群体的保护。

20世纪80年代以来，印度人感觉宗教处于危机中。这种认知一部分来自现代性的冲击，随着生活水平和受教育程度的提高，人们的生活更加"西化"，这与印度教倡导的生活方式格格不入，让人们经受着文化身份的折磨，感到不安全和身份认同危机。面对这种冲击，人们的直接反应是更加坚定地维护自己的文化传统。此外，普遍的规律是经济发展也会促使文化民族主义抬头，特别是宗教信仰和实践。在印度还有特别之处，这种危机感还使印度教徒把威胁源头转向穆斯林、历史记忆和巴基斯坦等威胁。国民志愿团正是看准这些趋势和潮流，不断打出印穆矛盾和经济发展这两张牌，激发印度教徒内部的团结和整合。

有西方学者指出，印度教传统长期以来对印度产生三种影响：第一，有助于保存印度文化上的统一；第二，鼓励印度人民与世俗、政治领域保持一定程度的距离；第三，防止一个透过宗教为统治正当性基础的强大的中央集权国家的出现。[1]这三种影响有一定的道理，但也要辩证地审视。从印度70余年代议制民主发展结果来看，在印度独立之初，这三种影响有一定的道理。现在再看并不完全正确，至少第三点不成立，印人党正在建立一个以宗教立国、以宗教为统治正当性的强大中央集权国家，这是目前印度宗教政治化最大的问题。

印度独立之初，尼赫鲁的世俗民族主义走的是政教分离，然而印度政治社会实践却表明，现代民主代议制为印度教提供了新宿主，让印度教派政治化开始光明正大地走上前台。2002年8月15日，印度历史学家比潘·钱德拉在庆祝印度独立55周年之际，

---

① F.Frankel，"Introduction"，in F.Frankel and M.S.A. Rao，eds，*Dominance and State Power in India*，Oxford University Press，1989，p.2.

总结印度建国以来的一个主要变化就是宗教已经进入政治。而在印度独立70周年之际，这一趋势已经非常明显，完全成为政治现实。实际上，20世纪六七十年代，印度社会政治教派化就已经开始并日益严重。当时，教派骚乱骤增，政治教派主义日盛，特别是以印度教民族主义为代表的激进政治组织挑动罗摩神庙事件，公开鼓吹"一个国家、一个民族、一种文化"的"印度教特性"，最后演化成今天印度人民党等公开打出印度教立国，"国族再造"。这加剧了宗教政治的复杂性和好战性，让脆弱的民主治理雪上加霜。①

宗教政治化首先是印穆矛盾政治化，前文提到的印穆千年矛盾中有所体现。其次，宗教政治冲突与分离主义相结合。锡克教徒主张成立"卡里斯坦国"；克什米尔地区穆斯林同样要求更大的自治权甚至独立；东北部一些分离主义分子也打着宗教旗号搞分离活动；泰米尔纳德邦的泰米尔人也对现状不满，在水资源分配等问题上提出挑战，有时也诉诸宗教旗号搞分离活动。印度学者比潘·钱德拉指出："宗教冲突是印度当今社会和政治面临的最严重危险，它正在削弱世俗主义，已成为印度人民来之不易的团结的最大威胁。"②

宗教冲突加剧背后的原因是经济社会不平等和贫富差距拉大。经过独立后的70余年发展，印度成为全球贫富分化最大的国家之一。当这种贫富差距出现在同一个宗教内部，会加剧教派矛盾；当这种情况出现在同一地区不同宗教间，就极易被教派分

---

① ［美］阿图尔·科利：《印度民主的成功》，牟效波等译，译林出版社2013年9月版，第183页。

② Bipan Chandra, A.Mukherjee and M.Mukherjee, *India After Independence*, New Delhi, 1999, p.433.

子利用，挑起宗教冲突和仇恨，把自己宗教教徒的经济困境归罪于境况比较好的宗教教徒，认为他们抢占了有利条件。

笔者在古吉拉特邦很多地方看到，穆斯林多为小商小贩，或者开出租车。艾哈迈德巴德市出租车司机库马尔告诉笔者，印度教徒限制穆斯林进入政府，因此政府公职人员中很少有穆斯林，即便有也是较低级别的职员。库马尔的说法与印度媒体的相关报道数据吻合。印度《印刷报》（the Print）2018年报道称，尽管穆斯林占印度人口比重近15%，但穆斯林公务员的代表性严重不足。2017年，穆斯林参加印度联邦公共服务委员会（UPSC）考试（印度中央政府高级公务员统一考试）的成功率仅为5%。"穆斯林在印度每个领域的代表性都不足。"一位穆斯林中央公务员说。该考试每年的录取人数一般在1000人左右。2017年，50名穆斯林通过该考试，这是近些年通过人数最多的一次。2013年至2016年，这一数字分别为30、34、38、36。据《印刷报》估计，截至2018年4月，印度中央公务员中担任联秘（Joint Secretary，相当于中国的厅局级干部）级别以上的穆斯林不超过1.33%。当年印度中央公务员中只有一名辅秘（Additional Secretary）是穆斯林，秘书级官员中一名穆斯林都没有。①

地方穆斯林公务员的比重与中央比也好不到哪儿去。有限的从政道路迫使更多穆斯林转向经商，他们之中拥有土地的也不多。这点在德里也有体现，一些学者也曾对笔者提起，穆斯林在政治上没有发展空间，只能做些小商小贩生意。但随着时间的推

---

① Sanya Dhingra, "India's Yong Muslims Are Taking The IAS, IPS Route to Get A Share of Power", *the Print*, Oct 1, 2018.https://theprint.in/india/governance/indias-young-muslims-want-to-take-the-ias-ips-route-to-get-a-share-of-power/126424.

进，穆斯林商业发展起来，印度教徒经常借助宗教冲突抢夺穆斯林商人的财产，甚至威胁其生命。1984年，北方邦莫拉达巴德爆发的印穆大规模流血冲突，就源于两大宗教对当地铜器制造业优势地位的争夺。穆斯林主要从中东得到大量订货，生意兴旺。印度教徒则生意惨淡，勉强维持。印度教民族分子把原因归结于外国势力帮助穆斯林抢夺印度教徒的饭碗，煽动印度教徒把愤怒发泄到穆斯林身上，酿成震惊全国的宗教屠杀事件。这种激烈的竞争不仅包括资源利用、市场控制、技术改进，还表现在就业争夺等方面。从中可以看出印度宗教在现代民主代议制政治这个宿主下得以重生，带给印度更多的复杂性和不确定性。

第四节　族群与平等政治的恶果

2019年，印度国会通过了《公民身份修正法案2019》(the Citizenship Amendment Act 2019，CAA)。新修正法规定，截至2014年12月31日，凡是来自巴基斯坦、孟加拉国和阿富汗三个国家的因受"宗教迫害"的移民，且早前因印度《护照法1920》或《外国人法1946》的相关条款被划归为"非法移民"的群体，现在可以合法申请获取印度公民身份，而这些"非法移民"只涵盖印度教、锡克教、佛教、耆那教、拜火教和天主教6个宗教群体。此外，该法案将来自上述6个群体的归化入籍条件从早前的在印居住总时长达到11年降低为5年。该法案引发印度各种政治力量的角力，在东北诸邦和北印度各邦出现数月之久的大规模骚乱和冲突，透视出印度亚族群的生存困境，折射出印度政治社会的常态化紧张与稳定周期性发作现象。

《印度时报》2019年12月16日题为"问题出在哪了?"的评

论表示，该法案正在解决的问题到底是什么？目前基于宗教迫害而寻求公民身份的人非常少，约几千人，而抗议的人却是其数倍。政府为什么在这个时间点引发这件事？事实证明，该修正案的重点不是新公民法，真正目的似乎是要解决政府早期提出的穆斯林问题，消除东北诸邦大批据称已经渗透到印度的孟加拉国穆斯林难民。据称，这些非法穆斯林难民有190余万。这一问题在2018年就由印度人民党提上日程，要通过公民登记法重新甄别东北诸邦的难民身份，旨在排斥和驱逐东北诸邦的穆斯林群体，同时进一步在全国边缘化穆斯林群体。

自从孟加拉国独立以来，大量说孟加拉语的人涌入东北诸邦，仅1971年印巴战争就有800万名穆斯林难民涌入阿萨姆，让这些地区的人口结构发生了巨大变化，缓慢地削弱了当地的族群认同和文化，现在说阿萨姆语的人在阿萨姆邦已经沦为少数族群。为改变该地区族群结构和社会结构，印度中央政府有意抑制该地区穆斯林人口的增长。印度最高法院日益意识到这一问题，2005年命令联邦政府在《外国人法》基础上成立特别法庭，甄别孟加拉国移民并驱逐他们。辛格政府期间对最高法院命令模糊处理，修改《外国人法》，仅在阿萨姆设立特别法庭。印度最高法院命令设立足够多的外国特别法庭甄别非法移民，尤其是1971年3月24日之前的移民。莫迪政府则强化这一政策，设定的期限是2014年12月31日。

把当前的骚乱归为印穆矛盾并不足以解释问题的全部。实际上，造成东北诸邦民众骚乱的真正原因除了穆斯林移民外，还有印度教徒的入侵。印度人民党排穆意识形态和政策诉求遭到保护本土文化的地方族群的强烈反对。东北诸邦历来对该地区的移民问题非常敏感，担心修正案会危害其文化和语言特性。东北诸邦的愤怒情绪是为了维护土著人的权利,担心阿萨姆等地被孟加拉国来的印度教徒淹没,当地人不希望有印度教徒和穆斯林的非法移民。东北诸邦反对修正案的理由不是合宪性问题,而是担心被"局外人"凌驾,这些"局外人"是来自孟加拉国的印度教徒。印度政府认为孟加拉国独立以来,一直歧视印度教徒,为此,印度政府默许孟加拉印度教徒不断涌入东北诸邦。但由于政治问题,没有公开采取行动,该修正案也未完全解决这一问题。修正案试图纠正这个扭曲的问题,赋予从孟加拉国来到印度的印度教徒公民身份和应有的地位,这恰恰是东北诸邦引起强烈关注的主要原因。

从以上印度媒体的分析可以看出,印度东北地区阿萨姆等亚族群生存空间不断受到外来的印度教徒和穆斯林等其他族群的挤压,产生的焦虑感不断传导和演化为族群政治,成为引发系列骚乱和冲突的根源之一。在阿萨姆地区,阿萨姆等本土族群、穆斯林、印度教徒之间相互担忧和排斥,印度人民党和当地政党及各邦政治势力从中渔利,印度政坛的一张"小拼图"跃然纸上。这种亚族群的矛盾并不会因为一两次冲突就结束,而是一有风吹草动就会爆发骚乱和冲突,任何火星都会成为导火索,养成了人们依靠示威游行或骚乱冲突表达民众情绪的方式,形成地方政治紧张与稳定恶性周期循环的现象。很多印度学者认为,这是印度政治特有的方式,是一种公民参政的体现,换句话说,这是政治螺旋式发展的过程。

与族群政治一样,印度平等政治也很奇特。针对等级社会中对平等的狂热追求,法国学者托克维尔有过经典论述:"民主国家的人民在任何时候都爱平等,但在某个时期,他们追求平等的激情可能达到狂热的地步。在这个时候,摇摇欲坠的旧的社会等级制度，经过一次内部的最后决斗，终将被推翻，而使公民隔离开来的障壁也将最后消失。于是，人们将会像获得战利品一样争取平等，像怕被人抢走的宝物一样抱着平等不放。"[1] 在印度，笔者经常会想到托克维尔的这句话。

印度人所说的平等的意义与中西方不太一样。中西方说的平等是"上下左右前后的人都是平等的"，但印度人说的平等只是针对侮辱他的高种姓和同种姓人，对低于自己种姓的人则没有平等。中西方的平等语境是双向的和多向的，但印度是单向的。例如，一位亚达夫种姓的人对高种姓要求平等，是要求经济利益和社会尊严的平等，包括政治地位的平等，但对低于亚达夫种姓的人，他们依然会习惯性地压迫，没有平等可言，并认为这是天经地义。这就是种姓的恶果。

现代民主制又赋予民众和团体对政治平等的追求，很多时候印度人把这种平等权利作为改变身份政治或攫取巨额利益的挡箭牌，进行狂热追求。独立前后印度的利益集团很少，但随着民主制度的发展，各种利益集团逐渐壮大，平等政治就成为印度政治的一道风景线。为迎合这些利益集团的需求，大部分公共资源以平等政治的名义或明或暗地补贴或被非发展性支出浪费了。根据笔者查阅的数据，中央政府为公共债务支付的利息占国内生产总值的比重从20世纪80年代中期的3%升至21世纪初的5%。对此现象，《不顾诸神》里有专门一章论述。

除了逐渐增加的政府公务员和公共部门雇员薪资支出，私营部门雇员和其他利益群体在政府预算中也有专门的补贴项目。

---

① ［法］托克维尔：《论美国的民主（下卷）》，董果良译，商务出版社1997年版，第623页。

1997年中央和邦预算补贴总和为1.4万亿卢比，大约是当年财政赤字的两倍，占1994—1995财年国内生产总值的14.4%。笔者在印度媒体上看到印度中央支付委员会不断加薪的报道，当时不太理解，后来才明白印度的这些套路，其中包括利息和信贷补贴、税收补贴、实物补贴、股票补贴、征购补贴、调控补贴等。到现在只会增加，不会减少。

笔者在农村看到，农业用电和用水大部分是免费的，钱由中央补助，这是选举政治下各政党获取农民选票的手段。但经调研发现，只有有土地的地主才能享受到这种补贴和红利，绝大部分无地佃农和农民工根本享受不到。印度的大部分邦靠中央转移支付，但中央给各邦提供的发展性资助很大一部分都被用于发放邦官员的工资，各邦的贷款被用来还前面的贷款，各邦自己发行的公共债像滚雪球一般，这也是邦财政赤字的主要原因。很多邦的水和电都是免费的，或者远低于运营和维护费用，连成本价都不到。这种补贴已经成为中央和各邦的沉重负担。1996—1997财年印度各邦电力委员会年度回报率为-17.6%。[1]印度电力集团有限公司2020年度全部收益为-7.19%。

在平等政治的名义下，印度政治福利化日益严重，从而导致利益集团一次次拖延和迟滞印度结构性改革。农民要求更高的粮食价格管制和较低的化肥价格，以获得与工业保护同等的利益；大企业家呼吁公平的竞争环境，避免被跨国公司并购；小企业受到保护，免受国内大工厂的竞争压力；以工业资本享有的税收和其他利益为依据，工会抵制劳动法改革。印度很多研究者指出，

---

[1]　楼春豪:《印度财团的政治影响力研究》，时事出版社2016年版，参见第二章。

自20世纪80年代以来没有任何实质性的、根本性的结构性改革，白白浪费了印度面临的一次次历史机遇。

平等政治还造成了对各群体和产业的过度保护。印度为什么不加入RCEP（《区域全面经济伙伴关系协定》），核心是民主制下的平等政治惹的祸。印度还存在大量手工艺者和小商人，这些人不想打开国门，否则会大批失业。同时，独立后形成垄断地位的大企业、大财团也不喜欢外国来分一杯羹，它们的反对让印度融入全球化的进程迟迟得不到有效推进，在平等的名义下形成对各行业和各群体的过度保护。

对种姓平等的诉求还导致了受保护种姓内部无休止的分裂。例如，在安得拉邦有些种姓获得了最好的肥缺，其他受保护种姓对此抱怨连连。邦政府为此不得不对配额进行更精细化的分类，将表列种姓分为四类，并据此宣布保留政策，这又引起表列种姓的反对。类似问题也出现在其他领域。

地区层面上平等政治同样扮演着重要角色，通常以牺牲经济和效率为代价，扶持落后地区浪费资源的工厂和不可行的公共投资项目，这一举措经常以地区平等的名义得到支持。很多工厂或铁路都是以地区平等政治的名义不计成本地进行建设，浪费了大量资源。很多邦的官员和中央官员为偏向支持自己的偏远地区，基本不会考虑经济成本和效率。在劳动力市场也是如此，印度孟买的湿婆军就呼吁，在政府雇员中向该邦的马拉塔人倾斜，他们要求80%的文书职位和100%的四级职员职位。

第四章 印度为什么还要"国族再造"?

目前,以莫迪政府为代表的印度教民族主义正在全力以赴建设"新印度(New India)",以区别于尼赫鲁的世俗多元印度,中国学者称之为"国族再造"。这起源于印度民族主义的分化,是印度的两条发展道路之争,也是两种政治思潮之争。在反殖民斗争中,基于宗教和反对殖民主义,印度民族主义出现了三大主要政治派别:以国大党为代表的、主张非暴力不合作与宗教包容的印度民族主义温和派(印度世俗民族主义);以国民志愿团和印度教大斋会等为代表的、倾向于用印度教暴力建国的印度教民族主义;以真纳领导的"全印穆斯林联盟"为代表的、主张以穆斯林为主体建国的印度穆斯林民族主义。印度世俗民族主义和穆斯林运动构成了当时的两大主要派别和思潮,当时也存在印度世俗民族主义和印度教民族主义的区分,但与印度教同穆斯林的矛盾相比,处于次要地位。1947年印度独立后,印度世俗民族主义和印度教民族主义的矛盾上升为民族主义的主要矛盾,主要体现在如何建国和国家发展道路及意识形态的分歧上,印度世俗民族主义与穆斯林民族主义矛盾降为次要矛盾,原因是印度独立后穆斯林力量在国家发展道路上的发言权式微,印度教民族主义力量迅速崛起,逐渐成为左右政坛的主导力量。印度教民族主义以印度教立国,强调将印度教作为国家意识形态,在政治生活中最大化印度教，用一元印度教达到建构印度民族和印度教国家的目标。尼赫鲁代表的国大党走了一条多元世俗化的道路，强调宗教是信仰，国家平等对待所有宗教，以构建民主主义、社会主义和世俗主义的现代国家为目标（印度宪法前言语）。从历史上看，印度的主导是宗教，世俗仅是独立后印度的主导性因素，刚刚70余年，印度宗教力量就卷土重来。

第一节 印度世俗能战胜宗教吗？

新德里是印度的首都，也是德里第八城，由英国殖民者建于1911年，位于老城红堡之南，是印度的门面，也是外国游客必打卡的景点。新德里由当时英国著名建筑师埃德温·鲁琴斯爵士（Sir Edwin Lutyens）和赫伯特·贝克爵士（Sir Herbert Baker）设计。1931年2月13日，英殖民者正式将首都从加尔各答迁往新德里。英殖民政府时期新德里的主要建筑是新德里火车站；维多利亚宫（Viceroy's House），即现在的总统府（Rashtrapati Bhavan）；联邦政府大楼（Central Secretariat）；国会大厦（Parliament House）；全印战争纪念碑（All-India War Memorial），即印度门；商务区建筑和新的购物广场——康诺特广场（Connaught Place，CP）。国会大厦为大圆盘式建筑，四周环绕白色大理石高大圆柱，是典型的中亚细亚式建筑，但屋檐和柱头的雕饰又全部为印度风格。总统府的屋顶为巨大的半球形结构，带有鲜明的莫卧儿王朝遗风。城市西端的康诺特广场建筑呈圆盘形，是新德里最大的商业中心。

上述建筑群也称中央景观区，是印度知名景点之一，是印度唯一被指定的一级遗产区。笔者曾陪同中国外交部长和国防部长参加印度总统的会见和国防部长会谈，走在总统府和国防部大楼里，犹如进入时光隧道，红砂岩石材配以英国工业革命带来的宏大设计，让莫卧儿王朝与大英帝国的精华、印度本土元素完美融为一体，毫无违和感，一种深邃与辉煌油然而生。

中央景观区建筑分布在东西向的责任大道[①]上，责任大道长约3.2公里，靠亚穆纳河一侧的东边是印度门，西边是总统府，总统府南侧是联邦政府大楼，北侧是国会大厦。康诺特广场位于责任大道的东北边。现在的联邦政府大楼主要是国防部和外交部的办公地。政府机构基本围绕在责任大道两边两三公里范围内，责任大道非常宽阔，是每年举行阅兵式的地方。责任大道两边有水池和草坪，古木参天，也是人们平常嬉戏的地方。从印度门到责任大道的路上，有耍蛇的、卖冰激凌的以及各种小吃摊。印度门西北侧是海德拉巴宫，这是总理接见外宾的场所，印度门南侧不远处是总理府。

这一建筑群是印度的象征。根据报道，莫迪政府要重修的就是这一建筑群。根据重修计划，从2020年开始，未来4年将投入30亿美元，在现有国会大厦旁新建一座三角形国会大厦和一座新的总理府。现在的责任大道南区和北区改为博物馆，拆除一些较新的现有部委建筑，沿着中央景观区建立一座庞大的新部委大楼，所有政府部委都搬到这里。这里还设计了一块75英亩（约

---

①　2022年9月8日，为推动去殖民化进程，印度政府将政府门前的国王大道改为责任大道（Kartavya Path），印度总理莫迪主持了更名仪式。莫迪表示，国王大道代表殖民时期国王的权力，是人民被奴役与压迫的象征；如今更名为责任大道，提醒走过大道的国会议员、政府官员要对国家与人民尽忠职守。仪式上，莫迪主持揭幕了8.5米高的鲍斯花岗石像。鲍斯是印度独立运动领袖，与甘地、尼赫鲁并称"印度三杰"。

合30.35万平方米）的公共绿地，将一部分总统府开放，作为展示印度生物多样性的植物园。这将成为印度独立以来政府建筑最重要的转变。反对者认为，这根本不需要。印度历史学家哈斯米说，该项目的实践和象征意义都有问题，这是第一次看到所有政府建筑都集中在一个地方，"一座疯狂的独裁政权纪念碑"。

重建国会大厦、首都标志性建筑和区域重新布局，其重大意义不言而喻，这是2014年上台以来莫迪政府代表的印度教民族主义正在进行新印度运动的步骤之一，其他还包括在古吉拉特邦修建团结雕像；修改教科书和历史叙事体系；降低尼赫鲁的历史地位；修建罗摩神庙；取消查谟–克什米尔邦特殊地位等。《印度快报》2020年2月28日报道，莫迪代表的印度教民族主义势力正在推行"新印度人（New Indian）"运动，其最终结果就是将85%的泛印度教徒整合为"新印度人"，而剩下的约15%穆斯林则彻底贱民化。莫迪想塑造印度新愿景，让自己获得与圣雄甘地一样的历史地位。[1]据英国《卫报》2020年5月21日报道称，著名印度雕塑家阿尼什·卡普尔称莫迪重建国会大厦为"政治狂热"行为。"昂贵的面子工程"是莫迪"以自己为中心并巩固自己作为新印度教统治者、缔造者的遗产"[2]。

2023年5月28日，印度总理纳伦德拉·莫迪为印度新国会

① Anish Kapoor, "Modi's Bulldozing of Parliament Shows Him As the Architect of a Hindu Taliban", *the Guardian*, Jun 4, 2021. https：//www.theguardian.com/artanddesign/2021/jun/04/modi-parliament-taliban-anish-kapoor.

② Hannah Ellis-Petersen, "Modi's plan to rebuild India's parliament draws fierce criticism", *the Guardian*, May 21, 2020.https：//www.theguardian.com/world/2020/may/21/modis-plan-to-rebuild-india-parliament-draws-fierce-criticism-anish-kapoor.

大厦举行了落成典礼。该建筑是印度教民族主义政府宏大计划的核心组成部分，旨在修正印度首都的英国殖民时期建筑，并为这些建筑赋予印度本土特色。新大厦建在旧大厦前面，目的是以新国会取代英属时代的旧国会，旧国会大厦将改建为博物馆。新国会大厦位于新德里市中心，外形似一个巨大的三角形，其设计灵感来自室利延陀罗（Sri Yantra），是从宇宙中获取正能量的强大符号，在印度教传统中用于祭祀，被认为是繁荣的化身、力量的容器。新国会大厦有四层，建筑占地64500平方米。新大厦比旧大厦大三倍，可容纳1200多名议员，比原来多出500余人。除了外观霸气，其室内设计风格强调传统：新国会的下议院会议厅采用印度国鸟孔雀的造型设计；上议院的设计风格源于印度国花莲花，具有鲜明的印度特色。[1]

印度《印刷报》2019年9月28日报道，重建新德里代表了莫迪植根于印度文化和社会的"新印度"理念和抱负。"每一个皇帝都想建造自己的首都，莫迪也不例外。"[2]中国部分学者称之为"国族再造"，即印度国家正在脱离尼赫鲁设计的政教分离的世俗多元道路，走上以莫迪为代表的印度教民族主义设计的政教

---

[1]　"Modi Inaugurates New Parliament Building as Part of New Delhi's Makeover", *Reuters*, May 28, 2023. https://www.reuters.com/world/india/modi-inaugurates-new-parliament-building-part-new-delhis-makeover-2023-05-28. Yagya Sharma, "How to reach new parliament building", *The Hindustan Times*, May 28, 2023. https://www.hindustantimes.com/india-news/new-parliament-inauguration-location-of-new-parliament-nearest-metro-stations-sansad-marg-india-gate-kartavya-path-101685187737859.html.

[2]　Shivam Vij, "Narendra Modi wants to rebuild New Delhi for no good reason", *the Print*, Sept 28, 2019. https://theprint.in/opinion/narendra-modi-wants-to-rebuild-new-delhi-for-no-good-reason/298367.

合一的印度教大国道路，再造"新印度"。莫迪重建国会大厦仅是这条道路的开端和表象，越来越多的印度人担心，印度正在从世俗多元共识走向宗教立国，未来世俗能否战胜宗教还有待观察。这背后体现的是以国大党等为代表的世俗民族主义与以国民志愿团和印人党为代表的印度教民族主义两条发展道路之争，两种政治思潮的斗争。

要想弄清这段历史，首先要把印度主要民族主义脉络捋清楚。学界对印度民族主义起源的看法并不一致，有人认为印度民族主义起源于前殖民时代的"传统爱国主义"情感，有人认为是19世纪末20世纪初的反殖民主义和世俗化。[①] 在印度民族主义主要流派界定上，学界也有不同的看法。有中国学者认为，印度民族主义主要分为三派：代表印度上层利益的世俗民族主义、代表中产阶级利益的印度教民族复兴主义和代表穆斯林利益的伊斯兰运动。[②] 有印度学者则认为，印度民族主义分为印度教和穆斯林两派，这时的印度民族主义功能上不仅是反殖民主义，而且更多利用历史使基于宗教的政治意识形态合法化，从而进行相应的政治动员。[③] 还有印度学者认为，印度民族主义分为世俗民族主义和印度教民族主义。印度学界主流观点认为，世俗化和宗教构成了印度民族主义的主导性因素，印度民族国家不仅基于宗教，也

---

① S. Irfan Habib, edit., *Indian Nationalism: The Essential Writings*, Aleph Book Company, 2017, pp.3-4.

② 郑汕：《印度民族主义的特征及世界性影响》，《和平与发展》2010年第6期。

③ S. Irfan Habib, edit., *Indian Nationalism: The Essential Writings*, Aleph Book Company, 2017, p.5.

是基于反殖民反封建的自由主义、民主和公民权利。[①]此处笔者讨论的是印度主流政治思潮和民族主义，鉴于印度文化族群的多样性，存在诸多地方和族群的民族主义及流派，本文不作考虑。

在分析印度民族主义之前，先界定印度教和印度教徒。学界普遍认为，印度教徒一词的出现要早于印度教这个词。印度历史学家罗米拉·塔帕尔认为，随着中世纪大量穆斯林来到印度，为了与自己宗教信仰不同的群体区分，人们开始使用印度教徒这一概念指代原来生活在印度次大陆的人群。今天使用的"印度教（Hinduism）"一词直到19世纪才正式出现。英国学者卡尼尔认为，印度教第一次出现是在19世纪英国殖民统治印度期间，印度教是东方主义和殖民主义话语的构建，同时作为英国殖民者在次大陆实行分而治之的政治工具。1881年，英属印度政府进行第一次大规模人口统计，宗教首次成为对人口进行分类的规范标准之一，印度教和伊斯兰教成为官方认可的两大主要宗教，由此产生了印度次大陆上的"印度教徒多数派"和"穆斯林少数派"。

在反殖民运动中，虽然各族群和宗教团体有着共同的利益和立场，但在建立什么样的国家和怎样建设国家的问题上分歧严重。1906年，穆斯林在达卡建立"全印穆斯林联盟"，要求成立以穆斯林为主体的国家。与之对应的是1923年印度教徒成立的"印度教大斋会（Akhil Bharat Hindu Maha Sabha，ABHM）"，要求穆斯林改宗，建立印度教国家。其间，以国大党为代表的温和

---

① S. Irfan Habib, edit., *Indian Nationalism: The Essential Writings*, Aleph Book Company, 2017, p.6. Angana P.Chatterji, Thomsa Blom Hansen and Christophe Jafferlot, edit., *Majoritaran State: How Hindu Nationalism Is Changing India*, Harper Collins Publishers in India, 2019. Partha S. Ghosh, edit., *BJP And The Evolution of Hindu Nationalism: Savarkar to Vajpayee to Modi*, Ajay Kumar Jain, 2017.

派希望建立宗教包容的世俗化印度，其主要特点是强调在争取民族独立中不同宗教、不同种姓和不同部族团结一致，采用非暴力不合作的运动方式赢得印度自治，建立政治经济独立的新印度。以国民志愿团（RSS）和印度教大斋会等为代表的激进派则主张穆斯林皈依印度教，用暴力建立印度教国家。温和派和激进派的共同点是动员的旗帜一样，用印度教作为工具激发人们的情感。在反对殖民斗争中，印度教与穆斯林的分野为印巴分治埋下伏笔，加上英国挑拨，最终造成印巴分治。[①] 因此，笔者认为，独立前印度民族主义以宗教划界，印度教徒和穆斯林的分歧构成印度民族主义的主要政治流派和思潮，印度教温和派和激进派在建国等问题上也有矛盾，但相比印穆主要矛盾，两者的矛盾在印度反殖民斗争中处于次要地位，两者既合作又斗争。

1947年印度独立后，以国大党为代表的温和派成为印度民族主义的主要力量，其世俗多元思想成为印度主导性政治思潮，也称印度世俗民族主义，主导印度政治40余年，建立了多元世俗的印度民族主义共识。从独立到20世纪80年代初，鉴于印度世俗民族主义的主导地位，印度教民族主义处于印度政治边缘地带，但依然是印度主要政治派别和政治思潮。在印巴分治、如何建国和建国后走何种道路的问题上，印度教民族主义者完全不同意尼赫鲁的世俗多元道路，认为应该建立印度教国家，为此两者分道扬镳，走了两条截然不同的道路，也塑造了今天印度政治的分野。

由于独立后穆斯林在政治话语权和政治影响力方面式微，印度世俗民族主义和印度教民族主义的矛盾逐渐上升为印度民族主

---

① Ramachandra Guha, *India After Gandhi: The History of The World's Largest Democracy*, Macmillan, 2007, pp.36-37.

义的主要矛盾。与甘地强调印度教和非暴力不同，尼赫鲁反对绝对的非暴力，把现代化和经济发展作为民族认同的基础。尼赫鲁强调平等对待一切宗教，试图包容穆斯林，故意忽视穆斯林过去的统治历史，构建包容所有宗教的印度民族国家。不过在一个宗教社会构建一个世俗民族国家的难度可想而知，对此尼赫鲁也表示这是一个巨大的挑战。后来有人称尼赫鲁为"弱世俗主义者（Soft Secularist）"[①]。

印度教民族主义者则构建了另一套组织体系和意识形态体系。在印度教民族主义者看来，印度国内的穆斯林是另一个巴基斯坦，印巴分治加深了其对穆斯林的仇恨。在建国问题上，印度教民族主义者严厉批评尼赫鲁的多元世俗民主国家，认为这是一条自相矛盾的道路，西方民主不是社会主义，社会主义也不是西方民主，两者都出自西方自由主义思想体系，这个药方是西方的，不是印度自身的。印度教民族主义者给出的药方是印度教精神和文化，用印度教伦理价值系统建设印度理想国家和社会，强调要走印度本土传统政治文化路线。在世俗化问题上，印度教民族主义者强烈反对世俗化，认为印度是宗教国家，印度教伦理才是根本。1950年，印度教民族主义者成立的印度人民同盟为反对印巴分治，提出"一个国家、一个民族、一种文化、一套法律"的口号，1956年又将独立后的印度国家改为"印度教国家"（该组织认为的国家名称），反对英语，提倡印地语，保护母牛和所有印度教象征。印度教民族主义者还反对尼赫鲁的克什米尔政策，呼吁直接出兵占领克什米尔。

印度社会学家阿西斯·南迪对信仰的宗教和作为意识形态的

---

① Amalendu Misra, *Identity and Religion: Foundations of Anti-Muslin in India*, New Delhi, Sage Publications, 2004, pp.15–16.

宗教进行了区分。他认为，信仰的宗教是宽容的，各宗教团体共享文化，将宗教看作一种生活方式；意识形态的宗教是一个民族或族群的标志，是保护非宗教的、政治或社会经济利益的宗教，突出表现为反对他者，强化对立。从中可以看出，印度教民族主义与世俗民族主义的最大区别是印度教民族主义将民族利益与印度教派利益混淆，教派利益甚至高于民族利益，统一的印度是将印度民族和政治印度教化。[①]印度教民族主义者不满意、不赞同尼赫鲁和印度共产党的中左翼，认为"印度民族运动基于印度教文化复兴，从性质上来说印度的民族运动是非世俗的，不过后来被尼赫鲁这样的世俗主义者劫持了"[②]。随着印度教民族主义政治化的深入，这种分歧使印度面临两条道路的选择。

第二节　逆历史潮流建21世纪印度教国家

　　甘地的话是印度教民族主义最好的注脚："政治一旦与宗教分离，政治就失去了意义。"[③]印度民族意识的萌芽和觉醒与印度教复兴相互交织，正如有人所言："对那时的印度精英来说，印度民族认同的概念不能脱离印度教认同。"[④]近现代印度教民族主

---

① Chandra Mallampalli, "Evaluating Marxist and Post-Modernist Responses to Hindu Nationalism during the Eighties and Nineties", *South Aisa Research*, Vol. 19, No.2, 1999, p.174.

② Yogendra K. Malik and Dhirendra K. Vajpeyi, "The Rise of Hindu Military: India's Secular Democracy at Risk", *Asian Survey*, Vol.29, No.3, March 1989, p.323.

③ Raghavan Iyer edit., *The Moral and Political Writings of Mahatma Gandhi*, Volume III, Clarendon Press, 1987, p.374.

④ 陈小萍：《印度教民族主义与独立后印度政治发展研究》，时事出版社2015年版，第27页。

义是印度教3000余年发展和演化的最新产物,是印度教迎来新发展的表现,拥有强大的政治社会基础,并日益表现出一定的极端化倾向。印度教民族主义也是伊斯兰教在印度发展走向式微、西方现代性注入印度给印度教发展带来新的历史性机遇的结果,因此,印度教民族主义孕育于英国殖民中晚期,并在独立后的印巴分治、印穆教派冲突中得以迅速发展。由于国大党的腐败和经济长期处于"印度教徒式"增长,印度教民族主义迎来了历史性发展机遇。成立于1980年的印度人民党登上历史舞台,印度教民族主义迎来复兴,迅速成为当今印度一股主导性的政治思潮。

20世纪初,印度穆斯林的民族意识在觉醒,其发起的"哈里发运动",在反对英殖民者的同时也把矛头指向印度教徒,让印度教徒感受到来自殖民者和穆斯林的双重威胁。相应地,印度教徒于1907年针锋相对,成立了自己的政治组织——印度教协会。随后成立印度教大斋会,1925年成立印度教宗教组织"国民志愿团(RSS)"。印度教大斋会前主席萨瓦卡尔(Vinayak Damodar Savarkar)提出了"印度教特性(Hindutva)"意识形态,标志着印度教民族主义正式形成。这是近现代以来印度教首次提出自己的宗教主张,对印度历史发展产生了深远影响。萨瓦卡尔在1923年出版的《印度教特性:谁是印度教徒?》一书中系统地阐述了该概念,首次尝试给印度教族群赋予一个清晰的认同和身份。印度教特性是"印度教徒因为宗教的、种族的、文化的和历史的亲缘关系结合成一个同质化的民族(Nation)"[1]。在这个概念中,萨瓦卡尔将"印度教特性"上升为

---

① Vinayak Damodar Savarkar, *Hindutva: Who is a Hindu?* New Delhi: Bharatiya Sahitya Sadan, 1999, p.4.

印度教徒统一的意识形态，印度次大陆其他少数族群和教派都必须遵守这一特性。言外之意是穆斯林和基督教等教徒虽不用皈依印度教，但要对印度教表示忠诚。而佛教、耆那教和锡克教等其他少数宗教族群虽非印度教徒，不过其与印度教关系密切，在印度教徒范畴之内。甚至很多印度教徒普遍认为，佛教、耆那教等就是印度教，因为印度教太庞杂了。在萨瓦卡尔理论里，印度教徒的特性是一种独特的、以宗教文化心理进行民族甄别的标准，包括共同地域、共同血缘、共同文化以及共同法律和仪式四大要素，目的是要在印度建立一个以这样的宗教民族为主体的印度教国家。①

国民志愿团前领袖戈尔瓦卡（Madhava Sadahiva Golwalkar）进一步完善了印度教民族的理论概念。戈尔瓦卡在其《我们或我们民族性的界定》一书中界定了印度教民族的五要素：印度斯坦（共同地域）、印度教人种（共同血缘）、印度教（共同情感）、印度教文化及印度教语言。在对待穆斯林和基督教问题上，戈尔瓦卡与萨瓦卡尔一脉相承，强调从属于印度教的属性和原则。根据四川大学陈小萍教授所著《印度教民族主义与独立后印度政治发展研究》一书界定，"印度教特性"强调了印度教文化价值观，认为"印度教民族（Hindu Rashtra）"是"印度教、印地语、印度斯坦"的结合。该定义从宗教、语言和领土三方面界定了印度教民族的概念。萨瓦卡尔认为印度要走政教合一的道路，印度教要在印度政治生活中占据主导地位，用印度教统一全国思想，直至全民行动。建国后印度人民

---

① 谢勇：《萨瓦卡尔与印度教徒特性》，《历史教学问题》2019年5月，第103页。

同盟为反对分治提出的"四个一"，即"一个国家，一种民族，一种文化，一套法律"，就是萨瓦卡尔"印度教特性"在新时代的翻版。萨瓦卡尔《印度教特性：谁是印度教徒？》一书还有另外一个思想：排斥穆斯林，对穆斯林进行再改造，恢复其入侵印度之前的印度教身份。

印度教民族主义有了意识形态，但还缺少组织形态和行动方案，印度马哈拉施特拉人海德戈瓦（Keshav Baliram Hedgewar）对此进行了完善。他于1925年在印度南格普尔创立了国民志愿团，为印度教民族主义提供了组织结构和组织路线。海德戈瓦从三个方面建立了印度教整体和团结意识：从哲学层面理解精神世界；从组织方面建立夏卡；从政治方面树立排穆意识，将穆斯林作为印度教徒的威胁，凝聚印度教徒团结意识。这里的创新点在于组织形态中的"夏卡"，"夏卡"是国民志愿团的最基层组织单位，每个"夏卡"包括100名左右团员，按年龄分组。"夏卡"的组织性非常强大，要早晚集会学习和训练，编写教材进行意识形态教育和固定的体能训练。

随着形势的变化，以国民志愿团为代表的印度教民族主义逐渐开始政治化，成立印度人民同盟，发展自己的工人组织、妇女组织和学生组织等。1936年，国民志愿团建立女性组织（Rashtra Sevik Samiti）；1948年，成立印度学生协会（Akhil Bharatiya Vidyarthi Parishad）。创建这些组织的最初目的是抵制共产主义在社会和校园的影响。1955年成立印度工会，目的是打击红色工会；成立印度农民协会；1952年成立部落福利中心，抵制基督教；1977年成立印度知识协会；1984年创建神猴团，是附属于世界印度教大会的青年组织，多为崇拜罗摩的无业游民。以上这些组织都是依赖国民志愿团这个母体，这样印度教民族主义拥有了完善的组织形态，陈小萍教授称之为"团家族"①，并逐渐演化为印度政治社会的主要力量。该组织形态活动不局限于印度国内，还深入海外印度教徒群体中。2017年，国民志愿团拥有约6000名全职成员（Pracharak），在团家族中扮演着关键角色，拥有36个分支机构，还拥有最大的大学（Akhil Bharatiya Vidyarthi Parishad）和最大的贸易工会（Bharatiya Mazdoor Sangh）。②

1964年，国民志愿团与印度教古鲁（Guru）合作，成立了世界印度教大会（Vishwa Hindu Parishad，VHP）。其宗旨是为了应对印度国内存在的其他宗教宣传活动，模仿其他宗教的组织结构特征来抵制其影响。1966年发起禁止宰杀母牛运动；20世纪80年代末掀起罗摩庙运动等。世界印度教大会第一位领导人是阿普特（Shivram Shankar Apte），他在1939年加入国民志愿团。目前，世界印度教大会已经召开多次大会，最近一次是2023年在泰国。印度教民族主义还不断完善其理论。印度人民同盟总书记乌帕迪亚亚提出"整体人类主义"理论，借用印度教传统文化精神（达摩）来治理印度，而不是借用西方的政治制度或主义。

印度教民族主义者不满印度次大陆的分裂状态，把责任归因于国大党，认为他们对穆斯林过于妥协和软弱。1948年，前国民志愿团成员刺杀了甘地，尼赫鲁总理下令取缔国民志愿团，并逮捕了其中的一些领导者。国民志愿团转入地下活动。解禁后国民志愿团领导层认为不能期望任何政党支持，必须组建自己的

---

① 陈小萍：《印度教民族主义与独立后印度政治发展研究》，时事出版社2015年版，第5页。

② Walter K. Andersen and Shridhar D. Damie, *The RSS: A View to The Inside*, Penguin Random House, 2018, pp.23—40.

政党，于是1950年成立印度人民同盟。1980年重组后成立印度人民党（BJP）。1996年该党一跃成为印度议会第一大党，并于1996年、1998年、1999年三次在中央执政。1998年大选中，印度人民党获得182个议席，加上其同盟党国家民主联盟（National Democratic Alliance）共获得254个议席。为此，瓦杰帕伊获得组阁权。为了巩固印度教民族主义者执政联盟的冲劲，瓦杰帕伊接连宣布了三件事：准备修建罗摩神庙；统一国民身份号码；准备取消《宪法》第370条有关查谟-克什米尔邦的宪法特殊地位。这让瓦杰帕伊率领的20个政党的全国民主联盟在1999年的大选中再次获胜。[①] 由于瓦杰帕伊政府的短命，这三件事没有持续下去。2014年莫迪上台后继续有条不紊地推进这三件事。

2014年莫迪提出"印度梦"，要将印度带入全世界舞台中央。这次大选是印度大选的分水岭，印度人民党（简称"印人党"）独自获得282个议席，而国大党仅获得44个议席，不足国会议席的10%，无法达到反对党的议席数量。这是30多年来印度国会第一次由一个政党获得决定性多数。[②] 莫迪政府于2014年执掌全国政权，2019年获得连任。截至2020年，印人党在20余个邦执政或联合执政，总统来自印人党，印人党还掌控了国会两院，印度教民族主义完全掌控了印度政坛，从政治舞台的边缘来到了中心，开始大刀阔斧地构建印度教民族和国家，印度教正在迎来新的复兴机遇。

---

① Partha S.Ghosh, edit., *BJP and The Evolution of Hindu Nationalism：Savarkar to Vajpayee to Modi*, Ajay Kumar Jain for Manohar Publishers & Distributors, 2017, p.408.

② Partha S.Ghosh, edit., *BJP And The Evolution of Hindu Nationalism：Savarkar to Vajpayee to Modi*, Ajay Kumar Jain for Manohar Publishers & Distributors, 2017, p.431.

第三节 印度迎来"莫迪的新苏丹制"

目前印度民族主义的主要态势是印度教民族主义的全面强势崛起，世俗民族主义式微。政治与宗教交织在一起，政治以身份政治为中心。这些态势正是印度近些年印度教民族主义兴起的特点。印度人民党是以宗教为基础的政党，区别于国大党等以价值观为基础的政党，相比于"印度教特性"被解读为政治性印度教，这才能容易理解"真正的世俗主义"。这些问题在印度独立以来大部分时间都是不太相关的，但现在却成为紧迫的问题。[1]按照印度教民族主义的设想，他们要至少连续执政50年，建立全球性印度教大国。

2014年，印度人民党在大选中获得压倒性胜利，让印度教民族主义者的当代优势地位迅速转为政治能量，建立了印度教多数派的国家，这是印度教民族主义者长期努力和聚集能量的结果。这次执政明显不同于瓦杰帕伊政府，印人党的胜利创造了两个前所未有——印度教民族主义者在下议院首次赢得绝对多数，印度教民族主义运动首次受莫迪一个政治人物影响如此之深。[2]这与近些年全球出现的四个趋势相吻合——民粹主义、民族主义、集权主义和多数派主义（Majoritarian）。有印度学者认为，这四个主义结合起来就是马克斯·韦伯提出的强人政治——苏丹制（Sultanism）。印度

① Partha S.Ghosh, edit., *BJP And The Evolution of Hindu Nationalism: Savarkar to Vajpayee to Modi*, Ajay Kumar Jain for Manohar Publishers & Distributors, 2017, P.1.

② Aanana P. Chatterji, Thomas Blom Hansen and Christophe Jaffrelot, *Majoritarian State: How Hindu Nationalism Is Changing India*, Harer Collins Publishers, 2019, p.1.

目前可以称之为"莫迪的新苏丹制（Modi's Neo-sultanism）"①。

2019年，莫迪代表的印度教民族主义再次决定性地赢得大选，进一步巩固了印度教民族主义者占大多数的政治生态，呈现出新的发展态势，开始在国家层面系统性地推动"印度教特性"意识形态，主要表现为以下六个方面。

一、印度教民族主义者以绝对优势占据印度政治中心地位，全面推动"印度教特性"意识形态

以莫迪为首的印度教民族主义者有意识地树立全方位的、新的历史叙事体系。首先，在政治和人格上抹黑尼赫鲁，树立帕特尔的团结雕塑。其次，修改历史叙事体系，强调印度教民族主义观点和主张。最后，在政治上全面压倒国大党，有意识地否定世俗多元共识。印度教民族主义者认为其目标是统治印度至少50年，用印度教塑造印度新政治秩序，改变印度文化和社会关系。②莫迪一上台马上进行了一系列有倾向性的任命，主导文化社会组织，如印度中央电影审查委员会（CBFC）、印度影视研究所（FTII）、印度历史研究委员会（ICHR）、英迪拉·甘地国家艺术中心（IGNCA）和尼赫鲁纪念馆和图书馆（NMML）等。印度人民党和国民志愿团同时加紧填补学术机构职位。2020年1月，国民志愿团在与印度政府系列座谈时提出关注高等教育，言外之意

① Aanana P. Chatterji, Thomas Blom Hansen and Christophe Jaffrelot, *Majoritarian State: How Hindu Nationalism Is Changing India*, Harer Collins Publishers, 2019, p.2.

② Ravish Tiwari, "Amit Shah: BJP president and Modi's right-hand man", Indian Express, Oct 13, 2013.https: //indianexpress.com/article/news-archive/print/amit-shah-narendra-modis-righthand-man.

是要求印度政府进一步推动落实2019年5月出台的新教育政策草案。该草案强化传统语言和文化教育，同时强化不杀生等传统价值观教育。该草案在社会引发巨大争议，一些分析认为，草案违反了《宪法》中规定的国民教育中不得提供宗教教育准则。然而，该草案得到国民志愿团的大力支持，其主席在草案公布时直言不讳地说："教育应具有印度价值观，否则就毫无意义。"[1]

打压非印度教观点和个人与团体。2016年2月，印度左翼思想占主导的尼赫鲁大学出现反印度标语，包括学生会主席库马尔在内的多人以煽动叛乱罪被捕，甚至一名影视演员说了一句"巴基斯坦不是地狱"而被捕，原因是他嘲笑国防部前部长帕里卡尔说的"巴基斯坦是地狱"。印度教大斋会副主席潘迪特·阿肖克·夏尔玛（Pandit Ashok Sharma）极力宣传印度教立国，并要求给刺杀甘地的凶手立庙。潘迪特对印度教的鼓噪在很多人看来已经威胁到公共安全，但莫迪政府对此置之不理，引发民众对民族主义和爱国主义的界限的大讨论。[2]前文提到的禁止吃牛肉和护牛运动进入高潮也是很好的例证。在印度教民族主义者的推动下，印度一些邦出现给尼赫鲁雕像和甘地雕像泼墨和泼漆的抹黑现象。

二、印度教民族主义者正在以印度教民族主义新方式重置印度现代性力量

数十年来，国大党和印度左翼政党承诺印度现代性和国

---

① 杨怡爽：《朝"美好的"过去前进：印度教右翼的历史观》，《中国周边》2020年第5期，第31页。

② Partha S.Ghosh, edit., *BJP And The Evolution of Hindu Nationalism: Savarkar to Vajpayee to Modi*, Ajay Kumar Jain for Manohar Publishers & Distributors, 2017, pp.451–452.

家发展进步，强调包容性、社会公正、世俗多元，莫迪转向以"新印度"为代表的印度大跃进式发展和追求全球中的大国地位，印度要在全球成为新兴的、现代的和世界性的印度教国家，这种转变主要集中在国家治理、意识形态、身份认同、社会关系等方面。印度人民党寻求混合印度人长期以来追求的国家自豪感和全球大国地位理想。莫迪2019年连任更强化了这一印象，为此2020年初有印度人喊出让莫迪再来一个任期的呼声。从中可以看出，印度教民族主义者想要把印度变成全球性印度教大国，不同于尼赫鲁世俗多元的全球"有声有色"大国。在经济社会上，相比国大党强调的公平正义等，印度教民族主义者更强调效率。莫迪上台后延续瓦杰帕伊的自由主义路线，不断推动更大开放，几乎将所有领域都向外资开放，包括国防领域，允许外资100%持股。与国大党强调公平、壮大国有企业发展、强调国家作用道路相比，莫迪政府则强调效率，大量出售国有企业，强化市场力量。自2014年上台以来，莫迪政府已经出台多项出售国企的举措，筹措资金用于发展本届政府的旗舰项目。

三、印度教民族主义者政策日益民粹化

主要体现在以下几个方面。强大领导人的回归。2014年上台的莫迪被印度学者称为"总统式总理（A Presidential Prime Minister）"[1]。莫迪掌控了印度人民党和政府，印度只有在英迪

---

[1]　Partha S.Ghosh, edit, *BJP And The Evolution of Hindu Nationalism：Savarkar to Vajpayee to Modi*, Ajay Kumar Jain for Manohar Publishers & Distributors, 2017, p.436.

拉·甘地紧急状态时期国家权力才如此集中和个人化。在前总理辛格第二任期，印度的发展缺乏方向感，引发诸多问题。美国2017年皮尤报告数据显示，印度国内问题之首是犯罪，第二是恐怖主义。[①]国内政治极化，包括性别政治、反少数派和异性恋等已经引起印度教民族主义者讨论多年。这些因素被印度教民族主义者充分包装和利用，印度强烈呼吁强大的领导人，为塑造印度教民族主义者强势领导人创造了条件。

印度教民族主义者寻求印度教绝对政治支配权，获得压倒性的一切政治权力。莫迪出台了一系列举措，强化印度教民族主义政策。2016年强行废钞；2017年快速推出商品与服务税（GST）；2019年推出公民身份修正案，取消查谟－克什米尔邦联邦特殊地位，修建罗摩神庙。莫迪以普通民众名义反对精英阶层，把自己塑造成反对旧政治的新人。2014年大选期间，莫迪打出就业和发展口号，主要宣传口号是"好日子马上来了"。印度教民族主义者还调动了印度中产阶级，这不仅包括原来的中产阶级，还包括最近30年来从经济发展中受益的、与莫迪类似的表列种姓的新兴中产阶级，他们都希望在城里有一份好工作。为了让印度制造业和经济各方面在5至8年内有根本性改变，莫迪提出系列政策，包括"数字印度""印度制造""智慧城市"等。例如，把印度制造业占国内生产总值比重从2014年的15%提高到2022年的25%；每年创造1000万个就业机会，到2022年创造1.4亿个就业机会；到2022年让农民收入翻番。这些政策不是目标大跃进，

---

① Stokes, Bruce, Dorothy Manevich and Hanyu Chwe, "Indians Staisfied with Country's direction but worry abut crime, terrorism", in Pew Research Center, Global attitudes and trends, Nov 15, 2017. https://www.pewresearch.org/global/2017/11/15/indians-satisfied-with-countrys-direction-but-worry-about-crime-terrorism.

就是手段太激进，打的都是民粹牌。

四、强化印穆矛盾，打压弱势群体

印度教民族主义者认为，穆斯林统治时期是印度最黑暗的时期，一直竭力系统性打压穆斯林。莫迪政府上台以来，一直强化印穆矛盾作为凝聚印度教和国家共识的主要工具。除了上面提到的护牛运动，从政策上有步骤、有目的地打压穆斯林群体，比较明显的是默许印度教徒打压穆斯林。在国家层面上，2019年连续出台公民身份修正案和取消查谟–克什米尔邦的宪法特殊地位，引发全国性的大规模骚乱。2014年以来，莫迪政府推动"反改教法（Anti-Conversion Laws）"，破坏宗教信仰自由；发起"回家运动（Ghar Wapsi）"；通过社交媒体传播对宗教少数派的仇恨言论，以及发动针对宗教少数派的暴力事件等，使国内宗教少数派处于恐慌和不安中。[1]

印度人民党在2014年选举中将保护弱势群体作为执政后的最高优先选项，结果联邦预算给予弱势群体的资金不增反降。这些弱势群体集中体现在表列种姓上，每年联邦预算有特别经费。2014年至2018年年均联邦经费占年度预算比重为7%，这与其16.6%人口比重严重不符。印度贱民人权组织贱民经济权益运动表示，这近10%的差距代表着2.75万亿卢比，影响了表列种姓的许多大项目，同时直接影响贱民教育。自1945年建立的资助贱民学者计划也受到影响。2015年至2019年，由于联邦政府迟发或审议取消超过800亿卢比教育经费，510万名贱民学生的每日餐费面

---

① 刘秧：《莫迪政府对宗教少数派的政策与实践研究》，《南亚研究季刊》2018年第2期，第66页。

临发放困难。2018—2019财年分配给贱民学者的经费仅为300亿卢比，取消贱民大学生学术费用。联邦政府打着降低联邦赤字的名义大幅削减弱势群体教育经费。[①]据印度《印刷报》报道，印度人民院（Lok Sabha）从第一届到第十四届共有7500名议员，其中只有400名是穆斯林，这些穆斯林中有340名来自穆斯林高种姓，仅有60名来自穆斯林贱民阶层。[②]根据2011年人口普查，穆斯林贱民阶层占印度总人口的比例为11.4%，而人民院的代表份额仅为0.2%。在2019年的第十七次人民院大选中，人口大邦比哈尔邦和北方邦人口数量加起来超过3亿，仅有2名穆斯林贱民代表。

五、在全球打造印度教大国地位

印度教民族主义者心中的印度是全球印度教大国。在这种思想的指导下，莫迪很快就在外交上大展身手，提出领导型大国外交战略，让印度活跃于世界舞台，使得很多印度人抱怨莫迪用在国外的时间要多于国内。[③]在大国政治上，为打造领导型大国地位，莫迪出台面向中国、东南亚及日韩的"向东行动"

① Aanana P. Chatterji, Thomas Blom Hansen and Christophe Jaffrelot, *Majoritarian State*: *How Hindu Nationalism Is Changing India*, Harer Collins Publishers, 2019, pp.219—220.

② Khalid Anis Ansari, "India's Muslim community under a churn: 85% backward Pasmandas up against 15% Ashrafs", *the Print*, May 13, 2019. https://theprint.in/opinion/indias-muslim-community-under-a-churn-85-backward-pasmandas-up-against-15-ashrafs/234599.

③ PTI, "I am being criticized for working more", the Hindu, May 16, 2015. http://www.the-hindu.com/news/internatial/narendra-modi-in-shanghai-i-am-being-criticised-for-working-more/article7214086.ece.

政策，旨在利用亚洲崛起的资金和技术，经济上靠向中国（加勒万河谷冲突之前的对华政策取向）；疏远不结盟运动，提升美国在印度外交战略中的地位，平衡中国，试图利用美日印澳联盟遏制中国；与俄罗斯保持伙伴关系；"邻国第一"打造大国周边战略空间。在印度教民族主义者反华战略推动下，酿成2017年洞朗对峙和2020年加勒万河谷冲突①，使得印度"想要经济靠中国"的策略受到冲击。鉴于中国迅速崛起，美国不确定性的增加，莫迪政府力争避免中印关系发生冲突或失控。2019年大选连任后，莫迪打出印度到2024年实现世界第三大经济体的目标，同时打造全球军事强国，努力实现印度教世界性领导型大国的目标。相比独立时期印度的大国情怀，以莫迪为代表的印度教民族主义者实现印度大国的梦想丝毫没有减弱，反而日益高涨。

六、国大党和左翼政党力量呈现弱化趋势

世俗民族主义有式微迹象。支持世俗多元的国大党及其他政党在政治上走下坡路，力量越来越小，2019年印度第17次大选中，国大党仅获得52个议席，比2014年多出8席，在法律上仍然缺乏成为官方反对党的资格。印度共产党和印度共产党（马）分别获得2个和3个席位。社会主义政党的席位在印度西孟加拉邦被印人党全盘占领，1个席都没有获得，在喀拉拉邦仅获得1个席。印度人民党胜选是当前印度意识形态领域印度教民族主义

---

① Aanana P. Chatterji, Thomas Blom Hansen and Christophe Jaffrelot, *Majoritarian State*: *How Hindu Nationalism Is Changing India*, Harer Collins Publishers, 2019, p.305.

全面扩张、国大党和左翼政党在社会主义和世俗主义上不断萎缩的结果。[①]目前，印度国内针对印度教民族主义的"印度教特性"与多元世俗社会矛盾展开了激烈的讨论。

从目前施政走向和政策实践来看，印度教民族主义为实现印度教全球领导型大国这一目标，全力打造和塑造莫迪的"新印度"国父形象，期望通过莫迪的强人政治为印度教民族主义长期执政铺平道路，实现至少执政50年的目标。因此，印度在一定程度上已迎来"莫迪的新苏丹制"。

第四节　日益民粹的印度会走向何方？

从短期来看，印度教民族主义兴起的这波印度民粹主义正在给印度带来巨大的不确定性和复杂性，扭转国家走向，破坏政治社会共识，引发社会动荡。从长期来看，它与印度教复兴的历史潮流吻合。这股力量要么重塑印度的内政外交，在印度教民族主义者领导下让印度成为全球性大国；要么成为破坏印度发展的巨大因素，让印度错失成为全球性大国的良机。目前看来，两者兼具，但第一种可能性更大。印度教民族主义在促进印度经济快速增长、凝聚民族力量方面正试图发挥领导作用，但似乎带来的问题更多。

一、印度教民族主义国家向威权主义转向，挑战公民权益和公民社会，破坏国家共识和凝聚力

自2014年印度人民党执政以来，知识自由（Intellectual

---

①　陈金英：《2019年大选后印度政党政治的发展动向》，《当代世界》2019年第10期，第73页。

Freedom)空间的缩减和对公民自由的威胁成为印度各界的主要关注点。[1]莫迪政府限制自由,资助那些威胁公共秩序和安全的组织或机构,包括国民志愿团和印度人民党下属或意识形态相近的文化和社会组织。自2014年以来,类似得到暴徒支持的社会运动大幅增长。暴力是"印度教特性"的基本构成要素之一,无论是意识形态还是政治行动。印度教民族主义者把这种暴力带到了印度公共生活和政治生活中,他们放大和系统化这种趋势,形成的集体暴力引发了公众愤怒。印度刑法典有专门煽动团体间敌意罪,这大多是与选举政治有关的罪名,2014年后,警方和公共机构通常将这些骚乱列入刑事犯罪调查,而不是煽动团体间敌意罪。即便如此,根据印度国家犯罪调查数据,2014年和2016年因煽动团体间敌意罪而受检控的个人分别为400人和600人,深入调查发现,2016年仅有13个案件受到真正指控。[2]

莫迪的大部分支持者都是"愤怒的年轻人",印度学者称之为"愤怒的哈奴曼(Angry Hanuman)"。他们大部分没有工作、不满现状,好多还是高种姓,"愤怒的哈奴曼"取代了20世纪90年代的"愤怒的罗摩(Angry Ram)",经典地诠释了这批人的形象。"愤怒的罗摩"指90年代初由于VHP、印度人民党和电视媒

——————————

[1]　Aanana P. Chatterji, Thomas Blom Hansen and Christophe Jaffrelot, *Majoritarian State*: *How Hindu Nationalism Is Changing India*, Harer Collins Publishers, 2019, p.19.

[2]　Aanana P. Chatterji, Thomas Blom Hansen and Christophe Jaffrelot, *Majoritarian State*: *How Hindu Nationalism Is Changing India*, Harer Collins Publishers, 2019, p.36.

体传播等共同造成的罗摩形象的侵略性。[①]借助莫迪在促进古吉拉特邦经济发展中的良好形象，印度教民族主义者把自己塑造成印度经济发展的代言人，对印度人民党的批评就视为对印度的批评，视为阻碍印度经济发展。印度教民族主义者竞选时画下的大饼无法满足这些"愤怒的哈奴曼"的诉求，不得不借助社会运动和强硬激进的方式。为此，印度人民党允许极端民族主义者进入国家和邦政府的政治主流和前沿，同时允许非国家行为者实施更加激进的政策和其他更强硬的举措。

印度人民党执政是在现行法律框架下实行专制，这种方式对民主和民众权益更富有侵略性，充分释放了印度不自由的安全力量。这在各邦的部落地带、东北诸邦和查谟-克什米尔尤为明显，以国家和保护国家主权的名义，改变查谟-克什米尔的边界和联邦特殊地位，出台针对穆斯林群体的公民身份修正案。印度人民党还更加积极地动员安全力量铲除反对派官僚，对司法和文官体系施加压力，限制民权、进步力量和公民社会，实行有利于支持莫迪政府的大财团经济社会政策。[②]大批取缔非政府组织，莫迪

---

① 哈奴曼是印度神猴，有些中国学者认为是孙悟空的原型。了解"愤怒的罗摩"和"愤怒的哈奴曼"，需要了解以下图书描述的时代背景。该书提到"愤怒的年轻人"如何改变印度，Poonam, S., Dreamers, *How Young Indians are Changing the World*, London, Hurst, 2018, p.118. 下面这本书提到"愤怒的罗摩"，年轻人如何在20世纪90年代初改变印度，G. Pandey, Hindus and others, *The question of identity in Indian today*, New Delhi, Viking, 1993, pp.74-109。"愤怒的哈奴曼"来自 Pande, M., "Angry Hanuman: This viral image that won Modi's praise symbolises today's aggressive, macho India", Scroll, May 26, 2018. http://scroll.in//article/879108/angry-hanuman-this-viral-image-that-won-modis-praise-symbolises-todays-aggressive-macho-india。

② Jaffrelot, C., A. Kohli and K. Murali, edit., *Business and politics in India*, New York, Oxford University Press, 2019.

政府2016年以外国代理人为由，一次性取消了2万个非政府组织，对余下的非政府组织实行更加严格的管控。[1]2021年再次大规模取缔非政府组织，其目的是打压反对力量。很多举措只有在英迪拉·甘地政府时期的紧急状态时才使用。

莫迪领导的印度人民党领导层让极端民族主义团体渗透进政府，使两者关系日益紧密。越来越多的组织使用暴力、恐吓和强制来执行印度教民族主义的道德和标准，他们以警察执行公务的名义自由操作，有的还与印度人民党和法律机构及银行等勾结。通过这些组织，印度社会越来越军事化，这是印度教民族主义者几十年来的方式。这些暴力或威胁的方式遍布国民志愿团的广大组织网络中，强化了现存的高种姓和上层社会对种姓、性别、阶级和社区种族的态度与行为。其结果就是印度自由主义精英被印度教民族主义者描述为反道德的、亲西方和少数族群的统治者。目前，这些撕裂社会的讨论占据了印度政治和公众舆论的中心位置，影响着印度政策、法律、边缘和弱势群体、大学和媒体。国大党支持的表列种姓现在被官方重新宣布为发展的障碍。这种分裂的社会和极化的政治削弱了印度文化和国家的凝聚力与共识。[2]

---

① "FCRA Licences of 20000 NGOs Cancelled", the Times of India, Dec 27, 2016. https://timesofindia.indiatimes.com/india/fcra-licences-of-20000-ngos-cancelled/articleshow/56203438.cms.

② Aanana P. Chatterji, Thomas Blom Hansen and Christophe Jaffrelot, *Majoritarian State: How Hindu Nationalism Is Changing India*, Harer Collins Publishers, 2019, p.12.

二、正在扭转印度国家发展走向，公民爱国情感与安全国家出现矛盾，引发民众不舒适感

经过20世纪的演化，印度形成了世俗多元的社会共识，印度教民族主义者带来的是印度教一元社会，这给民众的共识和认知带来巨大挑战。这从笔者的印度朋友的分歧可窥一斑。支持国大党理念的印度朋友愤愤不平，支持莫迪的印度朋友欢呼雀跃，两者泾渭分明。莫迪想把一个印度教徒占多数主义国家这种宽泛的政治共识，与许多人所渴望的即将到来的变革和成功的诉求结合在一起，却缺乏相关经验。这就导致目前在印度政治舞台中央的印度教民族主义者更像一个主导者，而不是激发人们梦想的领导者。2018年，印度人民党多位部长呼吁将"世俗主义"从宪法中删除。

印度教民族主义者想要重塑印度秩序，确立长期超级统治地位，这给印度政治社会带来诸多不稳定和不确定。因此，要想达到上述政治目标，印度教民族主义者需要采取一些特殊举措，这些举措很少被普通选民所知晓，如削弱国会权威、施压法院、骚扰或惩罚独立的非政府组织、打击独立媒体、禁止或审查不适合的影视、接管或攻击大学、袭击对手的调查机构、采用极端民族主义方式滥用煽动罪等。在追求绝对统治上，印度教民族主义者还设计了三个方案：巨大承诺、极力打造莫迪强人性格特色、反腐运动。此外，还有印度教徒多数和宗教少数族群的极化，尤其是把激化印穆矛盾作为印度教民族主义者维持新印度秩序的主要工具。

三、印度教民族主义者威权主义绝对统治正在破坏民主原则

托克维尔在政治学上提出多数人暴政的命题，印度人民党执政有这种倾向。以印度发展和世界大国的名义实行恐怖统治，破坏了民主原则。正如印度共产党（马）总书记亚秋里表示，"莫迪政府正在不顾一切地摧毁印度的民主"[1]。在印度选举政治中，种姓政治构成了印度民主的主要形态，也是最基本的集体动员组织工具。但这必然强化种姓等级、宗法和重男轻女等做法，这些违反民主价值和原则的行为现在都以维护荣誉、集体力量等名义得到维护。2014年与2019年印度人民党和国民志愿团系统性招募和动员低种姓领导人，这表明印度日益深化的民主正在创造更有力的、主张多数人的合法权利，人民权利和人民主权，但自由民主价值和法治却并没有相随。民主形式比内容更重要，选举政治和动员本身成为全印度民主价值观的核心。在全印各地，民主政治通常以极化政治的战争方式展现出来，这造成了受伤害的情绪、愤怒和公众暴力的氛围，但看起来却比以前更加"合法"。实际上，这些政治暴力动员的目的既不是维护自由权利，也不是捍卫公民应享有的权利和获取公众服务，看起来更像是武力法则，政治动员成为保护武力原则的保护伞。这或许解释了印度民主获得强大的支持与以人民名义进行威权主义形式治理统治两者之间并不矛盾的原因。[2]2014年和2019年印度大选参与率均创历史新高，印度人民党政府代表了广大民意，正是

---

① Shemin Joy, "Modi government is bell-bent on destroying our democracy: Sitaram Yechury", Deccan herald, Sep 13, 2020. https://www.deccanherald.com/national/national-politics/modi-government-is-hell-bent-on-destroying-our-democracy-sitaram-yechury-886939.html.

② Aanana P. Chatterji, Thomas Blom Hansen and Christophe Jaffrelot, *Majoritarian State: How Hindu Nationalism Is Changing India*, Harer Collins Publishers, 2019, p.39.

这两者的很好体现。

　　这一点还体现在近些年一些学者研究的"族群民主（Ethnic Democracy）"，也有人翻译为种族民主，主要表现在印度教徒与穆斯林或其他少数族群享有的民主权利不均衡上。有学者认为，独立以来的印度民主本身一直就是族群民主。[①]20世纪50年代，印度警察部门穆斯林警官占比已经低于5%，当时穆斯林总人口占印度总人口约10%；2011年穆斯林人口占印度总人口比重为14.25%，而2016年穆斯林警官占比不足3%；在穆斯林占主体的查谟–克什米尔，穆斯林警官占比低于2.5%。在印度，穆斯林中害怕警察的人明显多于其他族群。根据印度年度治安情况报告，2018年，64%的穆斯林高度害怕警察，主要原因是警察经常无端指控穆斯林为恐怖分子，类似案例非常多，目前监狱中21%等待审判的人都是穆斯林。然而，2015年这一数据仅为15.8%，与其人口比重相等。不仅如此，印度教民族主义武装组织还剥夺少数族群公共空间，强迫他们皈依印度教，阻止他们在公共空间祈祷，禁止他们购买土地和房产等。[②]

　　印度教极端主义崛起，暴力和骚乱事件大幅增加。在古吉拉特邦，一个极端分子组织攻击基督教徒和教堂，并警告警察不要插手；在马哈拉施特拉邦，仅2014年就有5起与警察冲突事件；北方邦，在印度教极端分子唆使下，发生多起社区冲突事件、穆

　　① Singh, Gurharpal, "India as an ethnic democracy", Sciences Po Archives, Mar 23, 2004. https://hal-sciencespo.archives-ouvertes.fr/medihal-01411920vl.

　　② Aanana P. Chatterji, Thomas Blom Hansen and Christophe Jaffrelot, *Majoritarian State: How Hindu Nationalism Is Changing India*, Harer Collins Publishers, 2019, pp.43–65.

斯林因杀牛被打死事件；印度教徒公开在火车上攻击穆斯林；在
新德里，穆斯林男孩因拒绝唱国歌被印度教徒殴打；国民志愿团
下属机构成员将猪肉扔进清真寺，将牛肉扔进佛教寺庙；在北方
邦，一位国民志愿团地方领导人被警方控告在社交媒体散布反穆
斯林言论，这位领导人发动上千名武装分子，威胁要把警察局烧
了，并警告要制造骚乱。随后，当地政府控告警察索贿、谋杀、
抢劫等。[①]类似事件的发生率自2014年以来大幅上升，但莫迪政
府对此保持沉默，甚至鼓励这些攻击，公开发表演讲称印度没有
攻击穆斯林事件。

**四、印度教民族主义政策从长远来看给印度带来诸多不确
定性，甚至有损害印度长远发展的迹象和趋势**

这主要体现在以国民志愿团和印度人民党为代表的印度教民
族主义者政治承诺与能力之间的巨大差距和为弥补该差距采取的
过激手段。莫迪政府提出每年要创造1000万个就业机会。根据
印度媒体报道，2017年实际创造就业机会为34万个；为吸引农
民支持，莫迪想要所有农民马上富裕起来，承诺到2022年，所
有农民收入翻番，要实现5年内印度农民收入翻番是一个奇迹
中的奇迹。[②]这需要农业总产值至少年均增长15%，而印度2014

---

① Aanana P. Chatterji, *Thomas Blom Hansen and Christophe Jaffrelot*, *Majoritarian State*: *How Hindu Nationalism Is Changing India*, Harer Collins Publishers, 2019, pp.122-125.

② Gulari, A. and S.Saini, "From Plato to Plough: Raising farmers' income by 2022", Indian Express, Mar 28, 2016. http://indianexpress.com/article/opinion/columns/from-plate-to-plough-rasing-farmers-income-by-2022-agriculture-narendra-modi-hoax.

年至2018年的农业产值年均增长都少于2%；莫迪政府许诺给农村灌溉大批投资，但2015—2016财年投资仅为承诺的1/3，为农村教育投资也是口惠而实不至，2016年的废钞更是让农民损失惨重。各项夸大的承诺，其结果大同小异，"印度制造""数字印度""智慧城市"等都是如此。如"居者有其屋"计划2017—2018财年预计建造120万套房屋，实际仅建造了14.9万套。[1]

印度教民族主义具有两面性。印度人民党纪律性最强，能为印度动荡的政治提供稳定性，又能代表印度教多数派，同时印度教民族主义政党天生具有社会运动性，好斗和好战，喜欢组织社会运动。印度人民党融合了两种非常不同的身份——好斗的社会运动组织和温和的政党，一直游走在政党与社会运动组织之间。[2]相比宗教文化组织国民志愿团，印度人民党发展时间更短，但两者都擅长政治动员和暴力活动，缺乏治国理政的丰富经验和实践。莫迪的印度人民党的过高承诺是一把双刃剑，给印度选民过多过高的期望，激发了民众不切实际的幻想，而实现这些承诺需要时间，"远水解不了近渴"，风险越来越大。为此，留给莫迪的就只有打宗教牌，打击穆斯林。新冠疫情暴发后给了莫迪极大的历史机遇，把原来承诺的都清零。随着疫情的加深，莫迪又拿修建罗摩神庙、打击穆斯林来转移视线。印度教民族主义者的操作损害了印度社会凝聚力，同时也打击了印度人民党。从废钞到打击宗教少数族群，印度人民党没有进行彻底的经济社会

---

[1]　Aanana P. Chatterji, Thomas Blom Hansen and Christophe Jaffrelot, *Majoritarian State: How Hindu Nationalism Is Changing India*, Harer Collins Publishers, 2019, p.119.

[2]　［美］阿图尔·科利编：《印度民主的成功》，牟效波等译，译林出版社2013年版，第183页。

结构性改革，继续延续印度畸形的经济结构，并且通过废钞和一些过激的经济社会手段进一步威胁印度的长远发展。尽管近几年印度经济快速增长，但没有迹象表明印度真正有所改善，经济脱节和不安全日益上升，"印度增长故事"正在变成"没有故事的增长"。①

---

① Puja Mehra, *The Lost Decade*（2008–2018）: *How India's Growth Story Devolved into Growth without a Story*, Penguin Random House Pvt. Ltd, 2019.

第三部分

印度经济能崛起吗？

引言

　　印度经济崛起是国际社会经久不衰的经典话题，一般分为乐观派和悲观派。乐观派认为，印度拥有民主制度和人口红利两大优势，拥有良好的国际环境和后发优势，印度会很快崛起。悲观派认为，印度的短板太多，发展缓慢，所谓印度崛起是假命题。印度崛起话题的主要推动者是印度和西方国家，印度自身更多对标当前的中国崛起，想与中国一较高下；西方推动印度崛起更多是想利用印度制衡中国，是国际上典型的"均势"战略的体现。同时，西方也不希望印度崛起得太快，这种崛起最好是西方可控的崛起。

　　通过考察目前印度的发展优势和短板，尤其是对三农问题和人口红利的解读，笔者认为如果利用好这次百年变局带来的历史机遇，未来十到二十年，印度成为世界第三大经济体是大概率事件。到21世纪中叶，印度可能会成为世界第二大经济体。印度崛起很可能是21世纪除中国外，世界另一发展中大国的崛起，是一件历史大事。

　　如同政治一样，不同于西方和东方国家的发展路径与逻辑，印度经济发展拥有自身的逻辑。印度经济发展的核心逻辑是资本主义生产关系和社会主义生产关系及半封建生产关系并存，加上古老村社经济的盘根错节，印度教经济和选举经济的盛行，让印度经济发展模式和速度呈现自身特征，西方和东方的经济发展经验和理论并不完全适用于印度。印度经济这些特征突出表现为八个方面：部分领域异军突起，但很难带动其他产业形成产业集群的群体崛起；经济发展战略不连贯，路径选择始终摇摆不定；发展始终处于中低速，无法实现长时间稳定的中高速增长；发展中国家经济结构发达国家化；宗教、种姓和选举高于经济发展；还未发展起来就出现高度污染与资源短缺等"未富先病"症状；庞大人口使人口红利让位于人口负担；国际窗口期越来越窄，随时面临关闭的风险。

　　印度崛起优势主要体现在后发优势和良好的国际环境。经过70余年发展，印度拥有了一个国民经济体系较为完整的经济基本盘，一些新兴高技术产业日渐突起，经济整合能力逐步提升，经济结构正在向优化方向演进，较好解决了粮食安全问题，民主制度和人口红利得到部分释放。印度学者认为，印度正处于崛起的起步阶段。

第一章　印度经济增长的潜力何在？

第一节　为什么印度治癌药价格如此便宜？

《印度药神》这部电影风靡一时，道出了印度治癌药便宜得令人咋舌的事实。印度也曾一直备受外国药企垄断和高药价困扰，后来奋起反抗，通过推行强制许可制度等政策打破了这一困局，让印度制药业快速崛起。印度推行的强制许可制度（Compulsory Licensing），是指在一定的情况下，国家依法授权第三方未经专利权人的许可使用受专利保护的技术，包括生产、销售、进口相关专利产品等。同时，许可人需要向专利权人支付一定的使用费。印度法律规定，因公共利益、国家安全、印度传统、公共健康等原因，国家可以对专利实施强制许可。《2005印度专利法修正案》中，新增了关于强制授权适用范围的Section 92A（1）条款，该条款使得强制许可下的印度仿制药可以出口到无相关生产能力的国家和地区。

仅以印度治癌药其中一个药品作为案例。2005年，美国食品药品监督管理局批准索拉非尼（Nexavar）作为治疗晚期肾细胞癌的一线药物，这是美国食品药品监督管理局10年来批准的第一个治疗肾癌的药物。2007年8月，拜耳公司获得了向印度出口及销售该药的许可，并于次年获得了印度专利。拜耳公司在获得向印度出口许可权后的三年内，只是向印度境内小规模销售索拉非尼。该药每盒（120粒胶囊）售价约28万卢比（约合5500美元），这一价格远远超出了印度患者的承受能力。

印度第一大制药商Natco公司曾向拜耳公司请求生产该药的许可，但遭到拒绝。随后，Natco公司以拜耳公司未能充分实施该药品专利为由，向印度专利局申请该药品的强制许可。2012年3月12日，印度知识产权局针对索拉非尼专利颁布了强制许可，允许Natco公司在索拉非尼专利期未满之前生产其仿制药，并可在印度境内销售。作为补偿，Natco公司须支付拜耳公司该仿制药销售额的6%作为特许权使用费。虽然拜耳公司于当年9月4日向印度知识产权上诉委员会（IPAB）①提起上诉，但是遭到了印度知识产权上诉委员会的拒绝。

该强制许可实施后，索拉非尼的价格从每盒28万卢比降至8800卢比，降幅达到97%。索拉非尼专利的强制许可是印度自实施强制许可制度以来的首个药品专利强制许可。其他治癌药在印度的仿制路径都大同小异，使印度治癌药价格迅速大幅下降，反而出口欧美。欧美治癌药的高价格不敌印度价格，印度仿制治癌药成为欧美市场的主体，60%以上的印度仿制治癌药出口欧美市场。

印度仿制药与抗癌药的仿制路径基本一致，只不过时间更早。1970年以前，由于印度专利法对化合物的严格保护，印度制药业几乎由外资垄断，本土制药企业屈指可数。1911年，印度正式颁布首部专利保护领域的综合性法律《印度专利及设计法》，

---

① 2021年4月4日，根据印度政府公报上发布的《2021年法庭改革（合理化和服务条件）条例》，废除知识产权上诉委员会。该委员会于2003年根据《1999年商标法》成立。

既承认药物生产过程的方法专利，也承认药物产品本身的产品专利。该法律使得印度在1970年以前，99%以上的药品专利和近90%的药品供应由跨国制药企业控制，这一垄断也使跨国制药企业具有绝对的定价权，印度药品价格居高不下。

1970年，印度为打破外资控制医药市场的局面，颁布了新版专利法，并于1972年生效。该法律对制药业最大的影响体现在两点：一是不授予药品的产品专利，只对生产过程授予方法专利；二是大幅缩短了专利的有效时间。另外，自1970年开始，印度政府颁布《药品价格管制法案》（DPCO），使得印度绝大多数药品的价格受到管制，一定程度上打击了占垄断地位的跨国制药企业，从而使本国制药企业从夹缝中获得成长。《药品价格管制法案》又经1979年、1987年、1995年、2002年和2013年多次修订，每一次都是进一步限制制药商的利润。这一系列价格管制沉重打击了过去占垄断地位的跨国制药企业，其市场占有率迅速下降。印度本土制药企业凭借其巨大的成本优势迅速崛起，这是印度国内药价便宜和成为世界药房的根本性原因。

由于家底单薄，要想实现低成本就医和提供便宜药物，印度只有走仿制这条路，其核心逻辑是不理会发达国家的部分专利，在印度国内鼓励制药企业制作仿制药。有人认为这是一条以牺牲本国创新为基础的、务实的快速发展路线，但根据笔者对印度制药业的走访来看，这同时也是一条创新之路，仿制是创新的必经之路，熟能生巧。目前印度的原创药数量也在不断提升，这在新冠疫情后的疫苗研发和生产就可以看出来。

2021年1月3日，印度紧急批准首款国产疫苗Covaxin。这是印度本国研发生产的第一款疫苗，其研发能力可窥一斑。印度药品管理总局负责人索马尼表示，虽然没有给出具体的有效性数据，但该疫苗是"安全的，足以提供健全的免疫反应"，获批疫苗"110%安全"。印度石油和天然气部部长普拉丹则表示，印度国产疫苗是印度的"特殊成就"，那些担心疗效的人"不相信科学家和印度的实力，有智力障碍"①。

人们通常称印度为"疫苗之都"，是全球疫苗出口第一大国，也是联合国疫苗采购第一大国，占联合国采购市场的约60%。联合国数据，联合国儿童基金会从印度购买的疫苗总价值从2003年的5400万美元增长到2014年的5亿美元。根据印度商务部下属的药品出口促进委员会（Pharmaceuticals Export Promotion Council）数据，2016—2017财年印度出口总值6.79亿美元的疫苗，2017—2018财年为6.53亿美元。联合国儿童基金会购买了印度70%的出口疫苗。克里斯纳生物有限公司、印度生物技术公司和印度血清研究所是联合国儿童基金会疫苗主要供应商。②根据印度统计局数据，2018—2019财年印度药品进口额为104.3亿美元，出口额为192.7亿美元。③新冠疫情前，印度仍是

①　Krishna N. Das, "India's Approval of Homegrown Vaccine Criticized Over Lack of Data", the First Post, Jan 4, 2021.https：//www.firstpost.com/world/indias-approval-of-homegrown-vaccine-criticised-over-lack-of-data-9168331. html. Debanish Achom, " 'Disgraceful': Health Minister to Shashi Tharoor, Others on Vaccine Tweet", NDTV, Jan 4, 2021.https：//www.ndtv.com/india-news/covid-19-vaccine-disgraceful-says-health-minister-harsh-vardhan-to-shashi-tharoor-others-on-tweets-2347196.

②　PTI, "China, Korea Overtaking India in Vaccine Exports：Experts", the Economic Times, Aug 13, 2018.https：//health.economictimes.indiatimes.com/news/pharma/china-korea-overtaking-india-in-vaccine-exports-experts/65388360.

③　A Nair, "Covid-19 Exposes Indian Pharma's Overdependence on China", *Relacate Magazine*, Sep 22, 2020.https：//www.relocatemagazine.com/articles/enterprise-coronavirus-exposes-indian-pharmas-overdependence-on-china-au20.

全球处方药或非专利药的主要出口国之一，是世界上最大的非专利药供应国，就数量而言，印度药品占全球仿制药出口的20%，其中欧美占其最大份额。

　　笔者在印度也见证了印度制药业的发达和低廉的药价。由于严重的雾霾，2019年11月初笔者得了呼吸道感染。2019年11月5日，笔者前往住所附近的MAX医院就诊，该医院是印度哈里亚纳邦古尔冈市比较好的私立医院。这是笔者第一次在印度就医，顺便体验了一下印度的医疗情况。

　　MAX医院总体就医环境比较好，宽敞明亮，虽然有些拥挤，不过整体上比较有序。从国际分诊台填表，到医生看病，尽管等待时间稍长，不过大体顺利。医生很有经验，首先询问了笔者目前最大的问题是什么，其次是家族病史。经过问询和诊断，基本确诊为呼吸道感染。在笔者的建议下，医生开了胸片的单子。一个胸片560卢比，约合55元人民币；验血1400卢比；微生物检测3360卢比；诊疗费2000卢比。看完后医生开了一种药片，每天吃一片，连续吃七天；还有一种胶囊。两种药加起来不足70卢比。笔者在印度的小药店经常看到人们买药都是按片来买，一次一两片，药物价格整体非常便宜。

　　根据笔者在印度城市和农村的观察，越来越多人选择私人诊所和医院，这与印度医疗体系改革道路直接相关。印度医疗体系与其政治和经济发展道路选择一样，走了公私结合的道路。印度始终坚持既扶持公立医院的稳定运转，又鼓励私立医院健康发展的道路。这种公立、私立医院并存的体系，在名义上使得富人和穷人都能病有所医。公立医院是免费医疗的主要承担机构，私立医院则是自负盈亏。

　　印度公立医院的目标主要是保证基本医疗，其中大部分医院的环境都不是很好，要比私人医院差不少，药品和诊断化验手段也相对缺乏，病人很多，需要排队候诊。位于新德里的印度医学院是印度主要的公立医院，经常人满为患。笔者在印度农村的采访和印度朋友给笔者的讲解都证实了这一点，公立医院的诊断不要钱，但基本没有药，需要患者去医院外面的药店自掏腰包购买。在诊断上也很麻烦，因为人多，有的病人需要排队等待几天、几个星期，甚至几个月才有可能得到诊断。不过由于私人医院的费用往往大大超过人们的支付能力，所以对穷人而言，公立医院还是多少起到了救助贫弱的"稳定器"作用。

印度仿制药历史和医疗体系说明印度在一些领域有其非常独特的地方，既适合了本国国情，又在经济社会上发挥了重要作用。印度经济基本盘偏弱，经济结构不合理，加上民主体制和传统社会文化习俗的制约，印度在发展上更多注重发展不触动原有利益格局的产业，最典型的就是高科技、航天、制药和信息技术等产业。相比传统产业，这种发展背景让印度的高新技术产业异军突起。

除制药业外，2023年最热的就是印度航天。当地时间2023年8月23日，印度月球探测器"月船3号"所携带的着陆器当天成功在月球南极着陆，印度成为继苏联、美国和中国之后第四个实现探测器登月的国家。成功登月后，印度于当地时间9月2日发射首个太阳探测器"太阳神-L1"号（Aditya-L1）。有印度学者于2022年在网上发文，历数该国在航天领域取得的里程碑式成绩。文章称，1963年首次探空火箭的发射标志着印度太空计划的启动；1975年，印度在苏联的火箭发射场发射了该国第一颗自制卫星；1980年，印度发射其自行研制的SLV-3运载火箭，成功地将一颗"罗西尼"试验卫星送入预定轨道，从而使印度成为世界上第六个能独立发射卫星的国家；2017年，印度成功发射了一枚搭载104颗卫星的运载火箭，创造了单次发射卫星数量最多的世界纪录；2019年，印度国防研究与发展组织成功地用反卫星导弹摧毁一颗卫星，印度由此成为世界上第四个获得反卫星能力的国家。印度还准备启动"月船5号"探测项目。此外，印度也在策划月球取样返回探测器，未来可能编号为"月船6号"任务。

相比其他大部分发展中国家，印度的科技领域首先解决了"有的问题"。印度上述科技领域的重要成就与科技发达国家相比还有很大差距，但作为发展中国家已经是中上游水平。这些技术相对来说比较落后，虽然能设计制造核电站，但很小；拥有核武器，但投送和数量与质量都较低；虽是软件大国，但属于信息技术的低端；虽有超级计算机，但很落后；制药业发达，但多是仿制药，原创药不多。这些都表明，印度拥有这些技术的基础，拥有一定的研发能力和人才，有些甚至处于世界第一或第二梯队，为未来进一步开发奠定了基础。

第二节 新冠疫情让印度失控了吗？

新冠疫情是观察印度治理能力和印度经济能否崛起的一个绝佳窗口和视角。早在2020年1月，美国中央情报局就发出警告，最担心的是印度疫情暴发。3月14日，前高盛首席经济学家吉姆·奥尼尔在一次讨论会上表示："谢天谢地，新冠疫情没有首先在印度暴发，否则印度这样的治理水平根本无法应对。"世界卫生组织卫生紧急项目执行主任迈克·瑞安表示，"从某种意义上讲，人类对抗新冠疫情能否取得决定性胜利，未来很大程度上将取决于印度控制该病毒的能力"。4月初，复旦大学附属华山医院感染科主任张文宏医生表示，他最怕的是新冠疫情在印度大规模流行，这将是一场人类的灾难。钟南山院士也非常担心印度控制不了疫情，会给全球带来灾难。人们担心印度的根源是其自身短板和治理能力低下。国内外专家学者形容印度疫情几乎都用了"王炸"一词。后来的疫情态势证明了这些人的判断。

从印度整体来看，印度这个"王炸"在2021年5月第二波疫情终于暴发。然而，印度自身感觉非常好，一直积极推动复工复产，第一波疫情过后，莫迪政府一直认为自己是全球疫情防控和复工复产的优等生。第二波疫情后，尽管不提优等生，仍然自信满满。持续的疫情让莫迪政府的大国雄心遭遇重大挫折，迎来最大的考验，但"把控得当"的疫情和复工复产却为莫迪第二任期带来丰厚的政治资本，为其塑造强人形象提供了难得的历史机遇。因此，印度疫情已经"失控"，在外国人看来是"躺平"了，但印度政治社会没有失控，而且依然"井井有条"，也没有出现类似西方社会因疫情造成的政治社会撕裂，这也是印度独特的地方。

新冠疫情暴发最初阶段印度做得有模有样，展现了一定的治理和管控能力，以及印度经济改革以来取得的一些成就。2020年1月30日，印度出现首个新冠肺炎确诊病例。2月，确诊病例总体较少。3月初开始，印度的确诊病例逐渐增加。3月10日达到50例。3月15日，确诊病例首次过百。这期间主要是侨民和外国游客输入。3月下旬形势急转直下：确诊病例从2万例升至3万例用了7天，从6万例到7万例只用了3天，而从8万例到9万例只用了2天。7月17日累计确诊病例突破100万例，用时5个半月。8月7日突破200万例。相比于美国和巴西，印度的疫情涨势过于"凶猛"。从发现首例确诊病例，到确诊病例超过50万例，印度一共用了149天的时间。巴西的确诊病例超过50万例用了96天，美国仅81天。随后，这三国确诊病例的增速如同坐火箭，从50万例增长到100万例，美国和巴西分别用了17天和19天，而印度为20天。从100万例增加到200万例，印度仅用了21天，比美国快了一倍。从200万例到300万例印度缩短到16天，增速越来越快，并且单日新增确诊病例数已连续多日保持全球第一，远超美国和巴西。到了2020年年底，印度确诊病例却大幅下降。更为神奇的是，2020年12月29日，印度官方宣布印度最大贫民窟新增感染病例一夜之间清零，"不可思议的印度"！

2021年初，印度官方宣布基本控制住疫情。就在印度积极向全球供应疫苗、提前解封、宣传自己是防疫示范生之际，2021年5月初印度第二波疫情再次暴发。2021年5月6日，日增确诊病例41.41万例，达到顶峰。同时，单日死亡率达到日均4000人以上，5月19日达到4529人。在5月的一个月内，印度新增确诊病例900余万例，新增死亡病例近12万例。同时印度疫苗接种率不足10%。第二波疫情来势凶猛，不仅让印度疫情彻底失控，连火葬场烧尸体的木头都不够用，人们把尸体遗弃在河里的现象猛增，而且使印度疫情波及全球，尤其是南亚和东南亚国家。随后疫情趋于平稳，2021年年底奥密克戎毒株出现后，印度疫情再次反复。截至2022年初，印度新冠肺炎确诊病例接近4000万例，这只是名义上的确诊病例。

印度研究机构和国外媒体认为印度严重低估了新冠肺炎确诊和死亡病例数量。2020年8月，美国和巴西每百万人口死亡人数为558人，印度仅为45人。根据印度媒体报道，印度一家私人机构的一项研究称，印度可能有1/4的人曾感染新冠病毒，携带新冠病毒的抗体。新德里电视台2020年8月25日报道，7月21日血清检查显示，德里地区有23.48%的人感染了新冠病毒，去除一些偏差，新冠病毒的感染率为22.86%，而仅仅一个月的时间这一比例就达到29%，按照德里人口比例，已经至少有638万人感染新冠病毒，这一数据已经远远超过美国全国感染人数。超过230名包括医生、研究人员和学生在内的印度专业人士曾发出正式申请，请求印度政府公布至少过去3年的死亡信息，以统计这次新冠疫情的"超额死亡"[①]数据。

美国《华盛顿邮报》2020年7月18日报道认为，印度相对较低的死亡率多少有些神秘。美国彭博社曾发表文章称，印度新冠疫情存在乱报、不报的现象，这一行为实在太过离谱。《印度斯坦时报》2020年8月28日报道，德里政府决定对德里进行加倍检测，但未得到印度内政部批准。印度这颗"王炸"并没有像原来预测的那样爆炸，疫情"日趋好转"，感染数据"直线下降"显得很神秘。第二波疫情暴发后，美国和英国媒体对印度瞒报的质疑最多，认为印度实际感染数量可能是官方公布数量的5—7倍。

印度是否瞒报不得而知，一位旅居印度的中国人的亲身经历可窥一斑，印度新冠肺炎确诊和死亡病例数量很可能高于官方数据。这名中国人在印度旅行时娶了一位拉达克女孩，疫情期间被困在印度回不了国。2021年第四季度，他在泰米尔纳德邦被印度内政部当作间谍抓进监狱，关了3个月。据他讲述，监狱里还有一位中国商人，两人都曾在监狱得过新冠，症状类似感冒，但无大碍。监狱里的其他人早就感染了，症状较轻，都被当作感冒，不计入官方统计数据。

在疫情防控上，印度政府最初做得有模有样，但也暴露了印

---

① 超额死亡是指实际发生的死亡人数与基于大流行未发生年份估算得到的正常死亡人数之间的差额，包括疫情直接导致的死亡和因大流行对卫生系统和社会影响等导致的间接相关死亡，交通事故和工伤等导致的死亡相对减少，也被计算在内。

度的诸多短板。莫迪政府最初想走一条通过严格封国实现疫情拐点再大规模复工的疫情防控道路。但莫迪政府高估了印度政府和印度人民党的治理能力和印度自身优势。

印度政府在新冠疫情初期的应对是非常及时和得当的，得到了世界卫生组织和联合国的表扬。2020年1月底，印度暂停中印相关航线。2月2日，印度宣布暂停中国公民申办印度电子签证。3月3日，印度宣布新的入境措施，取消已经发放给意大利、伊朗、日本、韩国等四国公民的入境签证。3月12日，印度暂停所有旅游签证，对从中国、美国等疫区国家返回的本国公民实行14天隔离，并采取了暂停口罩出口、禁止外国邮轮停靠等措施。3月上旬至中旬，疫情相对严重的新德里、喀拉拉邦等地，先后宣布采取学校停课等措施。3月21日，印度铁路部门宣布，自3月22日凌晨4时起暂停全国所有客运列车运行，但货运列车可继续运行。同时，印度最高法院要求对有期徒刑不超7年的罪犯予以假释，以减轻监狱压力，避免病毒传播。3月23日，印度国家民航局宣布，从3月25日起，境内所有商业航班停止运行，只有空中货运可以继续运行。

在资源动员方面，印度政府命令国有企业生产医疗防护物资，印度中央政府要求各邦为疫情准备充足的氧气。如印度中央政府成立了以国有的印度斯坦人寿保险为核心的医疗物资调运体系，家庭医疗有限公司（HLL）负责医疗物资采购，印度斯坦航空、印度铁路系统和印度空军等构成了主要运输力量。莫迪政府3月25日果断封国。政府为8亿民众每人每月发放7公斤大米或面粉。最高法院发布命令，私人实验室免费检测。为农民工提供免费食宿，打击虚假谣言。政府出台第一套1.7万亿卢比救助方案，随后又推出20万亿卢比纾困计划。莫迪要求政府准备10个优先领域，一旦停工，保证这些行业正常运行。总理和议员减薪30%。政府正在研究分批次复工和开放，做世界的榜样。4月1日，定期存款利率降低140个基准点，缩短债券和外汇交易时间至4个小时。联合国专家认为，印度在全国实行封锁的措施是"及时、全面、有力的应对"。

疫情是对一个国家综合国力和政府治理能力的大考验，鉴于印度国力羸弱和政府能力短板太多，印度政府初期快速反应赢得的时间并没有转换为疫情防控拐点和扭转疫情蔓延的局面。疫情暴露印度国力的羸弱和政府治理能力的欠缺，让前期的诸多努力功亏一篑。

第一，检测能力有限。最初每天检测24例，2020年3月中旬放开了所有实验室，每天检测能力刚到1万。以人口接近1.2亿、确诊病例最多的马哈拉施特拉邦为例，算上已获批的三个私人实验室，检测能力也仅从每天100例增加到600例，再加上正在审批的所有私人实验室，日检测能力也只能达到2200例。拥有4500万人口的印度东北部各邦，共有三个实验室。人口1亿的比哈尔邦则只有一个实验室。2020年8月27日，印度日检测能力仅为90万，后来检测能力才得以大幅提升。

第二，印度医疗资源短缺。印度整体的医疗水平不高。据印度中央卫生情报局数据，印度共有23582家政府医院，提供逾70万张床位，但有超过43万张床位都集中在城市的3700多家医院中，早已人满为患。随着疫情大暴发，印度医疗体系难以支撑。根据世界银行数据，印度2016年医疗保健支出仅占国内生产总值的3.7%，在全球国内生产总值总量排名前25位的国家中垫底。而在医生、护士和医院病床的数量上，印度则排名倒数第二。每万人拥有的医生数为8人，是意大利的1/5和中国的1/3；印度每万人中只有5张病床，其中仅有0.23张重症监护床，是意大利的1/6。早在5月，医疗条件最好的首都新德里政府就要求无症状者无须到医院就诊，经济中心孟买已经出现医疗资源短缺情况。随着病例数量以百万级增长，并向医疗资源缺乏的贫民窟和农村蔓延，医疗资源更是捉襟见肘。早在4月，市面上一个N95口罩的价格已飙升至500卢比（约合人民币47元），一个普通医用口罩的价格也升至40卢比（约合人民币3.7元），药店的洗手液也面临脱销的局面。在大街上，多数人用头巾、手帕和棉布口罩代替防疫口罩，还有土豪用黄金制作口罩。2021年第二波疫情暴发后，印度医疗资源彻底崩溃，出现全球向印度援助氧气罐的局面。

第三，各邦治理水平参差不齐。印度作为联邦制国家，医疗体系运行和公共设施管理主要由邦政府主导，防疫政策的执行力度、后期的医疗资源提供主要取决于各邦。整体而言，印度各级政府掌握的资源和人力都呈现出了捉襟见肘的态势。孟买政府出资免费治疗新冠的医疗机构都是无法满足隔离要求、能力较差的公立医院，大量私营医院却不在名单上。印度的防疫在不同程度上存在"以邻为壑"现象，如很多地方政府为了减轻本地压力，倾向于让流动劳工离开自己的辖区，增大了扩散风险。

第四，党派各谋私利，难以通力合作。尽管印度各地方政府较为迅速地开展了防疫工作，但在社会矛盾尖锐化的背景下，各党难以做到以疫情为第一考量。比如在安得拉邦，该邦选举委员会负责人要求推迟民意测验投票，然而邦首席部长却认为委员会此举是因种姓出身而偏袒反对党的行为，并拒绝推迟投票。类似事件也发生在西孟加拉邦。尽管该邦已关停学校、影院等公众场所，但是2020年3月16日，该邦的两大主要政党——执政党草根国大党与反对党印人党——仍为选举举行了规模巨大的造势活动。

尽管疫情彻底失控，但疫情凸显了印度制度的韧性和稳定性。印度新闻18（NEW18）2020年8月27日报道，封锁期间

90%的城市贫困人口没有工作。匿名高级官员表示，印度疫情大流行后，90%的人无法工作，85%的被调查者无法从主要职业中获得任何收入。疫情造成印度2020—2021财年经济萎缩7.3%。

当时从媒体报道看到，数百万甚至上千万城市打工者想要返回农村，人们挤在车站、机场和城市主干道上，其状况犹如世界末日来临，这是莫迪政府封城时没有想到的。随后，政府调动各种力量帮助这些人回乡，结果又造成疫情向农村蔓延。以上种种，比较难得地展示了印度社会阶层状况和治理困境及短板。受封城影响，印度马哈拉施特拉邦奥兰加巴德市一批异地务工人员自2020年3月下旬就收入全无，只得返乡。由于客运服务中断，又担心被警察驱赶、殴打，他们选择沿铁路线徒步返回。一行人赶夜路疲惫不堪，卧轨而眠，结果凌晨一列火车呼啸而过，酿成16人惨死的特大碾压事故，震惊全国。印度《铸币报》报道，在返乡潮中，仅2020年4月就至少有74人死于公路或铁路交通事故。一项社会调研显示，截至4月初，印度至少有383人因封城而死，除"铤而走险"徒步返乡外，封城期间有更多人选择自杀。美国《石英》杂志报道称，比较奇葩的是，有46人死于酒精戒断导致的极端行为——一些"酒鬼"因受不了无酒可饮，竟服用洗手液、须后水等含酒精液体后中毒身亡。

"只要活着，就拥有全世界"——2020年3月24日；"要生命，也要世界"——4月11日；"个体与全人类相联结"——5月11日。这是印度总理莫迪为抗击新冠疫情在不同时期向全国民众所提出的三个口号。印度封国分了四个阶段：封国实验阶段（3月22日至3月24日）、封国1.0阶段（3月25日至4月14日）、封国2.0阶段（4月15日至5月2日）、封国3.0阶段（5月3日至5月17日）。从2020年5月18日开始，印度进入第五个阶段——封国

4.0阶段。2020年年末到2021年初,印度疫情第一个高峰期过去,印度政府开始大规模解封,复工复产。由于操之过急,2021年4月底5月初第二波疫情再次来袭,防疫政策再次收紧。第二波疫情刚要过去,印度再次放宽防疫政策,随后第三波奥密克戎病毒再次来袭,不得不再次收紧防疫举措。

三句口号和四个封国阶段反映出印度联邦政府在不同阶段做出的全国性的政策方向和其中的纠结。"只要活着,就拥有全世界"强调在疫情的冲击下保证人的生命安全高于一切,而其他所有的考量都需要给生命让步,走"严格封国等待疫情出现拐点再复工复产"的路子。"要生命,也要世界"暗示政府逐步放开部分行业的生产经营活动,重启经济。"个体与全人类相联结"强调面对后疫情时代的生活方式,印度民众要准备接受新常态。进入封国4.0阶段以后,印度实际上已完全放弃,进入"躺平状态"。

从印度政府针对不同阶段的指示以及传递出的信息来看,印度在疫情治理过程中似乎是有条不紊的,但是不断飙升的确诊人数让印度政府不得不改变严控疫情的路子,转向"经济社会生活恢复计划优先、兼顾控制疫情"的道路。从2020年5月12日莫迪与各邦首席部长的会议看,印度已经放弃原来通过严格封国实现疫情拐点再大规模复工的想法,从5月17日发布的封国4.0阶段看,社会生活恢复计划虽没有像前期部长会议时想象的尺度大,但开始完全转向"以复工复产为主、以疫情防控为辅"的策略。2021年初印度政府有些自满,提前解封,造成第二波疫情的大暴发,但并没有对印度的复工复产产生太多影响。第三波疫情暴发,印度政府只是象征性地做些防控,实际已经接近全部放开。2022年初,印度在防疫和复工复产上已经很"娴熟"和"成熟"。

2020年对印度可谓大灾之年。超强台风一波接着一波袭击印度东海岸的同时，西海岸经济中心孟买迎来70余年来首次强台风，造成印度受灾人口超过1亿；雨季之前，印度迎来持续长达两个多月的蝗灾，数十亿蝗虫席卷印度北部，成为27年来最严重的蝗灾；进入雨季后，全印洪灾泛滥，洪水围城和水灌乡村，造成人员与财产严重损失；2020年12月开始，农民涌进新德里进行持续数月的大罢工，一直持续到2021年6月。

面对汹涌的疫情和天灾人祸带来的经济冲击，莫迪政府把控能力很强，印度总体上维持了稳定，经济也稳步复苏。其间，印度多个邦还进行了选举。莫迪的大国雄心虽遭遇挫折，疫情却为其创造了重塑自身形象的历史性机遇。印度疫情可能早已"失控"，但莫迪政府和印度政治社会没有失控，在莫迪政府的严密把控和宣传操作下，印度疫情防控和复工复产都在"有序"进行，都是"世界第一"。

百年大疫叠加天灾人祸，印度没有乱，反而展现了很强的韧性，这表明印度政治制度和政治秩序的成熟度，政治组织和应变能力经受住了考验。西方国家和国际社会把印度民主制度作为印度崛起的优势。在一定程度上，印度依据自身政治基因建立起来的政治秩序和组织形式及能力正展现印度未来发展的优势。

第三节 经济改革吹响印度崛起号角

古吉拉特自古以来就是北印度通往欧亚大陆的主要商道。笔者在这里看到了上千年的阶梯井、即将失传的古老皇家纱丽制作工艺、甘地故居……这里还有宽阔的马路、繁华的街区、忙碌的大型工业区和港口。从各项数据来看，古吉拉特邦一直是印度各邦中的"大块头"——面积比中国广东省略大，2020年人口为

6000余万，过去20年大部分年份GDP增长率超10%。这个传统的"商业之邦"走在印度改革最前沿，重塑着古商道的辉煌，创造了"古吉拉特发展模式"，更被西方媒体追捧为"印度最受欢迎的投资地"，被印度人称为"印度的广东"。西方人和印度人也把莫迪追捧为印度的"邓小平"。

古吉拉特邦海岸线长1600公里，为印度各邦之最，自古以来这里航海商贸活动活跃。该邦西边是阿拉伯海。莫迪于1950年9月17日生于现古吉拉特邦的沃德讷格尔。莫迪是虔诚的印度教徒，献身印度教，除了名义上的妻子外，终生单身。莫迪的父亲是一个街头卖茶的小商贩，但莫迪一生投身政治，2001年开始担任古吉拉特邦首席部长。古吉拉特邦也是印度国父圣雄甘地的老家。首府甘地讷格尔就是以甘地的名字命名，讷格尔是印地语"城镇"的意思。

在任古吉拉特邦首席部长期间，莫迪采用中国吸引外资的方式，主要依靠优惠政策和优质服务大规模引进外资，大力发展制造业。大力发展制造业是莫迪的"古吉拉特模式"带给印度的一条新的成功之路。印度企业集团塔塔汽车公司2008年在西孟加拉邦投资建厂的计划因当地农民反对而遇阻，消息刚传出来5分钟，塔塔总裁就接到莫迪的短信，内容只有一个单词：欢迎。许多国外企业家在印度考察一圈，最终会决定到古吉拉特邦设厂，因为这里的投资环境、基础设施等各方面都要优于其他邦。在莫迪担任该邦首席部长的13年中，古吉拉特邦的GDP增加近两倍。2020—2021财年古吉拉特邦国内生产总值为2697亿美元，相较2015—2016财年，国内生产总值增长率为12.87%。虽然该邦人口只占印度人口的5%，工业产值却占到全国的16%，出口总值占全国的22%，每年12%的增长速度也远超印度平均水平。古吉拉特邦是印度的"油气之都"，这里拥有印度最大最多的公私油气冶炼厂；该邦还是世界钻石加工基地，约占全球加工钻石的70%，占印度出口加工钻石的80%。古吉拉特邦有106个工业聚集区和60个经济特区。[①]正如麦肯锡咨询公司所评价的那样，古吉拉特邦扮演着印度工业化动力的角色，就如同20世纪90年代广东省对中国的意义一样。

古吉拉特邦是莫迪"新印度"的模板，其快速发展的秘诀是莫迪破解了印度发展的传统顽疾——土地和基础设施。在古吉拉特邦首府艾哈迈德巴德地区的中国企业负责人告诉笔者，这里基础设施发达，公路直达港口，一年中很少停电，购买土地比较容易，这都是印度其他邦很难做到的。只要政府计划在古吉拉特邦某块地投资设厂，该项目在购地问题上的困难要比别的邦小得多。笔者在该邦看到，从基础设施看，古吉拉特邦至少比印度多数邦领先10多年。在古吉拉特邦最大城市艾哈迈德巴德，这里的街景与印度其他城市并无二致，甚至有更多的神牛在街上游荡。然而从艾哈迈德巴德往外走，来到几十公里外的甘地讷格尔，这里的街道已变得"横平竖直"，再往外围走，去工业园区较为集中的巴罗达市，沿线约200公里的高速公路，路面平整，双向4车道或6车道，各种大型运输车川流不息。古吉拉特邦拥有坎德拉港，从巴罗达至孟买港的高速路长约400公里，同时有铁路和航线，极大方便了"古吉拉特产品"的出口。

古吉拉特邦在一定程度上是印度经济改革的一个缩影。1991年是一个很特殊的年份，印度从这一年开始经济改革，逐步摆脱尼赫鲁的计划与市场混合的经济道路，这一年也是中国经济总量首次超过印度，从新中国成立到1991年，中国追赶印度用

---

① Information About Gujarat, IBEF, Nov 17, 2020. https：//www.ibef.org/states/gujarat.aspx.

了42年时间。根据著名经济历史学家安格斯·麦迪逊（Angus Maddison）的研究，在1820年前，中国和印度一直是全球最大经济体，是公元元年至1820年的历史常态。莫卧儿帝国时期印度经济一直位居世界前列。在英国彻底殖民印度之前，印度农业和手工业在世界上比较先进，经济繁荣。直到17世纪中期，以农民的劳动强度、种植作物的多样性、使用肥料的普遍性、轮作制的复杂性等衡量，印度农业发展水平比当时欧洲大多数国家都高。印度手工业发展水平更高，达卡平纹细布享誉世界。早在公元前2000年以前，包裹埃及木乃伊的布就是印度的平纹布，达卡细布也以"恒河布"的名字享誉古希腊。虽经外族入侵，但这种发达的农业和手工业历经几千年没有太大变化，只是西方殖民带来的近现代文明和工业化打断了印度这一历史发展进程，在一定程度上破坏了印度原有的农业和手工业，印度被动卷入全球化浪潮，客观上让印度走上了现代化国家的发展道路。

印度人从英国人手中接管印度时，家底要比中国殷实很多，但总体上仍是非常薄弱的。除了固定资产外，还接收了英殖民政府在印度储备银行的167亿卢比资产和第二次世界大战期间印度在英国的12亿英镑存款。外资在国民经济中拥有重要地位，在一些领域还居于主导地位。根据1948年6月统计，在印外资总额为32亿卢比，其中英国占72%。此时印度私营工业和银行业有相当的规模，只不过在生产布局和门类上还存在着严重问题。

独立前印度工业产量位居世界前十，在亚洲仅次于日本。1948—1949财年，印度三产结构中工业仅占17.1%，农业占48.1%，服务业占34.8%。可以看出，独立时印度有一定的工业底子，但基础依然薄弱。独立时85%人口靠农业生存，农业劳动力占总劳动力的70%，制造业部门仅有240万名劳动力。独立初期，农业经营依然是古老封建的租佃制和小农制，集约经营很少，大量土地用来种植经济作物，粮食种植面积不断缩小。

1948—1949财年人均收入只有246.9卢比。独立时全国文盲率高达84%，60%以上的学龄儿童进不了学校。当时只有较大的城市才有公路或铁路连接，出行基本靠腿。城市用电普及率不及户口的一半，小城市和农村几乎没有。城市只有1/4人口能用上自来水和污水排放系统。农村每2.5万人才有一名医生，每5万人才有一所医院。全国人口死亡率高达27%，平均寿命为32岁。

在此基础上，尼赫鲁提出要把印度建设成为现代化工业强国和有声有色的世界大国。经过70余年的发展，印度目前正在坚定地迈向世界第三大经济体。这70余年的发展，给印度奠定了较为坚实的基础，为未来发展创造了一个较好的经济社会和政治环境，这是印度未来发展最大的潜力。总体来看，独立以来印度发展经历了两个阶段：独立到1991年经济改革这40多年为第一阶段，虽然是年均3.5%的"印度教徒式"经济增长，但也取得了重要成就，实现了粮食的自给自足，形成了比较完整的工业体系和国民经济体系；1991年至今为第二阶段，是印度经济改革时代，经济增长开始步入中高速增长阶段，印度的增长潜力不断释放。根据莫迪政府2019年大选设定的目标，2024年达到5万亿美元，成为世界第三大经济体。2019年印度国民生产总值为2.94万亿美元。新冠疫情给印度的冲击比较大，距离实现莫迪政府的目标还有很大距离，不过疫情只是按下了暂停键，实现这一目标只不过是时间问题。在印度人看来，5万亿美元的世界第三大经济体是印度大国的"标配"。

第一，30余年经济改革成效显著。经济增速明显加快，经济总量迅速上了一个新台阶。笔者根据历年数据，初步计算出1991—2018年印度经济年均增长率约为5.6%，明显高于1951—

1990年的3.5%；经济增长从低速转向中高速，有的年份甚至高达9%到10%；1991年印度国内生产总值为2701亿美元，占全球经济比重1.1263%；到2022年则增长到3.38万亿美元，占全球经济比重达到约3.4%[①]；30年增长了将近10倍。印度2017年经济增长速度首次超过中国，举国欢呼，印度社会各界对经济增长率超过中国充满信心。这种乐观态度不是没有道理的，未来接替中国成为世界经济"领头羊"的可能性比较大。

第二，经济结构向合理方向演化。相较1990—1991财年，2018—2019财年印度国内生产总值中，农业总产值占比由30.9%降至17%，工业从25.4%升至34%，服务业从43.7%升至58%。虽然这一结构在发展中国家属于畸形的经济结构，但30年来，印度经济结构正在向合理方向演化。

第三，全球化进程取得重大进展。外资比重日益加大。经济改革前，印度利用外资每年不足1亿美元，2021年印度吸引外资达到创纪录的835亿美元。外贸大幅增长，1990—1991财年印度进出口总额为420亿美元，2018—2019财年进出口总额为8370亿美元。2021—2022财年印度的出口额首次突破4000亿美元，相比2019财年的3300亿美元，增长了21%，这是印度一个新的里程碑。[②]国际收支状况有所好转。1990—1991财年印度贸易逆差为96.8亿美元，1991年印度债务占国内生产总值比重为41%。

---

① "India's GDP grows by 7.2% in FY23: Govt data", the Times of India, May 31, 2023. https://timesofindia.indiatimes.com/business/india-business/indias-gdp-grows-by-7-2-in-fy23-govt-data/articleshow/100651861.cms?from=mdr.

② Karunjit Singh, "India Sets $400 Billion Export Record: Its Significance and Key Drivers of Growth", India Express, Mar 24, 2022. https://indianexpress.com/article/explained/india-400-billion-export-target-explained-7832752.

2021年5月，印度外储超过6000亿美元。根据印度工业与贸易促进部2020年最新数据，2000年4月至2020年9月，印度吸引外资共计5000亿美元。2019—2020财年达到500亿美元。[①]

第四，良好的国际环境。与中国相比，印度的国际环境简直不能用好来形容，说是国际社会的宠儿也不为过。印度一直被称为最大的民主国家，尤其在西方对中国采取遏制战略的大环境下，印度的战略价值更是显著提升。最近数年一直是美、俄、欧、日、澳等国的座上宾，在技术、资本、武器（甚至核技术）方面，国际社会对印度可以说是有求必应，应给尽给。西方社会既需要印度的劳动力和市场，又需要其作为牵制中国的工具和棋子，印度需要西方社会的物质和道义支持。得益于传统和现实，印度的精英比较容易融入西方社会。以上这些因素让印度崛起有了一个良好的基本盘。

第四节　印度有哪些后发优势？

在印度采访中国的小米公司[②]和印度Paytm[③]的经历，让笔者

---

① PTI, "FDI Equity Inflows Into India Cross \$500 Billion", the Economic Times, Dec 6, 2020. https://economictimes.indiatimes.com/markets/stocks/news/fdi-equity-inflows-into-india-cross-500-billion-milestone/articleshow/79589698.cms?from=mdr.

② 小米科技有限责任公司（简称小米公司）成立于2010年4月，是一家以智能手机、智能硬件和IoT平台为核心的消费电子及智能制造公司。目前，小米是全球第四大智能手机制造商，在30余个国家和地区的手机市场进入前五名，特别是在印度，连续5个季度保持手机出货量第一。

③ Paytm是印度最大移动支付和商务平台，也称"印度版支付宝"。2015年，中国互联网巨头阿里巴巴及旗下金融子公司蚂蚁金服向Paytm公司注资，成为Paytm的最大股东。目前Paytm已成为全球第三大支付公司。

见识了印度的后发优势。在南德里安必斯商场二楼的小米手机专卖店内，笔者看到购买手机的人们正排着长队，这样的场景让笔者着实吃惊。店长塔克解释，当天是发薪日，人们有钱后就想购买自己心仪的手机。店内的一名印度军人告诉笔者，他非常喜欢小米手机，物美价廉，他要给妻子买一部。

小米手机销售经理什里告诉笔者，这是小米2017年8月在南德里开设的第一家实体店，生意非常好。什里说，小米主要是线上销售，开设实体店主要是让"米粉"（小米公司用户的统称）能够体验到最新款的产品。"从2014年进入印度市场时仅有几名员工，到2017年销售额突破10亿美元、拥有3家工厂、雇用上万名印度员工，小米仅用了3年多时间。"小米国际部前副总裁、小米印度前董事总经理马度（Manu）向笔者介绍。根据马度2020年3月20日发布的微博，小米在泰米尔纳德邦的工厂正式建成投产，这是小米在印度的第7家工厂，这7家工厂平均每秒生产3台小米手机。

小米公司是印度电子制造业快速发展的缩影，与2014年相比，到2019年，印度的移动制造业大幅增长450%。在产能方面，印度在2014年仅生产手机6000万部，但2019年出货量达到1.58亿部，超越美国，首次成为全球第二大智能手机市场。2014—2019年，移动制造业的数量从2家增至200多家。这些成就主要来自中国，2019年印度十大手机品牌中有9个来自中国，占印度市场份额超过60%。随着中国在印投资向家电和汽车制造等领域延伸，印度这些领域也在迅速崛起。

除了手机领域，电子支付也是如此。在德里卫星城诺伊达的Paytm总部，首席财务官阿米特·辛纳告诉笔者，2017年Paytm已拥有2.2亿名用户，成为世界第三大移动支付平台。截至2019

年中，Paytm 注册用户量已经超过 3.5 亿，2018—2019 年转账金额达到 500 亿美元，转账支付笔数达到 5.5 亿笔。[①] 2015 年初，Paytm 只是印度的一家手机钱包公司，主要业务是话费充值，用户量不到 3000 万。是什么造就了这个丑小鸭变天鹅的故事？这需要从 2015 年 2 月阿里巴巴及金融子公司蚂蚁金服注资说起。当时，Paytm 公司只有不足 10 人的风险控制团队，每天面对海量用户的历史行为和相关信息进行线下人工审核，并做出风险判断和处理，这几乎是不可能完成的任务。此时，蚂蚁金服带给 Paytm 的整套安全风控技术发挥了重大作用。蚂蚁金服国际事业部相关负责人向笔者介绍，蚂蚁金服的风险政策团队与反作弊团队、模型团队、算法团队一起合作，优化 Paytm 的算法和规则，并把自研的风控产品带给 Paytm。结果是不仅更好地控制了风险，而且也降低了运营成本。

中国的移动支付理念改变了印度的支付方式和习惯。随着交易量的增长，Paytm 开始考虑发展线下支付。但当时二维码支付在印度全国并不普及，按照传统思维，做线下移动支付需要扫码机，模式重、成本高。蚂蚁金服印度项目当时（2018 年）的负责人对笔者说，当时他请 Paytm 创始人维杰到杭州来参观，小商贩只需用纸打印出一张二维码，消费者只要用手机扫一下就能完成线下支付。在蚂蚁金服给予关键的支付平台基础框架、二维码技术、反洗钱及风控技术支持后，Paytm 迈向了成为"国民级"支付工具之路。

自 2014 年印度提出"数字印度"开始，中国对印投资加大力度，尤其是移动支付和电子制造业，极大促进了印度相关产业

---

① Shreya Nandi, "Paytm Looks to Hit 12 Billion Transactions by End of FY20", *Mint*, Jun 5, 2019. https://www.livemint.com.

的快速发展。莫迪政府"印度制造"这几年取得的进展基本集中在这些领域。2014年印度数字支付几乎为零，2016年每月数字支付刚达到10亿美元，到2019年每天数字支付达到13亿美元。预计印度电子商务交易额2026年达到2000亿美元，2017年仅为385亿美元。[①] 在中国和世界其他移动支付巨头的支持下，印度的电子支付如日中天，迅猛发展。印度电商巨头支持的电话派（PhonePe）2020年10月的转账笔数达到9.25亿笔，金额达到2770亿美元，两者都超过了Paytm和Google Play（谷歌应用商店）。[②]

美国经济史学家亚历山大·格申克龙（Alexander Gerchenkron, 1904—1978）在总结德国、意大利等国经济追赶成功经验的基础上，于1962年创立了"后发优势理论"。所谓"后发优势"，也常被称作"落后得益""落后的优势""落后的有利性"等。格申克龙对19世纪德国、意大利、俄国等欧洲较为落后国家的工业化进程进行分析指出："一个工业化时期经济相对落后的国家，其工业化进程和特征在许多方面表现出与先进国家（如美国）的显著不同。"引进技术，学习和借鉴先进国家的成功经验，激起国民要求工业化的强烈愿望等都是后发国家的主要后发优势和体现。后发国家引进先进国家的技术和设备可以节约科研费用和时间，快速培养本国人才，在一个较高的起点上推进工业化进程；资金的引进也可以解决后发国家工业化中资本严重短缺的问题。

---

① IBEF, "E-commerce Industry in India", Dec 30, 2020. https://www.ibef.org/industry/ecommerce.aspx.

② "PhonePe's Transactions Reach 925 Million in October; Exceeds Paytm, Google Play", Business Today, Nov 2, 2020.https://www.businesstoday.in/technology/news/phonepes-transactions-reach-925-million-in-october-exceeds-paytm-google-pay/story/420741.html.

后发国家可以借鉴先进国家的经验教训，或可避免少走弯路，采取优化的赶超战略，从而有可能缩短初级工业化时间，较快进入较高的工业化阶段。从上面的案例来看，印度电子制造业的快速发展表明印度的后发优势有多大。

这种后发优势还体现在印度解决问题能力的不断提升上。观察一个国家的发展潜力，不仅要看其历史，还要看该国挖掘经济发展潜力和解决经济发展问题的能力。印度拥有巨大的经济发展潜能，但一直没有充分挖掘出来，其解决经济发展问题的能力滞后。印度前国大党总理曼·辛格就指出，"印度是一个具有很大潜力的国家，我们只挖掘了表面的一些潜力"。印度挖掘经济发展潜力的能力在逐步增强，不断破解影响市场发挥作用和阻碍工业化的因素。

从英迪拉·甘地后期到瓦杰帕伊，从辛格到莫迪，挖掘经济发展潜力这条主线越来越清晰。莫迪政府在这方面动作最大：数次出台吸引外资的举措，降低外资对本国投资持股比例；出台商品与服务税，进行大刀阔斧的税制改革；打击腐败，塑造廉洁政府；修改劳工法和土地法，加大盘活要素市场；放松管制，发挥企业和市场活力。这些举措正在取得成效，营商环境不断提升：世界银行2019年营商环境报告中，印度排名大幅跃升，从2016年的第100名升至第77名，一次提升23名；2020年营商环境报告中再次提升至第63名。印度经济正在从半锁国半封闭状态逐渐转变为开放经济。经济对外开放自然促使各类经济资源潜力得到比较充分的发挥，推动印度经济再上新台阶。

改革以来，印度树立了经济高速发展的意识和理念，逐步具备推动经济中高速增长的巨大需求，具有推动经济高速增长的诸多优势，具有保证经济高速增长的国际环境。当前加速经济增长、实现大国地位的梦想已经逐渐超越党派，上升为国家意志。民众对印度的未来越来越乐观，民族自豪感空前增强。根据民调显示，71%的受访者为自己是印度人感到自豪，65%的人认为印度将成为比肩中美的经济强国，60%的人认为印度将成为一个政治大国和军事大国。印度举国具备促进经济发展的意识和共识。

印度具有推动经济高速增长的巨大需求。总结起来，这种需求主要集中在众多人口的巨大消费需求、城市化的巨大需求、基础设施的巨大需求、工业化的巨大需求等方面。众多人口的巨大消费需求从后文的中产阶级壮大部分可以看出。目前，印度城市化率低，未来城市化率将会有所提高，这将促使民众对现代生活用品产生巨大需求。经济发展创造巨大的基础设施需求。工业化进程稳步推进将完成印度成熟的历史使命。这种后发优势另一方面主要体现在印度承接世界产业转移的浪潮和科技进步。目前，美国围堵中国，印度认为这是一个历史性机遇，至少印度已着手这样做。

印度能超越中国吗？尽管受疫情冲击，但印度国内铆足劲在为5万亿美元经济体努力，国际上也对印度长远看好。诸多行业报告给出很高期待，普华永道发表多个报告认为，"到2050年，印度是发展中国家中最被看好的国家"。美国高盛公司2011年发表的《迈向2050年》报告也预测，"21世纪上半叶，印度有望成为全球经济增长最快的国家"。

从目前来看，这些国际机构对印度发展的预测具有参考价值。按照疫情前的预测，印度2030年前后很有可能成为世界第三大经济体。这是基于2030年前印度经济年均增长6%—7%的速度预测。2030年后印度经济体量上来，增速放缓，预计2030年至2050年年均增速为4%—6%。根据表2可以看出，这一轨迹基本与目前印度发展吻合。2019年印度国内生产总值为2.9万亿美元左右，2030年预计达到5万亿美元，成为全球第三大经济体。预计2050年可能达到或接近美国2020年的水平。疫情对印度经济冲击很大，2020—2021财年印度经济衰退7.3%，国内生产总值回归到2017年水平，创下40余年来最差。2021—2022财年印度经济增长8.7%，但这只是让印度按下暂停键，并没有改变印度经济持续向好的趋势，预计疫情后印度经济的反弹和复苏不会太慢。因此，如果国内外环境没有巨大变化，印度实现上述目标的时间只是延后几年。这里的前提是国内外环境不发生巨变，后面分析的各项短板能逐步缓解或消除，否则印度发展前景不乐观。

表2　2010—2050年印度经济发展前景预测

	2010	2015	2020	2025	2030	2035	2040	2045	2050
增长率	7%	7%	7%	7%	7%	6%	6%	6%	6%
国内生产总值（万亿美元）	1.435	2.013	2.823	3.959	5.553	7.431	9.944	13.307	17.808

表3　2010—2050年印度人口增长前景预测

	2010	2015	2020	2025	2030	2035	2040	2045	2050
年均增长率	1.5%	1.3%	1.1%	0.9%	0.7%	0.5%	0.3%	0.1%	0.1%
总人口（亿）	11.8	12.58	13.29	13.90	14.39	14.75	14.97	15.05	15.14

表4　2010—2050年印度人均国民生产总值变化情况预测

	2010	2015	2020	2025	2030	2035	2040	2045	2050
GDP（万亿美元）	1.435	2.013	2.823	3.959	5.553	7.431	9.944	13.307	17.808
总人口（亿）	11.8	12.58	13.29	13.90	14.39	14.75	14.97	15.05	15.14
人均GDP（亿美元）	1216	1600	2124	2848	3859	5038	6643	8842	11762

　　按照未来30年印度人口增长率变化的基本估计，预测未来30年印度人口增长前景：从2020年至2045年，印度人口年均增长率每5年下降0.2%，这样2045年印度人口可能超过15亿。依据目前发展状况，印度人口与经济增长速度均快于预期。

　　根据以上经济年均增长率和人口增长率计算，就可以看出印度未来30年人均国内生产总值的变化。到21世纪中叶，印度人均国内生产总值可能会超过1万美元，相当于中国2020年的水平。不过印度经济仍然处于发展中国家行列。

第二章　印度崛起的短板

印度崛起的短板是全方位的，包括精神层面、政治和社会习俗等，前两部分已经详述，本章主要聚焦在经济短板。从印度70余年的经济发展经验来看，目前印度面临着发展道路模式困局、落后的基础设施和能源资源短缺、经济结构畸形、制度供给既过剩又不足的困境。在发展道路上摇摆在资本主义和社会主义、公平与效率谁优先问题上并互相颠覆和攻讦；近些年基础设施有一定发展，但欠账太多，依然无法快速形成经济动力；随着经济发展，资源和能源短缺的瓶颈日益凸显，而在一些资源丰富的领域，出现"未富先衰"现象；服务业占据主导、工业化羸弱的经济结构让印度无法吸纳和转移农村庞大的剩余劳动力，形成工业和农业相互隔离、城乡差距越拉越大、资本日益内卷和内部循环现象；长期制度累积让制度供给严重过剩，但受限于改革力度欠缺，大部分领域又面临制度供给不足的境况。

第一节　模式困局：经济发展向左还是向右

国有企业是印度国家经济发展的一大特色，但国企改革也是印度的"老大难"。新冠疫情前经济增速放缓，印度政府正面临一定压力，因此加速推动国企私有化成了莫迪政府"雄心勃勃的解决对策"。换句话说，就是卖掉国企用来支撑莫迪政府的发展战略。但很多工会组织并不买账，一些大型国企也处于"想卖卖不掉"的状态。印度舆论认为，真正影响印度国企改革进程的是印度政治生态。笔者接触的印度经济学家认为，加快国企私有化的减资步伐是帮政府减轻压力的"唯一办法"。

印度国企遍布公共行业和战略性行业，可以说无所不在。最明显的是印度航空和印度石油。笔者经常乘坐印度航空的航班出差，选择印度航空的主要原因是准点和安全，服务态度也很好。笔者每次给车加油也基本上是去印度石油的加油站。印度石油的加油站遍布大街小巷，一则庆祝其成立50周年的广告曾给笔者留下很深的印象：画面中一个小女孩和一个小男孩站在油菜花地里，一前一后露出开心的笑容，旁白说"印度石油，印度能源，能源背后是10亿人的微笑"，似乎是要诠释这家巨头与印度人息息相关。确实，该企业也解决了不少印度人的就业问题。在新德里加油时，经常是前面一个人拿着牌子安排车辆出入，一个人负责加油，一个人负责算账，有时还有一个人帮助清洗车窗玻璃。从满大街跑的公交车到市政下属的建筑公司（如新德里市政集团），再到国家银行，印度国企经营范围涉及矿业、制造业、交通、金融和贸易等重要行业，渗透整个国民经济。

印度国企待遇很好。印度尼赫鲁大学经济系学生库马尔告诉笔者，他毕业后的志向就是去印度的大国企，如印度石油或银行等，原因是福利待遇高、工作稳定，不像私企可能会无缘无故辞退员工。库马尔说："印度国企在每年毕业季时都会来学校招聘，不过，最近一两年有所减少，因为政府正在将国企卖给私人，让私有企业持股或者具有控制权。"尼赫鲁大学一位中国留学生告诉笔者，她身边的很多印度同学非常愿意去国企工作，这是他们的主要择业方向。据她介绍，学校设有专门的招聘群，会随时把国企招聘信息发送到群里供学生们选择。如印度石油有限公司正面向高校招收2020年毕业的工程技术本科生，工作地点在印度多个城市，提交简历和申请的时间为2019年9月24日至2020年3月16日，月薪在1.5万卢比至10万卢比之间。

在印度高校学生眼中，"珍宝"级和"瑰宝"级国企都是向往的目标。2010年，印度政府批准7家业绩良好的超级国企为"珍宝"级，赋予它们最大的投资自主权。据了解，"珍宝"级是1997年印度政府推出的"瑰宝"级国企的升级版，会定期更换，并非一成不变。此外，印度还有针对中小国企的"珠宝"级。成为"珍宝"级国企必须满足以下条件：过去3年平均销售额达到2500亿卢比，净资产达到1500亿卢比，利润额达到500亿卢比。"珍宝"级国企的投资自主权上限为500亿卢比，"瑰宝"级国企的投资自主权上限为100亿卢比。

根据印度政府网站的数据显示，截至2019年5月31日，印度有8家"珍宝"级超级国企，包括印度国家燃煤电力集团、印度石油和天然气集团等；16家"瑰宝"级国企；75家"珠宝"级国企。此外，还有339家其他类型的国企。[①]

连续多年，《财富》杂志"世界500强"中印度都有7家公司榜上有名，其中多数是国企，如印度石油、印度国家银行、巴拉特石油、印度斯坦石油等。印度国企沿袭苏联模式，带有强烈的计划经济特色。独立后的印度资本短缺、资源匮乏，经济严重依

---

① "PUS Companies List", Feb 15, 2020. https://www.constructionplacements.com/psu-companies-list-public-sector-undertakings-in-india.

赖国际市场。印度实行国有经济与私营经济并存的发展模式，其特点是强调政府对经济计划的主导作用，强调通过"进口替代"优先发展本国重工业和基础工业。在国家扶持下，印度国企迅速发展。

通过扶持国有企业，印度建立了比较完善的工业体系，但也带来过度垄断、效率低下、亏损严重、挤压私营企业发展、削弱市场竞争等问题。一些印度国企因设备陈旧、技术落后和经营欠佳而亏损严重，濒临倒闭。印度政府1985年曾颁布专门的《病态工业企业法》，规定：注册超过7年，其后累计亏损超过其总资本净值的相关企业为"病态企业"。1986年，印度政府尝试同4家国企签署谅解备忘录，确定企业"五年经营目标"，以此加强对其的监管和考核，但没有涉及国企的产权改革。20世纪80年代后期，拉吉夫·甘地政府曾整顿过国企，但力度很小。

可以说，莫迪政府想要做的事早在20世纪90年代初就开始了。1991年，印度236家国企中有109家亏损，而这些国企的资本中1/3来自财政拨款。印度政府考虑开启国企私有化进程，出售国有资产来弥补财政赤字。印度经济学家用"减资（Disinvestment）"来指代政府出售国有企业的小部分股份但仍保持对企业控制权的做法。用这一中性词还有一层用意，就是减少民众对私有化的反感和担心。自1991年开始，政府每年都会设立出售国企收入的目标，但30年里只有几个年份完成预期目标。

为保证减资，1996年印度中央政府成立减资委员会，2000年印度政府专门设立了一个"减资部"。尽管印度政府1997年7月颁布的《新产业政策》把禁止私企进入的战略性行业从17个减少到8个，但政府只选定40家国企向投资者出售不超过20%的股份，控制权仍掌握在政府手中。市场对这种纯属甩包袱的国企减资反应冷淡。1998年以印度人民党为主的中右执政联盟上台后，国企改革力度开始加大，印度政府宣布战略性行业减少到3个，仅包括国防、核能和铁路运输。政府必须在战略性行业实行多数控股，但可以把非战略性行业国企中的所有权减少到26%。"私有化"这个词首次出现在印度政府文件中。2004年，国大党上台后，印度国企私有化步伐再次慢下来，改革重点转向扶持盈利的大型国企。一晃十年，2014年莫迪上台后又准备加快私有化步伐。

印度一些舆论认为，真正影响印度国企改革进程的是印度政治生态。尽管印度社会基本认同国企改革是发展经济的必然选择，但在如何改革上的分歧很大。对国企改革的态度也就成为政党争夺选民的重要手段。国大党一直以重视民生的形象示人，强调国企在提供公共服务上的重要作用，担心私有化会损害公众利益。因此，国大党主张小步走，希望只出售国有资产以改善财政，而不愿意放弃经营国企控制权。印度人民党则强调国企效率低下拖累经济增长，因此主张更彻底的私有化改革，以根本改善国企的经营状况。改革的目标受政府更替的影响很大，在控股和出售之间反复摇摆。

从上面国企改革的路径可以发现，印度国家发展战略和道路之争、国企改革之争只是这种道路之争的表象。纵观印度独立以来经济发展战略和路径，印度基本上出现了甘地发展模式、尼赫鲁发展模式和市场经济发展模式，其中尼赫鲁发展模式和市场经济发展模式是主线，代表不同政治派别和势力，甘地发展模式若隐若现，在农村地区比较有市场。印度这种道路之争在很大程度上不是良性竞争，而是恶性竞争，深深卷入政党政治和选举政治，把印度害苦了。

甘地发展模式源于甘地对印度经济发展模式的思考和设计，著名的是1944年开始的"甘地计划"，其要旨是发展农业和手工业，目标是提高民众生活水平，致力于改善印度55万个村社经济。甘地发展模式将农业和家庭手工业放在经济发展最重要的位置，让粮食自给自足和乡村自治。甘地也承认发展工业的必要性，但前提是不能干扰和妨碍农业和家庭手工业。"实行工业化的计划从来都要摧毁乡村和乡村工业，在未来的国家中工业化将推动乡村及其手工业的发展。"[1]甘地经济思想认为，印度应该利用本国的资源发展经济，有效避免大规模迁徙到城市而产生的失业、流离失所和犯罪等问题，其理想的工业政策是发展小规模工业，解决基本生产。甘地经济思想类似小农经济和小手工艺经济思想。

这也是目前印度农村和经济机构中存在大量手工业的原因。数据显示，现在印度家庭手工业工人仍有上千万。在笔者居住的印度哈里亚纳邦古尔冈市街头有很多手工业者的作坊和产品，如陶器等。拉贾斯坦邦斋普尔市和泰姬陵所在的北方邦阿格拉地区是城市小手工业者的集中地区，这里遗留了很多古代传统技艺。笔者在泰姬陵旁边专门参观过制作白色大理石饰品和器具的作坊，属于纯手工制作。从印度大国抱负来看，甘地经济思想和发展模式与印度发展战略不太吻合，却有很大的空间，因此，甘地发展模式多多少少都存在于印度广大农村地区，并不时出现在一些政府决策中。

影响深远的是尼赫鲁发展模式，主导了印度独立后40余年的经济发展，现在依然是一条发展主线，但也备受诟病。尼赫鲁发展模式即具有印度特色的"社会主义类型社会"的混合经济模

---

① 杨文武主编：《印度经济发展模式研究》，时事出版社2013年版，第18页。

式,允许私营经济发展的同时大力发展公营经济,形成公私并存的混合经济体制,强调公营经济在国民经济关键领域的制高点,政府干预经济色彩浓厚。因此,印度被认为是非中央统治经济中对经济发展控制程度最高的国家。印度财政部前部长亚施旺认为,印度独立之初尼赫鲁选择的是社会主义与资本主义结合的混合经济模式。[①] 当时,尼赫鲁认为能结合两种制度各自的优势和特色,避免各自缺陷。受此影响,独立时印度经济模式深受苏联模式影响,对私人资本多少持怀疑态度,集中力量建设垄断性的国有企业,加大公有经济成分,以此来引导印度经济发展。

1954年,国大党阿瓦迪年会通过了在印度建立"社会主义类型社会"的决议。尼赫鲁提出"我们的目标是最终建立社会主义经济"。尼赫鲁的社会主义经济是一种生产手段,不是社会主义制度。在实行社会主义类型经济中,印度也实行五年计划。第二个五年计划对社会主义类型经济进行了系统论述,"社会主义类型社会的最根本意思是决定发展路线的基本标准必须不是为私人利益考虑,而是要有利于社会;发展模式和社会经济关系结构的设计不仅是为了国民收入和就业最终得到显著增长,而且要使收入和财富的占有更加公平"[②]。秉持了社会主义的宗旨,把公平放在效益平等位置上。尼赫鲁发展模式在促进国家发展的同时也考虑到改善下层民众的经济地位,想用社会主义制度中的一些因素改良和弥补资本主义的缺陷,达到既能实现资本主义发展和现

---

① Yashwant Sinha, Vinay K. Srivastava, eds, *The Future of Indian Economy: Past Reforms and Challenges Ahead*, Rupa Pulications India Pvt. Ltd, 2017, p.261.

② 林承节:《印度独立后的政治经济社会发展史》,昆仑出版社2007年版,第152页。

代化，又能提高下层民众生活，保持社会稳定，想要兼采两种制度的长处。这就是独立初期以尼赫鲁为首的印度精英为印度选择的现代发展道路。

尼赫鲁道路的忠实守护者是其女儿英迪拉·甘地和其外孙拉吉夫·甘地，让尼赫鲁道路一直延续到1991年印度经济改革。英迪拉·甘地执政15年，采用激进的方式推进国有化进程，进一步奠定和巩固了印度国有经济在国民经济中的主导地位。经过40余年的发展，在混合所有制模式下，印度经济发展尽管有反复，但已经取得很大成效，建立了一定的工业基础和基本完整的工业体系，经济基本实现了多样化，国家自力更生能力显著增强。但英迪拉·甘地长时间对国家发展战略调整认识不清，只是僵化沿袭和维护其父亲的发展战略，忙于应对各党派的挑战，对反对派的合理主张全部拒绝，甚至走上了更左的道路，白白错过了一个对尼赫鲁道路进行调整从而让印度走上快速发展的战略机遇期。

印度著名历史学家比潘·钱德拉认为，英迪拉·甘地长达15年执政期间一直处在风口浪尖，不知道该往哪里去。"作为一个政治领导人，她的根本缺陷是缺少一个决定其经济、政治和行为管理等各方面政策的全盘战略和愿景设想。在熟练运用政治策略方面，她是大师，同时代的人没有人能与她相比。但她运用得十分娴熟的策略并不是一个经过深思熟虑的国家发展战略。"[1]经济改革以来尽管受到市场化冲击，但在国大党元老和其外孙媳妇索尼娅·甘地的支持下，尼赫鲁发展模式不时回归印度政治经济舞台。

---

① Bipan Chandra, Mridula Mukherjee and Aditya Mukerjee, *India After Independence* (1947–2000), Penguin books, 2000, p.270.

一个大国要发展完整的工业体系，就必须发展重工业。但就后发国家来说，依照市场逻辑，重工业并不是一种很好的投资。对资本匮乏的后发国家来说，发展重工业不符合市场环境中的比较优势。就重工业的资本规模而言，其吸纳就业能力较低，后发国家劳动力过剩，不符合重工业市场逻辑。一般来说，从国家安全逻辑出发，后发大国会选择由国家主导重工业的发展，这会造成国民福利受损，极端情况下甚至会扭曲国家和社会。因此，需要一些制度化安排消化这些问题，否则会把国家卷入糟糕的状况之中，要么崩溃，要么被迫经历痛苦。在近现代工业史上，日韩不是通过国家，而是通过扶持财阀来发展重工业，这与西方的思路相似；中国与苏联东欧国家相似，通过国家来推动；印度走了中间道路，先由国家推动，后来逐渐去国家化，采用扶持企业的方式发展重工业。

这就是印度国企与其他国家国企的不同之处。在调节经济的工具属性上，印度国企与法国等西方国企相通；在引导经济战略地位上，与苏东相通。但在设立国企的动机、目标和发展方向上，印度国企不同于西方国企，也不同于苏东国企。印度设立国企的动机和目的是用增强社会主义成分来弥补资本主义的不足，改良资本主义的工具，实现社会公平与正义的目标。在发展方向上先是增强其力量，后来逐渐削减其力量。这与苏东把国企提升到所有制高度完全不一样。

印度在发展社会主义类型社会和推动工业化中为什么偏离方向？直接原因是资金短缺和土改不到位等现实问题。根本原因是经济发展模式设计有重大缺陷，在混合经济模式中国家与市场没有很好的协调，在政治干预下走向了对立面，这就推导出印度的第三种经济发展模式——市场经济发展模式。

　　独立之初，由于资金短缺，印度政府允许私营企业介入重工业部门，可以建立新企业。对现有重工业企业原来做出的10年后国有化规定也被搁置。私营企业迎来了有史以来未曾有过的好环境和条件，出现了塔塔集团、比尔拉财团等实力雄厚的财团。1951年至1958年，以塔塔为首的印度规模最大的四个财团所控制的公司股本从10亿卢比上升到17亿卢比。塔塔财团1951年总资产为11.6亿卢比，到1966年增至50.54亿卢比。[①]这期间原有小财团迅速变成大财团，大财团变成超级财团。原本要走一条社会主义经济道路，结果却产生资本主义的果。在一些关键领域以公营为主导，其他领域催生了财团经济。

　　财团经济发展的一个结果是印度新政党的产生。它们以塔塔财团为首，不满意尼赫鲁的社会主义类型经济，害怕公营经济侵犯私人领域。农村大土地所有者不满意合作化道路和租佃立法。土邦合并后，很多土邦王公对失去政治舞台不满意。再加上国大党右翼，这四种力量结合在一起，形成了印度历史上首次右翼大联合的不寻常局面。其代言人马萨尼鼓吹建立全国性保守党，在国大党元老也是国大党右翼的拉贾戈帕拉的号召下，1959年印度成立了保守的自由党。该党是一个右翼政党，全盘否定国大党制定的国家发展战略。这是对尼赫鲁社会主义类型社会发展的一个严重冲击和威胁，尼赫鲁立即发起反击，可见印度发展道路的曲折性。这是一个自然发展的过程，最早发端于以国民志愿团为首的印度教民族主义者主张的、走市场经济的资本主义道路，这也是独立之初印度前副总理帕特尔的主张，莫迪在经济上认祖归宗

----

　　①　林承节：《印度独立后的政治经济社会发展史》，昆仑出版社2007年版，第202—203页。

也是因为帕特尔,这也是在古吉拉特邦为帕特尔竖立团结雕像的根源之一。只不过这一派力量在独立后一直没有占据政治主导,不断以不同政治形态出现。

这股支持走资本主义市场化道路的力量直到1990年经济危机才迎来转机,登上印度政治经济舞台。尤其是2014年莫迪代表的印度教民族主义者上台,该发展模式才迎来巨大机遇。莫迪政府摒弃混合经济发展模式,大刀阔斧地进行市场化改革,甩卖国企,完全用市场化手段进行经济改革,用财团和市场推动国家工业化进程,推行"印度制造"。市场化改革在一定程度上又导向了另一个极端——没有很好地结合社会主义成分和资本主义成分,走国家与市场相结合的道路。

自1991年以来,经济改革已经成为印度各界的广泛共识。印度财政部前部长亚施旺·辛哈(Yashwant Sinha)认为这是一种错觉。他认为,持续的改革仅限于政府,大多数政党打着改革旗号反对改革,广大民众总是愿意相信反对者或者充其量是无动于衷。[①]1991年,印度开始改革,但没有自愿地、全心全意地拥抱改革。印度过去30年的改革总是"走走停停",很多时候是停滞不前的。改革仅限于政府、评论员、企业和英文报纸。笔者赞同这种看法:一部分原因是第二部分介绍的政治因素,1991年至2014年间印度长期是悬浮议会,政治无法统一,无法形成政治合力;另一部分原因是混合经济与市场经济之间道路之争不断反复,形成虚耗。莫迪上台以来的完全市场化改革大有推倒原来

---

① Yashwant Sinha, Vinay K. Srivastava, eds, *The Future of Indian Economy: Past Reforms and Challenges Ahead*, Rupa Pulications India Pvt. Ltd, 2017, p.46.

的经济发展模式、重新按照市场经济布局的架势，在激发人们的改革希望、凝聚社会共识上发挥了重要作用，但也由此引发社会广泛担忧和持续性罢工等社会动荡。

印度经济发展模式始终面临着结构性矛盾和挑战。尼赫鲁的混合式经济发展道路始终贯穿在印度经济发展战略中，经济改革后印度历届政府在结构性改革面前踌躇不前，导致印度丧失了很多发展的历史机遇。印度经济学家贾格迪什·巴格沃蒂在《转变中的印度：经济自由》一书中评价尼赫鲁发展模式时表示，"印度不仅选择了错误的经济道路，而且结果是将自己排除在世界经济事务之外的'无效模式'"。尼赫鲁的经济发展道路愿望的追求非常美好，但过于理想化。混合经济的中间道路可以走，但过度强调公营，背离了经济发展规律。接下来的市场经济也是"走走停停"，在结构性问题上始终没有深入改革。2008年金融危机前，印度经济增速一度达到8.8%，国际社会惊呼印度经济开始"起飞"。金融危机让印度经济再次跌入谷底，2019年经济增长再度达到7%。然而经济学家们的担忧却在上升，这些年印度经济增长故事成为"没有故事的增长"，没有就业，人们就没有认同感和获得感，私人投资便徘徊不前。市场化改革中并没有弥补多少尼赫鲁发展模式的缺陷，结构性改革踌躇不前。"已经没有时间浪费。"前总理辛格在1991年7月24日以财政部部长身份向国会提交预算案时说。印度学者认为，1991年以来两个连任的政府，从前总理辛格到现总理莫迪，印度白白丧失了10多年的历史机遇。①

---

① Puja Mehra, *The Lost Decade*（2008-2018）：*How India's Growth Story Developed into Growth without a Story*, Penguin Random House India Pvt. Ltd. 2019, introduction.

2014年，莫迪政府在市场化改革上开始加速，废钞、商品与服务税（GST）、加大国企减资、出台新劳动法和农业法、试图修改土地法等，这些举措引起农民和工人的巨大反弹，引发巨大的社会动荡，社会抗议浪潮一波接一波。疫情前印度经济就已经触底，疫情进一步加剧印度经济衰退，让2014年以来印度刚刚有起色的经济再次夭折。这与疫情有关系，但关系不大，主要原因是莫迪政府在市场化改革中抛弃尼赫鲁发展模式，另起炉灶，不顾国情和社会承受度，强行推动市场化改革，从尼赫鲁的偏重社会主义混合经济转向另一个完全市场化的极端。

这种道路上的转向深远影响着印度未来的经济发展，让印度一直摇摆在公平和效率、资本主义与社会主义、国家与市场之间，让它们的间隔越来越大，而不是相互补充，市场没有发挥好资源基础性调节作用，国家也没有做好经济发展的引导和主导作用，两者走向了对立。不同时期、不同政府、不同政党的侧重点不一样，这让印度发展道路在两者之间来回摇摆，不断"摊煎饼"。老子说，"治大国若烹小鲜"，而印度在发展道路上恰恰就是犯了这个大忌。这两条发展道路始终贯穿于印度独立以来70余年的争论中，历届政府都面临着左翼和右翼的攻击，导致国家在发展战略上无法形成共识和动力，为此引发持续的政治纷争和社会动荡，严重迟滞了印度发展。

第二节　基础瓶颈：深水港和能源资源短缺

印度港口发展也比较缓慢。印度拥有7517公里海岸线，目前主要有13个主要港口和200多个中小港口，13个主要港口占贸易总吞吐量的60%。截至2021年，南亚有三个深水港，两个在斯里兰卡，分别是汉班托塔港和科伦坡港，一个在巴基斯坦的瓜达尔港。科伦坡港水深15米，集装箱年吞吐量超过700万标准箱。2023年，位于印度喀拉拉邦首府特里凡得琅市的维津贾姆港正式启用，这是迄今为止印度首个深水港，吃水深度超18米，拥有24米深的天然海底航道。笔者在斯里兰卡发现，印度很多远洋货物要拉到斯里兰卡或新加坡出口。印度的航空发展也比较滞后，且廉价航空公司很多，机票比较便宜，加上铁路和公路耗时长，印度中产阶层一般选择航空作为出行工具，航空乘客量增长迅猛。但机场建设远远跟不上需求。最繁忙的孟买机场只有一条跑道，是世界上最繁忙的机场之一，每年客运吞吐量高达5000多万人次。但一个孟买机场解决不了印度整体航空发展落后的现状。

　　基础设施瓶颈是印度经济发展迟缓的重要因素。根据经济调查，为了实现2025年5万亿美元的经济目标，印度在2020—2025年间需要在基础设施上投资1.4万亿美元。而2008—2017年间印度在基础设施上的总投资为1.1万亿美元。[①]据世界银行统计，印度在基础设施上的投资占国内生产总值的4%。莫迪政府在基础设施方面投资较大，印度整体基础设施有所改善，尤其是城市，但由于欠账太多，这需要长时间的投入。有人测算过，在印度出口商品的平均时间比中国多16天。印度每年在城市基础设施上的支出为人均17美元，中国为116美元。落后的基础设施也迟滞了印度城市化步伐和农村发展。

---

　　① "To Achieve \$5 Trillion GDP by FY2025, India Needs to Spend About \$1.4 Trillion on Infra: Eco Sursey", the Economic Times, Jan 31, 2022.https://economictimes.indiatimes.com/news/economy/infrastructure/to-achieve-5-trillion-gdp-by-fy25-india-needs-to-spend-about-1-4-trillion-on-infra-eco-survey/articleshow/89243854.cms?from=mdr.

印度基础设施短板是全方位的，除了交通外，能源也是如此。笔者所住小区位于新德里卫星城哈里亚纳邦古尔冈市中产社区，有小花园和游泳池，还有健身房和网球场等。该小区的水电基本通过自己的系统供应。印度气候炎热人尽皆知，停电是家常便饭。笔者初到印度时不太习惯，所在的小区一天停电几十次，如果小区没有备用电源，那问题就大了。炎热的夏天温度高达四五十摄氏度，全天开着空调还觉得热得难受。印度电力总体短缺现象近几年有所缓解，2019年印度总发电量与消费量总体持平，但缺电问题依然严重，主要原因是印度电网落后，电力最后一公里是瓶颈。根据世界银行2018年报告，全球10.6亿无电人口中，印度占2.7亿。研究数据显示，印度在输配电环节的损耗率高达22.7%，是世界上输配电损耗最高的国家之一，境内几乎所有邦的输配电损耗率都超过15%，严重的甚至超过50%。

随着经济社会发展，印度能源需求迅速扩大，印度能源短缺与经济发展矛盾日益增大，成为制约经济发展的结构性矛盾。2019年，印度人口13.6亿，占全球人口的1/5，目前印度已经是全球第三大能源消费国（仅次于美国和中国）、亚洲第二大能源消费国，其人均能源消费量维持在世界平均水平的1/3左右。

印度拥有比较丰富的自然资源，但资源禀赋不高，最丰富的能源是煤炭，油气资源储量非常匮乏。印度石油对外依赖度2019年达到80%多。能源机构数据显示，从2017年至2035年，印度原油需求量将上涨到每日350万桶，占全球原油需求增长的1/3。该机构预测，到2024年印度将取代中国成为世界上最大原油进口国。路透社2017年12月报道，数据显示，该月印度液化石油气将达到240万桶，首次超过最大进口国中国的230万吨。

印度总理莫迪2021年2月号召人们收集雨水，这是印度极度缺水的体现。印度拥有丰富的水资源，然而水污染非常严重。笔者在新德里的亚穆纳河和班加罗尔的河流中经常看到污染引起的巨大白色泡沫，有时厚达一两米，覆盖整个河流。印度水资源时空变化大、分配不均，面临水资源供应不足的危机。时间上，印度的降水主要集中在每年6—9月，占全年降水量的80%以上；空间上，全国36%的地区年均降水量在1500毫米以上，其中8%的地区降水量超过2500毫米。喜马拉雅山东部和西海岸的山脉降雨量最大可达4000毫米，世界雨极就在梅加拉亚邦的乞拉朋齐。33.5%的地区为750毫米以下。印度水资源占全球的4%，需要养活占全球20%多的人口。根据印度中央水资源委员会的数据，到2050年印度常年总耗水量预计将倍增，从6340亿立方米增加到1.18万亿立方米。水资源部预测，40年后印度可供饮用的人均水量将不到2001年的一半。联合国政府间气候变化委员会第四次评估报告显示，到2025年印度人均可获得水量降至1000立方米。该委员会数据显示，人口发展与水资源匮乏的矛盾将对印度发展构成巨大负面影响：一方面水资源分布不均；另一方面由于人口激增、工业发展和农业用水，印度正面临严峻的水资源危机。从长远看，基础设施等可以逐步改善，但印度能源资源危机将是未来严峻的挑战。

第三节　制度过剩：印度零售业发展缓慢的深层次原因

在印度各大城市旅行会发现，印度很少有大型商场。尽管近两年有所发展，有些城市开始建立一两个大型商场，但总体上印度大型商场占比很低。出于保护考虑，印度严禁外国人涉足零售业，1991年经济改革后这一政策开始有所松动，2012年印度政府允许外资完全设立单一品牌零售店，条件是商店只能卖这一种品牌。莫迪政府执政以来开始允许外资进入，甚至允许100%外资，尤其是引入沃尔玛。但总体上开放度非常低。

绝大部分印度商铺都是50平方米以下的沿街小店铺，大多数是二三十平方米，一字铺开，这是印度各大城市的一道风景。印度零售店铺之小在全世界可能也是数一数二的。根据维基百科数据，目前全印度有超过1400万个小店铺，只有4%的商店占地面积超过46平方米，即使是首都新德里的豪华购物中心往往也是一个个小型高档店铺聚集起来的。这与印度古老村社经济和手工艺经济相吻合。印度零售店铺人均面积是0.19平方米，在全球是最低的。印度每1000人拥有的小店铺为11个。①绝大部分零售店都是家庭经营的小卖部，无法形成大规模批发零售和物流，更谈不上控制质量和提升技术。根据印度品牌价值基金会（IBEF）数据，2018年印度零售总额为9500亿美元，印度零售业接受的外资在2000—2020年间仅为21.2亿美元。②

印度零售业开始于20世纪80年代、最初几个公司设立纺织品零售连锁店，随后正规部门开始设立零售部门，不过基本集中在农村地区。1995年，印度零售业迎来大发展，商场开始在城市出现。以上主要是正规部门的零售业。非正规部门零售业自古就存在，如农村的集市和城市的便利店。印度零售业发展滞后的原因比较多。例如，印度产业链、供应链落后。印度零售业由非正

---

① "Retailing in India". https://en.wikipedia.org/wiki/Retailing_in_India.

② "Retail Industry in India", Oct 21, 2020. https://www.ibef.org/industry/retail-india.aspx.

规部门主导，缺少足够的供应链管理；印度零售商店缺少空间，绝大部分店铺面积都低于50平方米。①

　　文化多样性让印度零售业很难建立起全国性的消费模式和零售模式，制造业和零售业碎片化严重。房地产业同样制约着零售业的发展。零售业对房地产的需求巨大，尤其是土地法等制约着零售业的发展。欺诈和基础设施导致的物流难题也是制约印度零售业发展的瓶颈。印度反对开放零售业的声音十分强大，人们担心外国连锁超市的进入将挤垮印度数千万的小商铺。

　　印度在法律、基础设施、文化甚至教育层面的各种限制同样限制了大型零售机构的发展。在这些制约印度零售业发展的因素中，制度性刚性因素是主要根源之一，换句话说就是制度供给过度。具体来说，在印度要开办正规的零售机构需要经过中央、邦及当地政府的各种制度和条例限制。比如说，在大多数邦，农业生产市场委员会法案禁止农民直接向零售商出售农产品和手工艺品。在印度南部的卡纳塔克邦，绝大部分农产品必须由政府管理的市场统一收购和销售。在城镇地区，商店规模及允许开放的时间在地方性法规中也有明确规定。另外，零售商还需要获得一系列的许可证，包括普通交易许可证、特殊商品许可证、清污许可证等。2003年的一项调查结果显示，在印度开设一家新店铺平均需要从11个政府部门获得15个许可证，这通常需要花费6个月的时间和50万卢比的费用。与此同时，正规零售机构还要做好准备应对规则复杂、成本高昂的税收体

---

　　① Sunita Sikri and Diphi Wadhwa, "Growth and Challenges of Retail industry in India: An Analysis", *Asia Pacific Journal of Marketing and Management Review*, Vol.1, Issue 1, Sep 2012, p.10.

系。从就业选择看，虽然零售业为印度创造着大量的就业机会，但在印度人眼中，从事这一行业并不体面。因此，即使是像"信实（Reliance）"这样的大型零售公司也很难招到足够数量的接受过一定教育的员工。

印度也在规划放开零售业，一旦上述障碍真的消除，印度零售业必定会出现井喷式高速发展。当时预计2020年达到1万亿美元的市场规模。如果没有疫情，这一预测应该能成真，但疫情推迟了这一目标的实现。根据印度零售商调查显示，印度封国期间95%的非食品零售店关门，2020—2021财年这些零售店能够获得去年40%的应收就算好的了。70%的零售商认为零售业复苏至少需要半年，20%认为至少需要一年。小零售商裁员至少30%，平均至少裁员20%。[①]

通过印度零售业发展困境可以看出，印度在软件基础设施上的问题集中体现在制度供给过度和供给不足的矛盾。制度供给过度是指印度制度框架太健全，从独立到现在制定太多制度，成为限制性因素；制度供给不足是指制度供给跟不上发展形势，制定的制度混乱、模糊、原则性多，这也造成执行混乱和欠缺等困境。印度的法律很"奇葩"，从笔者的住房合同就可以看出。笔者到印度后第一次签租房合同，中介告知一年只能签11个月，不能签12个月。因为如果签署12个月，便涉及纳税。

印度制度供给过剩和供给不足还可以从劳工法中窥见一斑。截至2020年，印度共制定了约44部与劳动雇佣相关的联邦法律

---

① Varun Jain，"Majority of Retailers Feel It Will Take 6 Months to Recover From COVID-19 Crisis：Survey"，the Economic Times，Apr 7，2020. https：//retail. economictimes.indiatimes.com/news/industry/majority-of-retailers-feel-it-will-take-6-months-to-recover-from-covid-19-crisis-survey/75033585.

和200多部邦劳动法律，印度劳动法体系庞大而复杂。不仅如此，印度劳动法立法实践跨度非常大，从殖民地时期一直到现在。最早的1881年英国殖民地当局颁布第一部涉及劳动关系的法律《工厂法》，随后又颁布了多部与劳动相关的法律，如1923年的《工人赔偿法》、1926年的《工会法》、1929年的《印度劳动争议法》、1946年的《产业雇佣（常规）法》，一直到2008年的《非组织化部门社会保障法案》和莫迪政府2019年整合出台的国家劳动大法。邦一级就更多了。这些法律绝大部分直到现在都有效力。比如备受争议的《工会法》，该法制定于殖民地时期。根据该法规定，任何7名以上工人都可以成立工会，并参与集体协商。该法还允许一个企业中存在多个工会，允许由企业外部人员担任工会领导。可想而知，企业要想做点事，工会就是最大的拦路虎。2001年，印度议会通过修正案，将工会成立条件从7人提高到100人或10%的劳动者，同时规定在有组织部门中，1/3或5名以下的工会领导可以来自企业外部，但允许大企业存在多个工会的法律条款仍得以保留。工会之间的竞争削弱了集体协商机制，允许外部人员担任工会领导是印度大多数工会与政党交往过密的原因和表现。各政党纷纷在工会中寻找自己的代理人，在纠纷中工会也倾向于寻找政党。劳动法为工会和政党结合提供了平台，成为政治和种姓等的角力场。

《工业纠纷法》是用于调查和解决劳资纠纷覆盖所有企业的工业纠纷，是印度最重要的规范劳资关系的劳动法之一，从根本上规定了印度劳资关系中涉及雇佣与辞退、劳动状况、罢工、停工、解雇、裁员及企业关停并转等各方面的内容。人们认为该法对于劳动争议的规定限制了企业规模的扩大。该法有这样几个争议。第一，在调解中劳动法庭几乎一边倒地站在劳工一边。第二，该法9A条款规定，在雇员达到或超过50人的企业，雇主对工作条件的任何改变都要提前三周告知工人，包括申请调休、换岗、工作流程等。批评者认为这根本做不到，不是解决纠纷，而是在创造纠纷。第三，该法补充条款对企业解雇工人做出严格规定。如果员工超过100人，解雇工人必须事先得到劳动部门的同意，劳动部门几乎不可能同意这样的申请，即使该企业毫无利润或面临关停。该法名义上是保护工人的，实际上降低了工厂的效率，导致工人贫穷，最终害了工人。近几年一些邦开始改革，把许可的100人提高到300人。1948年的《工厂法》更是规定得事无巨细。该法适用于超过10名员工的用电企业和不用电但员工超过20名的企业。例如，规定工人每周工作时间不能超过48小时，禁止女性每天工作超过9小时，禁止妇女晚7时到早6时工作；工厂必须保持干净，包括每14个月刷一次墙，每5年重涂一次；要有足够数量的分隔的男女休息室，不中断的饮水供应，运载妇女和儿童工具的重量限制等。

从世界范围来看，印度劳动法律制度对于劳工权利的保护程度远高于同等经济发展水平的发展中国家，甚至超过了部分发达国家。许多经济学家都认为针对有组织部门中正式工人的保护程度妨碍了印度企业规模的扩大和劳动密集型产业的发展。有研究发现，印度在《工业纠纷法》中引入更多保护工人权利条款的邦，其制造业正式部门中的产量、就业水平、投资水平和生产率更低，而非正式部门的产量在上升。与此同时，更具保护工人权利倾向的制度和立法还与城市贫困水平的上升相关。经济学家巴格瓦蒂研究了为什么印度的劳动密集型部门缺乏中型和大型企业，也没有创造出更多更好的工作岗位。他的解释也与印度劳动力制度有关。他认为，印度的经济改革只集中在产品市场，劳动力和土地市场上仍然存在多重管制，严重阻碍了制造业，特别是无技能劳动密集型部门的增长。

第四节 结构失衡：印度能否"弯道超车"

《哈佛商业评论》2020年初一项研究表明，目前在世界500强企业中，30%的掌舵人都是印度人。如桑达尔·皮查伊于2004年加入谷歌（Google），2015年10月接任谷歌首席执行官，2019年12月接任谷歌母公司Alphabet首席执行官；萨提亚·纳德拉2014年接替史蒂夫·鲍尔默出任微软公司首席执行官；山塔努·纳拉延于2007年接替Adobe前首席执行官布鲁斯·奇岑，在此之前他曾担任公司总裁兼首席运营官。印度裔高管的家庭背景几乎很普通，但教育背景大多过硬：大多数在印度顶尖高校完成本科教育，然后在国外知名学府深造；他们通常在一家公司慢慢升职，而不是为了更多的薪水跳槽。中国国内一些人从这一现象热炒印度人国际化水平高于中国等。根据笔者的观察，不能得出这样的结论，这不代表印度的国际化水平。出现这种现象要从印度信息技术产业发展谈起。

笔者对印度信息技术产业发展非常感兴趣，曾专门赴班加罗尔采访和参观过相关企业。在一位嫁给印度人20多年的中国女士的"穿针引线"下，笔者2017年参观了她丈夫在班加罗尔的外包公司。公司名字是全球业务快速解决方案印度有限公司，阿洛克是公司总经理，也是这位中国女士的丈夫，来自旁遮普邦的婆罗门家庭。这家婆罗门很开放，她嫁到印度后，婆婆允许他们自己选择居住城市，于是他们移居气候适宜的印度"硅谷"——班加罗尔。公司位于印度班加罗尔市中心位置，两栋四层高的楼紧挨在一起，楼顶处通过天桥相连。除一个员工餐厅外，楼顶布满天线。班加罗尔、古尔冈市和海得拉巴市等都是印度后起的信息技术城市，这些城市的低矮楼房的房顶都布满了类似的天线，楼内是各种信息技术外包公司。

笔者参观了两栋楼内的设施，每扇门都采用指纹识别开门，办公室根据任务不同面积也不同，并且因为时差不同，每个小组的上班时间也不同。除了办公室，最显眼的就是两栋楼内的7个视频会议室，每个视频会议室的面积为20多平方米，能够即时与全球各地的任何地方连线。阿洛克指着一楼服务台告诉笔者，1997年他就是从这里开始的，公司刚开始时只有4个人。2017年，公司员工已经发展到1200余人，其中班加罗尔总部有800多人，另外400余人分别在印度和其他有业务的国家。公司主要业务集中在信息技术软件外包方面，包括人力资源服务、质量服务、工程服务，以及提供各种信息技术产品等。公司业务遍布全球8个国家的200多个公司，75%的公司业务面向国外，25%的公司业务服务印度本土公司，全球市场中美国市场增长最快。随着越来越多跨国公司的业务向印度转移，本土业务在不断增长。笔者还去班加罗尔信息技术中心的产业园参观，看到一个个大公司比肩而立。2018年12月，中印高级别人文交流机制首次会议举行，笔者作为代表参观了印度软件外包巨头印孚瑟斯部分园区。园区内拥有花园式办公环境，绿树浓郁，设计奇特的建筑和端着咖啡的时尚年轻男女构成了印度的另一番天地。

印度信息技术外包产业为何成为全球第一？这缘于印度产业政策和全球产业转移。印度最初的信息技术外包服务产业发端于1967年孟买的塔塔咨询服务，1977年开始向海外出口信息技术服务，这期间正值美国信息技术服务业向外转型。印度第一个软件出口带，即今天的孟买信息技术园区建立于1973年。20世纪80年代，80%的印度信息技术软件出口都来自这个工业园。印度的信息技术外包产业迎来转机是印度1991年经济改革，印度政府把信息技术作为国家战略推动，班加罗尔、古尔冈、海得拉巴、科钦等都是这波信息技术外包产业发展兴起的新兴城市。据印度学者向笔者介绍，其中最重要的是美国卫星技术的发展和西方公司解决千年虫。在解决西方公司的千年虫期间，印度信息技术外包公司掌握了全球大型跨国公司的代码并与之建立了联系，让印度信息技术外包产业进入21世纪后迅速崛起。1998年信息技术外包产业总产值占印度GDP的1.2%，到2017年增长到7.7%。印度品牌价值基金会显示，2019年印度信息技术外包产业收入1770亿美元，约占全球55%的份额，雇用436万人，美国占据了印度信息技术外包服务出口的2/3。[1]80%左右的印度信息技术外包产业面向国外服务，约20%服务用于国内。

这就解答了印度为何"盛产"CEO的问题，其中最重要的原因之一就是印度信息技术外包产业的发展。20世纪70年代，美国很多科技企业在本土找不到足够的人才，开启了向印度外包的计划，印度成为美国科技公司技术人才的培养基地。以印度最大的技术外包公司TCS为例，20世纪就进入了美国市场，为美国公司的系统维护、软件开发等职位输送了大量印度技术人员，慢慢被印度人包下来。美国特朗普政府限制高科技签证政策，受害最大的是印度，为此莫迪政府不断通过外交途径与美国交涉，成为两国外交的一个重要议题。在笔者2019年底回国航班上，一

---

① "IT & BPM Industry in India"，IBEF，Oct 21，2020. https://www.ibef.org/industry/information-technology-india.aspx.

半以上是印度人，与邻座的印度人聊天发现，他是在美国工作的印度"码农"，通过中国转机去美国。旁边是他的爱人和两个孩子，已经在美国工作多年。

其次是印度教育和英语。笔者在印度听得比较多的一句话是，"去不了印度理工，才去麻省理工"。据说，这是印度理工人的骄傲。印度理工学院是1951年由印度政府出资和划拨土地建设的工程与技术学院，在全印度设有7所学院，在全世界享有盛誉，被誉为印度"科学皇冠上的瑰宝"。印度理工学院培养的信息技术人才遍布全球，美国硅谷更是这些人才的聚集地。印度为世界提供了数百万"廉价码农"，被誉为"世界办公室"。因此，机缘巧合，以上因素是世界500强中印度CEO比较多的原因。

印度信息技术外包产业发展透视出印度经济发展的独特路径和经济结构，同时展现出印度在传统产业格局和利益日益固化情况下，希望通过发展新兴产业来取得突破的"弯道超车"思路。2019年印度国内生产总值约为2.9万亿美元，大约相当于中国2006年的水平。2020年因疫情预计有大幅下滑，大约相当于中国2004年到2005年的水平。在这样的发展阶段，印度信息技术外包产业高歌猛进，约80%都服务于国外，与国内经济融合的很少，这本身就说明了很大问题。信息技术外包行业属于服务贸易行业，服务贸易发展快，说明该经济体经济发达。印度却恰恰相反，主要因素是传统产业发展受限，只能抛开传统产业，另辟蹊径，寻找不触动传统产业和利益格局的产业增长点。这是印度信息技术外包产业快速发展的原因之一。

事实上，印度自独立以来经济就处于失衡状态，随着经济改革，市场在资源配置方面发挥着主导作用，缺乏有效制约，经济失衡更加严重。这种失衡体现在多个方面：经济结构失衡、收入分配失衡、城乡发展失衡及经济发展地区失衡。资源主要集中在占总人口35%的城市，占总人口65%的农村享受经济发展红利最少；资本和技术密集型产业是国家发展的重点，劳动密集型产业欠缺；服务贸易和服务业独领风骚，货物贸易和工业化水平低；服务业占主导，但65%以上的就业人员却集中在农业。

失衡中最严重的是经济结构畸形。与亚洲其他发展中国家相比，印度制造业相形见绌。根据世界银行数据，1980年至今，印度制造业占国内生产总值比重始终徘徊在15%—16%，而亚洲其他经济体则高达25%—34%。制造业的缓慢发展严重制约了印度经济的发展。经济改革以来，印度经济发展重点在资本密集型和技术密集型产业而非劳动密集型产业，受益者多是中产阶级以上群体，庞大的底层民众受益很少。这使得整体教育水平低、劳动力素质不高的广大底层民众无法参与到制造业活动中。这也是学者们经常称印度是"无就业增长"的原因。

20世纪90年代经济改革以来，印度服务业发展迅速，农业和工业发展缓慢，最后发展成服务业是国民经济主导的格局。根据印度财政部部长西塔拉曼公布的2019—2020财年经济数据，印度农业比重为16.50%，工业为28.20%，服务业为55.30%。尼赫鲁等开国精英意在把印度建设成为工业发达的现代强国，发展结果却是印度虽然形成了较为完整的国民经济体系，但没有形成强大的工业基础和制造业，反而形成了一个以服务业为主导的产业结构（见表5）。这一产业结构如果是发达国家则比较成熟，但对于发展中的印度则是畸形的，因为这一结构解决不了印度就业和发展难题，反而成为印度发展的制约。进入21世纪以来，印度政府开始加速发展制造业，尤其是莫迪政府执政以来把"印度制造"上升为国策。从这几年的发展结果来看，不尽如人意，这里面既有政策导向失误的问题，也有产业结构调整的问题,不是一朝一夕的事情,这种产业结构将在很长一段时间甚至长时期阻碍印度经济发展。

表5　独立后印度三大产业在国内生产总值中比例的变化(单位:%)

年份	第一产业	第二产业	第三产业
1950—1951	53.34	13.74	32.92
1965—1966	40.93	19.60	39.47
1980—1981	37.46	22.93	39.61
1990—1991	31.95	24.21	43.84
2010—2011	16.66	26.02	65.32
2019—2020	16.50	28.20	55.30

数据来源:印度统计公报历年数据。

世界主要成熟经济体产业结构变动的一般趋势是,随着经济发展,第一产业在国民经济的地位呈现下降趋势;第二产业逐渐上升,达到一定程度后呈现下降趋势;第三产业则一直呈现上升趋势。独立后,印度产业结构变动趋势和世界主要成熟经济体大体相符,但也表现出自己的不同特征。首先,第一产业在国民经济中的地位逐渐下降,但依然占据较高比重。其次,第二产业比重虽有所提高,但一直不太高。最后,第三产业上升为国民经济主导产业。这种独特的产业结构对印度经济发展产生深远影响。

就人口分布和就业来看,目前印度65%人口还在农村,60%以上的劳动力在农村。第一产业在很大程度上决定着印度未来的走向。第一、二产业发展滞后,第三产业又没有发挥对国民经济的引领作用,这使得印度广大农村劳动力转移不出来,农业与工业两张"皮"在很大程度上互不搭边,无法形成良性互补,这是

造成印度城市化率低的根本原因。

这种畸形的经济结构还造成独立以来印度长期处于双赤字状态。独立后，印度财政大部分时间处于赤字状态，且愈演愈烈。经济改革之前有时财政还能略有盈余，但改革后财政赤字越来越严重。2009—2010财年中央财政赤字高达6.5%，加上各邦数据后达到了9.7%。2014年莫迪上台以来，将财政赤字设定为3.5%，但大部分年份做不到。从1947年到20世纪90年代初，除了两年贸易有顺差外，其余年份都是逆差，贸易赤字越来越严重，也引发国际关系的紧张。1990—1991财年贸易赤字为94.38亿美元，2019—2020财年贸易赤字依然高达1700亿美元。通货膨胀始终高位运行。长期的赤字财政政策、改革以来历届政府的经济刺激、国际能源价格的上涨和国内劳工成本的上升等让印度经济增长积累了巨大的通货膨胀压力。每年粮食、蔬菜和工业品价格波动式涨跌，通货膨胀率经常处于高位运行，最近10年来基本维持在6%—8%。

上述问题大多与产业结构密切相关。作为人口众多、需求旺盛的发展中大国，印度欠发达的农业和落后的工业是其所有问题的根源。滞后的农业难以满足国内因人口增长而逐渐扩大的农产品需求，造成农产品价格不断上涨。为促进农业发展，不断增加的农业补贴不仅使政府财政赤字持续增加，而且使印度财政赤字居高不下，从而加大通货膨胀压力。相对落后的工业和制造业也难以满足印度国内需求以及人口增长和收入增长带来的工业品需求。印度只能从国外进口，而国内仅有的初级工业所需的大部分零部件也需要进口，出口却难以同步增加，导致贸易赤字连年攀升。

2003年高盛发布的《迈向2050年》报告预测，印度的经济增长率可在2010年左右超越中国，在未来50年里印度有望成为世界主要经济体中经济发展速度最快的国家。[1]印度历届政府也希望弯道超车，在强大服务业基础上迅速发展印度制造业，完成印度工业化进程。这种想法在印度很有市场。疫情后印度经济增长率再次超过中国，但其间歇性增长和诸多短板依然制约着印度。

笔者对印度弯道超车和未来发展前景持保留态度。这些年印度三产结构的确在向良性演化，但鉴于短板太多，短期内无法达到这个目标。第一，传统政治社会文化的制约，这在第一、二部分已经论述过。

第二，印度经济结构中农业的基础不牢靠，而服务业发展基础也不牢，将制约印度可持续发展。近代以来，世界上还没有一个大的发展中经济体弯道超车，绕过工业化道路直接进入发达国家行列，对于印度这样人口庞大的国家更是不例外。印度的服务业基础是脆弱的农业和工业，这让印度整体发展很不牢靠，形成经济发展的二元化和两层皮现象，使印度经济始终处于全球价值链低级和脆弱的境况，落后的第一产业和第二产业无法形成强大的消费市场和经济发展"滚雪球"效应。

第三，羸弱的工业化和高企的服务业无法转移农村庞大劳动力，吸纳大量就业，这让农村一直处于低发展水平层次上，农村产业化无法与印度制造业很好结合。莫迪政府执政以来大力发展印度制造，吸引外资，以出口市场为重点，获得国外大量委托加工制造，印度制造业和工业化有一定发展，但总体进展不大。印度服务业创造的就业机会有限，因为其快速发展主要集中在银行

---

① Dominic Wilson and Roopa Purushothaman, "Dreaming With BRICs: The Path to 2050", *Goldman Sachs Global Economics Paper*, Oct 1, 2003.

保险服务、证券金融服务、信息软件服务等领域。这些行业都是服务实体经济的行业，人才准入门槛很高，需要素质高、受过良好文化教育、具备专业素养的人。当印度的文盲还以亿来计算时，服务业吸纳的中低端就业能力有限，使得农村剩余劳动力无法大规模向城市转移。

第四，印度经济增长模式悖论。印度学者普拉巴特·帕特奈克认为，印度经济增长过程面临两难困境：除非新产品和新技术不断被快速引进，否则印度经济将陷入可预期的生产过剩危机；即使为了避免危机，如果新产品和新技术被引进，印度也将面临失业加剧、国内生产总值中生产剩余增加、贫富差距持续扩大、二元经济更为恶化的困境。[①]这主要归因于以下因素：落后的基础设施使得印度国内外投资不是选择制造业，而是高科技服务业。伴随而来的是印度经济增长并没有带来大量就业和工资的大幅提升，印度工人始终处于仅靠获取工资维持低收入的消费水平；印度企业投资高新技术服务业产生的较高利润回报，除了用于消费外，主要部分用于再投资，形成印度扩大再生产；在印度经济自身循环中，资本家的投资与消费相互促进，成为推动经济增长的主要动力，使得印度资本家阶层始终处于"高收入—高消费—高储蓄—高投资"的循环中，广大工人和农民无法进入该循环体系。

---

① Chandrashekhar C.P. and Ghosh J., "Recent Employment Trends in India and China: An Unfortunate Convergence?", *Social Scientist*, Mar – Apr, 2007.

第三章　待解的印度三农困境

独立后印度农村土地改革和随后的"绿色革命"解决了印度人吃饭的问题，但没有从根本上解决印度农村封建生产关系，无法调动农民工积极性，解放农村生产力。包括农业合作化和乡村建设等政策和改革让印度的三农有一定发展成效，但没有从根本上解决农民贫困、农村稳定和农业发展问题。自从经济改革以来，农业占国内生产总值比重大幅下降，但依然占有较高比重；农业有所发展，但受益人群依然有限；城市化有所增长，但农村剩余劳动力大规模进城困难重重；诸多农产品产量和出口居世界首位，但农业与工业无法形成互补的良性循环等。三农问题依然是印度崛起道路上一道难以逾越的障碍。

第一节　印度农村"地主"过得怎么样？

笔者也曾短暂到过印度的农村，尤其是当时去中央邦中国老兵王琪家，但对农村的整体状况并不了解。印度的一位朋友一直劝说笔者要深入印度农村，了解最真实的印度。受此启发，2018年10月1日至2日，笔者专门带着一位熟悉当地情况的印度朋友和一位翻译，采访了印度德里和哈里亚纳邦多个村庄，对印度农村有了一定认识。这次采访着重了解印度农村政治结构、种姓制度、社会习俗、农民和农业发展状况、农村教育和卫生医疗等。通过这次采访，笔者真切感受到上面分析的内容的真实性，对印度农村困局有了粗浅了解。给笔者感触最深的是，印度农村基础设施建设有了一定程度的发展，有地的"地主"生活温饱有余，大"地主"已经接近小康，农村教育医疗水平也有一定提升，难点是印度广大无地的农民工和佃户等很难享受到这些有利条件。当然，笔者去的是印度新德里农村和农业发达的哈里亚纳邦农村，在北印具有一定的代表性。这些地区与笔者在比哈尔邦和中央邦路过的农村差不多，都是印度河与恒河平原上土地肥沃的地带。

10月1日，笔者赴约特村和吉码斯普拉村，两村相距三四公里，位于新德里西北部约50公里。这次出行笔者带着一位印度朋友拉柱和一位尼赫鲁大学在读博士翻译高伟士。拉柱曾做过中国媒体的雇员，非常熟悉当地情况。高伟士来自比哈尔邦农村，做印地语翻译。在拉柱的引导下，我们来到早前约好的约特村公共福利与农村发展社会主席马斯特·泰姬·辛格的家中。该村有村长，属村里的行政机构。村长经选举产生，由上一级政府任命。公共福利与农村发展社会组织则是村里的乡绅组成的辅助治理村庄的社会性组织，就是传统村社中的"五老会"。本来笔者打算问问这个人的种姓，高伟士直接告诉笔者，从辛格的姓名就看出是第二种姓刹帝利。

辛格一身印度白色长衫，满头白发，宽阔的额头和圆润的脸庞透露着刚毅和威严。辛格引导着笔者来到他位于村中间的住所，这是一栋淡粉色的两层小楼，庭院前的高墙和稍显华丽的大门显示着这家主人的富裕和尊贵。庭院不大，楼房正门右侧是一个类似中国厢房的会客室兼卧室，里面靠墙摆着沙发、茶几和座椅。沙发上面是一个类似佛龛的小装饰台，里面分层摆满了佛像和象神（财神）及小孙女和小孙子的照片。

靠门口两边各自摆着两张紧挨着的床，上面铺着床单和行李。窗帘比较考究，房顶挂着吊扇，深紫色漆涂装的屋梁油光锃亮，与白墙形成鲜明对比。后墙最上面有一个小天窗，天窗下面是按照辈分从上到下悬挂的家族先辈的遗像，辛格介绍，最下面是他父亲。从遗像上看，辛格是第四代，前三代都包着头巾，但不知道为什么辛格去掉了头巾。翻译高伟士一坐下就说，屋里烟味很浓，一定是很多人聚会的场所，这不是普通人家。

辛格说印地语，高伟士翻译成英语，笔者用英语提问，高伟士再翻译回去。根据辛格的描述，他们夫妇都是老师，现已退休，有两个女儿和一个儿子。两个女儿也是老师，儿子是医生。辛格的爷爷给家族留下了30英亩土地。家族有40余人，20余人种地，20余人从事公职。辛格是家长，目前是一家三代人，24名男性，16名女性。这个家族说五种语言，包括梵语、乌尔都语、英语、印地语和哈里亚纳语。农村里还有很多人会写乌尔都语。笔者从辛格这个名字可以猜出他是锡克教徒，来自旁遮普地区，哈里亚纳邦本来就是从旁遮普邦分出来的，旁遮普邦的通用语言是旁遮普语，同时乌尔都语和哈里亚纳语也是这一地区的常用语言。

1975年政府给了每人一块土地，包括第四种姓首陀罗，现在村里人（高种姓）都有土地，大部分人都有一两英亩。现在该村已有1万余人。每个家庭都有厕所，有的家庭甚至有两三个厕所。村民还花费35万卢比建了公共厕所。现在政府有政策，但需要村民追着官员要这些政策和补贴。辛格说，村庄有政府基层组织，但他们不太管理。辛格鼓励当地有钱人出资建设村庄，设立垃圾站，雇用垃圾工，清洁村庄。

辛格给笔者介绍了莫迪政府对农业的做法。8年前农民购买种子和化肥时，政府给了很大折扣，但现在政府将折扣取消了。如今政府将免费的电费也取消了，农用电费价格更高了。辛格认为新德里政府不支持农民。政府原来给农民买各种保险，包括水灾险和天灾险等，但现在政府不再给农民购买这些保险。

从辛格家里出来，辛格找来副主席瓦特斯，他们两人带领笔者参观了村庄。这是一个大村，村里犹如迷宫般的道路拐来拐去，路两边都是样式差不多的高墙小院，排水沟都在路两边。转出村庄后，新修的柏油路对面是另一番天地，这里是一大片公共土地，有一个印度教神庙，毗邻神庙的是一个新挖的湖，里面挤满了水牛，湖水是用来灌溉农田的。神庙里有一个摆地摊的妇女和她的孩子，里面供奉着湿婆神等雕像，不时有村民过来朝拜。

与神庙毗邻的是一个公园，估计有四五英亩大小，进门有一个新修的公共厕所，女厕锁着，男厕开着，但里面有些脏乱。公园里比较干净，沿着围墙是散步小道，中间有一个石头和土垒起来的喷泉，还有一个吊式路灯。公园的右侧蒿草丛中有一些健身器材。每到傍晚，人们饭后会来这里健身和散步。挨着公园左侧则是一大片废弃土地，里面有些破败的房屋，辛格说这是即将建设的村体育馆。走进这个破败的地方，里面竟然还隐藏着一个训练场，一个公司捐建的室内健身房，实际上就是两个杠铃。据辛格介绍，很多人前来健身。健身房右侧是一个高台，里面是细腻的沙土，还有一个拴着绳子的木板。辛格说，这是女孩练习摔跤的场所。受电影《摔跤吧！爸爸》影响，现在各村都建立了摔跤训练场地，人们也逐渐重视起女孩的教育。

与即将建设的体育馆一路之隔的则是该村的学校，名字就叫约特村学校。大门上是两个穿着校服的女学生的画像，栩栩如生。

整个学校由高墙包围着，墙上布满铁丝网。保安很严格，一看到笔者是外国人，还带着相机，马上很客气地要求笔者停止拍照，也不让笔者进去。在辛格的介绍下我们才得以进入学校。校门两侧各有一个宣传板，主要展示保护生态、爱护地球等内容。步道右侧是一块荒地，据说这是即将建四层楼高的教室的预留地。

　　沿着步道向前走，首先映入眼帘的是神龛，里面供奉的是文学和音乐的女神——娑罗室伐底女神。娑罗室伐底女神一手拿着书，一手拿着一个印度传统乐器，才艺双全。一排两层高的楼房是教室，大厅里挂着各种教育和激励用语。学生正在考试，大小教室都是考试场所。因为有些教室正在维修，还有一部分学生在室外考试。校长介绍，学校建于1960年，是一所公立学校，共有557名学生，其中男生328名、女生229名；共有47名教师，包括35名公职老师、12名民办老师。从幼儿园到高中总共27个班。这是印度标准学制，3—5岁上幼儿园，5—10岁上小学，10—16岁上初中，16—18岁上高中。招生范围覆盖附近两个村，主要授课语言是印地语、英语和梵语，全部资金来自德里政府。高中可以分科，有科学、医学和经济三个学科可供选择。从幼儿园开始开设英语。为了鼓励第四种姓首陀罗和达利特孩子上学，8年级以下全部免费。学校免除学生的所有费用，包括课本费、学费、校服费等，中午还有一顿免费午餐，学习好的学生还有奖学金。每个学生的费用都存入银行卡直接发给家庭，由各自家庭自行购买学生所需物品。

　　走出学校，笔者在瓦特斯的引导下来到该村的妇女技能培训中心。根据牌匾记载，这是2017年5月3日由德里扶轮社和辛格尔缝纫机公司共同捐资修建的，是缝纫机公司为约特村缝纫和技能培训中心提供的社会经济发展项目，由缝纫机公司提供缝纫机，扶轮社提供日常维护和培训。该中心包括前厅在内只有三个小房间，全部也就三十多平方米。在老师的指引下，十几名妇女忙碌着分发布面和操作缝纫机缝制衣服。

该培训中心主任米拉说，这些农村妇女学完后可以自己在村里开店做服装，也可以去服装厂工作。每天开设两节课，10点至12点为第一节课，12点至下午2点为第二节课。从2017年5月开始到现在，已经有两期毕业，每期6个月，通过考试的人有20名，现在是第三期。无论年龄大小，该村的妇女和女孩都可以来此学习，但结业时需要考试，考试通过会颁发毕业证，拿这个毕业证可以去找工作。家里经济情况不好的，可以凭缝纫技术贴补家用。

以上是约特村中有地农民的生活。距该村几公里远的吉码斯普拉村则是另一番景象。村里没有像样的路，很多房子都是就坡临时搭建的，狭小且简陋，还有很多用布帘当作门。路两边的排水沟臭气熏天，垃圾到处都有。房前屋后都是牛棚和饲料，路上还有新鲜的牛粪。很多人家中没有牛，好一点的家庭屋外能有一两头牛。与破败的村庄相比，唯一新鲜的亮点是有的家里加装了细小的排水管道，村里垃圾堆上多了一个铁的小垃圾桶。除了村边一个水泥做的神龛外，垃圾桶是村里唯一的公共基础设施。与约特村的印度教神庙、公园和学校相比，简直是天壤之别。

据跟随笔者的翻译高伟士介绍，这是一个贱民居住的村庄，所有土地都是约特村捐献的，目的是不让贱民与他们住在一起。笔者参观了琳娜家，非常震撼。琳娜一家住在一个挨着土丘搭建的类似牛棚一样的小房子里，房顶长着蒿草和几棵玉米，如果不是门口一张窄床和三块折断的石棉瓦，根本看不出这里还有一户人家。房子依土丘而建，与土丘融为一体。屋外左侧破损的墙体下是一个绿色水桶，里面还有半桶水，水桶旁边是从墙体接出来的小洗漱台，上面放着杯子和碗。挨着水桶的则是一个坑坑洼洼的铝盆和两个垒起来的陶罐。临墙不足一米的地方就是排水沟，排水沟里面就是琳娜家的所有土地，大约不超过20平方米。与破败的陋屋相比，门口正前方左侧一米处是一个水泥厕所，没有封顶，门口右侧是两个深一米左右的小井，一个井口在床底下，一个在床旁边。经询问得知，这是化粪池，与厕所相连。

走进琳娜家，眼前的景象更是让人吃惊。屋内大约有10多平方米，没有窗户，屋顶是裸露的黑黑的房梁，上面的泥土已将房梁压弯，给人一种好像随时会坍塌的压抑感。墙体是经过粉刷的，但年久失修，红砖与泥土在斑驳的墙体上裸露着。门口有一个老旧的电扇和一个做饭的大勺。屋里正面是一个水泥做的小床，临床有一个印度农村典型的编织小床。左侧墙上挂满了一家人的衣服，右侧墙中间凸出一个平台，上面摆满了杯子和孩子上学的用具。仅此而已，几乎就是家徒四壁。琳娜介绍，她有一儿一女，一个上5年级，一个上8年级，丈夫常年在外打工。家里没有土地，没有固定收入，饥一顿饱一顿。根据村里的年长者讲述，该村有1200余人，都是贱民，政府的政策基本普及不到该村，村民几乎是自生自灭。吉码斯普拉村的村民属于无地的佃农或农民工，服务于高种姓村庄，他们很少有农业生产资料，主要是租种土地或为有地的农民打零工，享受不到约特村村民的所有福利。

10月2日，笔者走访了哈里亚纳邦利赤普拉村，距离新德里大约200公里。这是笔者朋友拉柱的舅舅克拉迪所在的村庄。相比其他邦，哈里亚纳邦人比较富裕。克拉迪是瓜子脸，脸庞棱角分明，岁月在脸上留下的皱纹就像秋天村庄里被洪水淹过的玉米地一样，收获的黄色与夹杂其间的绿色配上田里的残水，给人以大自然的美。

克拉迪家从外面看不太起眼，从道路一侧墙头下一个装饰过而又略显小的大门进去，进门后是门房，门房位于左跨院，里面还有一台崭新的拖拉机和铡草机。左跨院和正院中间有一堵小墙，但墙体只到院中间，所以左跨院与正院是连在一起的。正院里正房是两个卧室，两边是厢房。左厢房第一间是烧茶水的厨房，第二间是储藏室，里面有小麦和各种农具及农药；右厢房第一间是正式厨房，里面有洗漱台、灶具和厨具，第二间是两个卧室。

穿过正房，后面是牛圈，四头水牛和一头小牛被拴在树下。旁边有两个牛圈，一个是露天牛圈，牛槽外面罩着大型蚊帐，一个是室内牛圈，里面有牛槽。无论露天与室内，牛圈都干干净净，也没有太大异味。正院和左跨院也是如此，非常干净整洁。右跨院通过一堵高墙与正院完全分开，里面蒿草丛生，有一个油布覆盖的高高的牛粪堆。从整个院落的布局来看，这是一个印度农村非常富裕殷实的家庭，农具齐全，房间充足，院子干净利落，能看出房主是一个生活有条理的人。

笔者抵达时已经过了上午11时，克拉迪给笔者提供了早餐，虽不算丰盛，但也非常合口。每人一个餐盘，里面是两张油汪汪的手抓饼。还有三份小菜，分别盛在锃亮的小餐具里，一份是炖土豆，一份是黄瓜，一份是豆子。每人一杯由牛奶制作的酸奶，所有食材都是自家出产。

吃完饭后笔者与克拉迪聊天、访谈。他们全家有11口人，包括克拉迪的父母、克拉迪的兄弟及他们的妻子、克拉迪的两个儿子、克拉迪弟弟的三个孩子，祖孙三代，其乐融融。克拉迪一家有8英亩土地，主要用来种植棉花，一年有70万卢比左右的收入，年投入在40万卢比左右，利润在30万卢比左右。家里所有孩子都在私立学校上学，每个学生每年学费为2万卢比。

据克拉迪介绍，原来这里是一片荒地，1967年他的爷爷来这里定居时，全村只有一户人家，现在全村已有800余人、80多户人家，除了4家首陀罗没有土地外，其他所有家庭都有土地，多则60多英亩，少则1英亩，更多的是三四英亩。以前村里有一所公立学校，但因为人们都把孩子送进私立学校，这所公立学校开设不久就废弃了。笔者在村头看到了这所废弃的学校，几间破败的教室已经淹没在蒿草丛中。距离该村6公里有一个私立学校，村里的孩子都去那里上学。村里没有医院，村民需要到4公里外的私立医院看病，也没有政府所说的医疗补助。公立医院可以看病，但大部分时间看完病没有药，需要到私立药房买药。由于人多，在公立医院就诊需要排队等候，有时候多则几个月，少则几个星期。所以每个地区都有大型私立医院。笔者在沿途200公里看到，每个地区都有现代的私立学校和私立医院，很少看到公立医院和公立学校，有的虽然写着公立学校，但拉柱和翻译说都是私立的。

按照政府政策，克拉迪每年购买种子、化肥等政府会给15%—20%折扣，算作农业补贴。每户每月缴纳200卢比电费，用电量不限。但因为经常停电，村里主要用柴油发电。按照规定，所有农产品都要卖给政府，政府按照指导价格收购。每斤棉花1200卢比，后来涨到1900卢比。

自莫迪政府以来，农产品价格有变化，政府也不太作为。由于2018年雨水多，洪涝灾害严重，笔者来的时候正是农业收获季节，但甘蔗田、棉田和玉米高粱地里都是水，无法收割，政府从来不过问。水里有很多毒蛇，克拉迪所在的村庄已经有四位农妇下水收割被蛇咬死。更多的是农民不了解政府有什么政策，官员也不告诉农民。化肥价格也在涨，政府卖给农民的价格从几年前的800卢比涨到2018年的1200卢比。

越来越多年轻人不喜欢种地，希望出去工作。受教育的人也越来越多，他们更不愿意回到家乡。这个村子有一个村长，同时还有政府任命的乡绅。克拉迪的父亲就是这个村的乡绅，政府每年象征性地给1500卢比，已经10年，让他作为村里的代表解决邻里纠纷。

回程路上路过一片菜地，笔者停车顺便与管理菜地的小伙子聊天。小伙名叫古维达，25岁，居住在附近一个叫理赤普拉的村庄。这是他自家的菜地，有6英亩，主要种植花菜，远远看上去绿油油的。家里有父母，还有一个弟弟，一家四口经营这块菜地。笔者在菜地看到有两口井。据古维达介绍，这些井都是自家打的，政府没有补贴，包括电费政府也不给补贴。最忙的时候他雇用了15个帮工。

根据古维达介绍，他家每年在菜地上的投入为30万卢比左右，一年的毛收入在100万卢比左右。最好时一公斤花菜能卖50卢比。化肥的价格与刚才提到的村庄一样，都在涨。古维达说，政府出台很多支持农业的政策，但要享受这些政策则需要拿钱，不给办事的公务员钱，这些优惠政策都拿不到。因此，他从来不去要这些政策，因为这既浪费钱又浪费时间。比如贷款，申请贷款需给银行办事人12%的回扣，这还不算贷款利息，所以干脆尽量不去贷款。

古维达表示，理赤普拉村有2000余人，其中一半的人都有土地。该村有一所公立学校，学校有30名学生、5位老师。大部分学生都去私立学校上学。该村没有公立医院，有一个私人诊所。要看病需要到数公里外，有公立医院，也有私立医院，但公立医院没有药,所以最后大部分人还是去私立医院。笔者看到连接这些村庄的都是新修不久的双向两车道柏油路,虽然质量差一些,但总体能通行。

笔者根据在印度这些农村的所见所闻可知,尽管天灾等带来诸多挑战,印度有地农民,即"地主"总体上的生活温饱没有问题,有的甚至进入小康水平。印度有地农民占印度农村人口比重不大,后文有详述,因此本节对印度有地农民统称"地主",其中包括自耕农。印度农村基础设施也在缓慢发展,医院、学校等配套设施围绕小城镇逐渐发展起来。后面分析的印度土改和惠农政策发挥了重要作用。

第二节 半拉子土改和失策的三农

印度有地农民生活相对来说比较稳定舒适,为何还经常爆发农民大规模示威游行和农民自杀现象呢?笔者认为核心问题是印度大规模土地改革不太成功和印度三农政策的失误。在现代历史上,很多国家进行过土地改革,但进行过大规模土地改革的,中国和印度比较典型。印度土地改革持续40余年,从时间跨度和土改面积来看,规模之大仅次于中国。印度土改最终只是部分改变了印度农村封建生产关系,并没有撼动印度农村村社经济体系和半封建生产关系,加之种姓制度的传统和现代政党政治等因素的影响,印度三农问题现在依然是制约印度崛起的根本性因素之一。

独立之初,印度广大农村占统治地位的经济关系是封建半封建的生产关系。粗略统计,全国总耕地面积中拥有30英亩以上土地的各类地主占有全国土地总面积的1/3。全国总耕地面积中佃农耕地占一半,其中1/3采取分成制,佃农耕地约有一半属于不在农村的地主。自耕农和佃农耕种的土地很少,全国2/3的农户拥有的土地每户不足5英亩,占全国耕地总面积不足1/5。大部分人靠打零工才能维持生活。农村还有大批没有土地的人。

　　农村中的地主分为三类。第一类是柴明达尔地税制度。这部分地主从佃农手里收租,一部分租税上交政府,坐享地租和地税之间的差价,是政府和农民之间的中间人。这部分人里还有一部分是商人高利贷者,他们不在农村,土地事宜由其管家料理,甚至有的直接把土地租给二地主或三地主,土地层层转包。由于缺乏确切的数据统计,只知道1948年中间人占有全印耕地面积的60%左右[1];第二类是农村兼并土地形成的地主,在印度称之为莱特瓦尔地税制和马哈瓦尔地税制。这类地主多是农村富裕商人或富裕农民,人在农村,土地多是分成制;第三类是原来土邦的封建主。土邦王公封赐,多是高级官员、军官、僧人等。地主下面是佃农,其形式千差万别,比佃农还差的是农业工人,大多来自贱民。他们没有任何土地,食不果腹,衣不蔽体,草棚之屋,是农村中的最下层。独立之初印度广大农村非常贫穷落后,绝大部分都没有电灯、安全用水、教育等基本社会必需品,没有道路等基础设施。

　　独立后,国大党把土地改革、农村合作化和农村建设作为破解印度农村封建生产关系和解决三农问题的途径。土地改革主要有三项内容,一是废除中间人,即废除柴明达尔地税制度;二是改革租佃制;三是实行土地最高限额。简言之,废除中间人,实

---

　　① 林承节:《印度独立后的政治经济社会发展史》,昆仑出版社2003年版,第92页。

行耕者有其田，禁止土地转租（寡妇和无力耕种者除外）。租佃制改革是农民连续耕种同一块佃耕地6年即可获得该土地的所有权，佃农可以购买土地。土地实行最高限额，以标准家庭的3倍为最高限额。土改后的经营方式是家庭农场、合作社、集体农场和国有农场，在此基础上发展农村建设。其中印度土改主要推动者是尼赫鲁和其女儿英迪拉·甘地。

　　经过尼赫鲁和英迪拉·甘地的坚持，尽管废除缓慢，到20世纪80年代初，印度前40年的土改终于取得部分成功，部分改善了农村生产关系，在一定程度上促进了农业发展。土改为印度农业资本主义创造了条件。第一，基本废除了柴明达尔地税制度，中间人制度大幅减少。根据林承节《印度独立后的政治经济社会发展史》一书记载，"一五计划"期间，印度政府共计收回259万个中间人地主的土地，共1.73亿英亩，约占全国耕地面积3.6亿英亩的48%。约有2000万名佃农获得了佃耕地的所有权，很多通过分期付款变成自耕农，还有部分无地农户获得少量土地，在一定程度上调动了农民积极性。佃农佃耕地1953—1954财年占总耕地面积的20.33%，1960—1961财年降为10.69%，1971—1972财年降到10.57%。占总耕地面积提升至35%—40%。[1]

　　第二，土地最高限额取得很大进展，英迪拉·甘地在此事上做得比较激进，进展较大。尼赫鲁时期印度土改取得的效果有限，拥有土地不平等现象仍然突出。农村改革核心还是降低限额标准，有效制止大土地所有者逃避法律，从而征收更多土地分给无地农民或少地农民。英迪拉·甘地时期，印度中央政府成立了

　　[1]　林承节：《印度独立后的政治经济社会发展史》，昆仑出版社2003年版，第96页。

中央土改委员会和高级委员会，专门对最高限额问题进行重新审查。根据1971—1972财年抽样调查推算，全国超过最高限额的土地超过3000万英亩，截至1973年7月底，全国正式宣布的剩余土地仅为404万英亩，转到政府手中能分配的土地仅有201万英亩。到1980年3月31日，宣布的剩余土地增加到691.3万英亩，已征收485万英亩，分配355万英亩，有247.4万名无地少地农户分到了土地。[①] 从现在的农村来看，尽管存在一些有上百甚至上千英亩地的大地主，不过总体上由于土地限额，现在印度农村地主平均拥有的土地额度大幅下降。正如在新德里农村和哈里亚纳邦农村调研显示，拥有20英亩以下土地的农民是现在印度农村地主的主体。

据笔者在印度农村的访谈来看，尼赫鲁独立后对三农的思路在一定程度上是对的，在实践中也取得了很大进展。尼赫鲁的三农政策尽管没有从根本上彻底根除印度农村租佃制度和土地集中的趋势，没有解决农村贫困、基础设施和农村工业化等农村发展问题，但断断续续的土改让印度土地关系发生了很大变化，让三农问题比独立之初有了很大改善。从表6看，这种变化主要体现在以下几个方面。一是土改消除了农村古老的柴明达尔地税制度，在很大程度上遏制了土地过度集中问题。二是租佃制范围大为缩小，自耕农逐渐成为印度农村主要经营方式，大土地所有者、富裕农民和自耕农共同构成印度农民主体，基本改变了独立之初租佃制为农村主要经营方式，产权和经营权分离的农村生产关系。三是土地所有者拥有土地的平均规模都在缩小。四是农业

---

① 林承节：《印度独立后的政治经济社会发展史》，昆仑出版社2003年版，第378页。

资本主义因素在不断增长。这主要来自耕农的增多和技术的引进，调动了农民经营的积极性。土改形成新兴地主阶层，在政治舞台上发出了自己独特的声音。印度农村逐渐建立起社会保障体系，尤其是解决了农产品无法自给自足的问题。1991年经济改革后，农业完全走上资本主义道路并有了稳步发展，这要得益于尼赫鲁和英迪拉·甘地的三农政策。这是"二战"后新的独立发展中国家解决三农问题相对比较成功的案例。

表6　各类经营者经营土地的平均规模（单位：公顷）

规模分类	平均规模		
	1970—1971年度	1985—1986年度	2015—2016年度
无地或边际土地持有者（1公顷以下）	0.40	0.38	0.38
小土地持有者（1—4公顷）	2.12	2.10	1.40
中等土地持有者（4—10公顷）	6.08	5.94	5.72
大土地持有者（10公顷以上）	18.09	17.20	17.07
总计	2.28	1.68	1.08

最近二十年印度土地结构变化的主要表现为四个方面。首先，数据显示，没有土地的农村家庭比例和没有耕种土地的家庭比例整体上升，约49%的农村家庭没有耕种任何土地。其次，在获得土地方面的种姓差异持续存在，并且没有证据表明在获得土地方面的种姓差异随着时间的推移而趋于减弱。再次，数据显示

大部分邦从2005年至2015年基尼系数①有稍许下降。印度整体系数从0.59下降到0.57，但依然维持了前10%的家庭耕种了约50%土地的情况。最后，无地农民的增加与从事雇佣劳动和小农耕作的体力劳动家庭比例下降有关。

不过，尼赫鲁的三农政策只是取得部分成功，是一个"半拉子工程"。第一，柴明达尔地税制度的中间人只是部分取消，大部分中间人经改头换面依然拥有大面积土地。例如，比哈尔邦拥有上千英亩土地的地主占有相当比例，原来的佃农、分成农和农业雇工依然存在。2004年中国学者温铁军在印度比哈尔邦考察时发现，该邦1980年仍有占地上万英亩的大地主。废除柴明达尔地税制度的同时并没有废除其他土地兼并形式，这些地主得以保留，约占总耕地的1/5。印度土改政策和配套法规留下的"后门"太多，不仅便利了地主逃避土改，驱赶佃农后以自耕名义保留大片土地，而且享受了本来针对中小农户的优惠政策。土改造成了席卷全国的驱逐佃农浪潮，仅当时的海得拉巴邦1952—1954年期间就有半数农民被剥夺了租佃权，其他各邦也差不多。各邦不仅把土地拥有的最高限额定得过高，而且还以建设现代农场等豁免名义摆脱土地最高限额制度的约束，当时北方邦规定了20种，喀拉拉邦规定了17种。耕种面积不超过8英亩、年收入在10万卢比以下的农户免缴所得税等各项税收，但通过化整为零的办法，大农户也普遍申请享受了优惠待遇，使得政府农业税收变化不大。

---

① 基尼系数是指国际上通用的衡量一个国家或地区居民收入差距的常用指标。基尼系数最大为"1"，最小为"0"。基尼系数越接近0，表明收入分配越趋向平等。

印度法律制度缺陷也成为地主阶级广泛运用对抗和架空土改的强有力武器。地主们采用印度司法体系向法院提起诉讼,阻挠土地最高限额,法院裁决征收大批土地,被迫抛荒。当时西孟加拉邦类似土地超过17万英亩。一直到21世纪的今天,仅印度比哈尔邦一个邦仍积累了数以万计的土地诉讼案,大面积土地陷于动辄长达数十年的诉讼程序而被禁止耕种,依法抛荒。

第二,租佃改革恶化佃农境况。印度佃农改革的主要内容是规定地租率不得超过产量的1/4或1/5,禁止地主强迫佃农无偿服役,禁止勒索杂税和附加地租。一般佃农连续耕种6年就可以获得永佃权或购买权。地主收回佃耕地要有限制。但各邦执行起来千差万别,很多规避了法律和逃避法律规定。如有的邦规定地租率为50%甚至更多,有的邦法律通过几年后才生效,给规避法律留下充足时间。通过逼迫等形式,地主收回土地限制等形同虚设。通过改革,一部分佃农地位非但没有改善,反而恶化,一批佃农失去了佃耕地。在租佃改革上,20世纪50年代曾引发退佃潮,大量佃农失去了土地。长期来看,天灾和人祸等让佃农受益不多,重要的是,佃农无法享受到乡村建设中的红利,如农村农田水利建设、农业水电费化肥等补贴、农业保险、优惠农业贷款等。[1]

第三,印度土改未能成功引导地主将所得补偿转向投资农村非农产业和工业,没有非农产业和工业的发展,土改无法实现预期效果,也是不稳固的。印度的土地改革一直在私有制范畴内进行,备受地主和各种利益的阻挠,一直不彻底。1991年经济改革

---

[1] Sanjoy Patnak, "Why Restrictions on Renting Agricultural Land in India Must Go", the Scroll, Jun 10, 2016. https://scroll.in/article/808594/why-restrictions-on-renting-agricultural-land-in-india-must-go.

以来，以往土地改革再次出现反复，土地交易频繁，再次出现土地兼并和集中趋势。改革前的印度土改条款很多都维护无地农民利益，但改革后印度土地市场化程度大幅提高，土地兼并迅速。加上城市化和非农产业占地扩大，无地农民数量不断增长。

尼赫鲁和英迪拉·甘地低估了农村固有利益集团对土改的阻力。由于土改不到位，独立初期对农业政策不切实际的期望，国家资金大部分都投入工业部门，尤其是重工业，导致印度三农问题中合作化受阻，乡村计划受挫。缪尔达尔在《亚洲的戏剧：南亚国家贫困问题研究》中描述了20世纪60年代推进工业化的南亚国家，主要是印度在土改上面临的困境："如果不进行土改，印度从根本上提高农业产出的计划将遭遇挫折；如果印度有魄力实行土改，他们至少可能面临短期内粮食短缺的局面。无论从哪方面看都面临严重缺陷，而仅仅依靠地租并负担税收的社会等级结构确实提供了从贫困的农业中榨取可供销售的粮食的有效手段，能够消费自己产品的绝大部分耕种者，被迫向土地所有者和借贷者提供大量的农产品。如今印度未完成的土改正在进一步加剧上述两难困境。"[1]

笔者认为，尼赫鲁等独立时期的印度精英看到了问题所在，但高估了自身能力，在资本主义道路上进行大规模土改，很难突破固有利益集团的阻挠。这导致印度土改在部分完成改造农村生产关系和实现粮食安全的同时，并没有从根本上完成土改应有的使命和实现农业与工业相互反哺的良性局面。

---

[1]　［瑞典］冈纳·缪尔达尔著，［美］塞思·金缩写：《亚洲的戏剧：南亚国家贫困问题研究》，方福前译，商务印书馆2015年版，第223页。

第三节　印度如何实现粮食安全

印度拥有印度河平原和恒河平原肥沃的土地，历史上农业生产一直比较先进。直到英国等西方殖民者到来后，受殖民者盘剥，印度经常爆发饥荒。从沦为英国殖民地后到1947年独立，其间印度发生过五次大饥荒，根据印度政府的数据，饿死6000余万人，仅"1946年印度大饥荒"就饿死1000余万人；独立后到20世纪70年代，印度陆续又发生三次较大饥荒，官方统计数据显示饿死300余万人。印度在粮食安全上有过惨痛的教训，因此独立后非常重视粮食安全。

从20世纪70年代大饥荒到1980年印度前总理英迪拉·甘地宣布印度实现粮食自给，印度基本上结束了粮食依靠进口的局面。使用占世界2.4%的国土面积养活了世界1/6人口，逐步解决了10多亿人的吃饭问题，确保了粮食安全。2023年印度人口约为14.26亿，日常农产品价格保持低水平，粮食能够自给自足，甚至略有盈余出口，如印度是世界第一大米出口国。新冠疫情以来，印度农产品基本保持稳定，甚至有增长，这与独立前后粮食长期短缺，依靠进口形成强烈对比。形成上述局面的根本原因是：在大规模土改带来的积极影响基础上，印度一方面推行绿色革命和白色革命，实现粮食及农副产品自给自足；另一方面强化粮食统购统销，确保粮食价格稳定和粮食分配公平。这是印度对当代历史的一个重大贡献。

笔者在印度所住小区附近有两个社区市场，蔬菜和水果基本在这两个地方买，米面也供应充足。印度水果和蔬菜供应充足，价格便宜，虽然水果和叶菜不如中国丰富，不过青椒、菜花、茄子、黄

瓜等都有。以2019年8月为例，日常蔬菜价格中（当时人民币与卢
比汇率基本在1：10），洋葱每公斤25卢比，菜花每公斤36卢比，
豆角每公斤65卢比，茄子每公斤44卢比，黄瓜每公斤36卢比，包
菜每公斤20卢比。水果如香蕉每公斤55卢比，草莓每公斤95卢比。
牛奶一升袋装为44卢比，一般大米每公斤33卢比。2020年新冠疫
情期间，贫困家庭领取的补贴大米，每公斤仅为15卢比。

　　印度粮食和农副产品价格如此便宜，其中很重要的因素来自
印度农业资源禀赋。印度农业和农村发展资源禀赋远高于中国。
处于喜马拉雅山系南部的印度，冰山上的雪水和季风为南亚次大
陆带来丰沛的河水和雨水，世界最高的山系、两大河冲积平原和
南部高原，地形地貌的多样性和地质结构的多元化，上天赐予
了印度富饶的物质资源，丰富的可耕地、森林草地和矿产资源。
印度陆地总面积300万平方千米左右，占中国陆地总面积的1/3。
据印度统计数据，印度可耕地面积约为180万平方千米，占国土
总面积比例约60%，其中仅冲积土和黑土地带就有129万平方千
米，占印度国土面积的43%。

　　印度耕地还有很大发掘潜力。第一，印度目前大批荒地还没
有开垦出来。由于天气原因等，还有部分土地没有被耕种；第
二，印度目前城市和乡镇高层建筑很少，大部分都是平房，城镇
化水平低，2019年仅为35%。印度现有可耕作的土地单产比较
低，与精细化管理相比，产量还能提高一到两倍。仅拿1970年
至1991年间土地生产率来对比，中国从694提高到1422，韩国从
1120提高到2011，荷兰从1938提高到2469，印度仅从302提高
到500。[1]在上述期间，发达国家和一些发展中国家土地生产率

---

① 文富德：《印度经济发展前景研究》，时事出版社2014年版，第111页。

没有显著提高,但劳动生产率却成倍提高,印度则停滞不前。印度在土地生产率和劳动生产率上都有极大提升空间。印度土地资源潜力也很大。2013年英国《卫报》报道,2012年,印度比哈尔邦的达维斯普拉村村民苏曼特·库马尔种植的水稻单产达到每公顷22.4吨,刷新了世界纪录。这不仅超过了袁隆平创造的每公顷19吨的世界纪录,也超过了国际稻米研究协会和美国基金改良公司在实验条件下所创造的纪录,被称为"印度水稻革命"①。让人惊讶的是,该纪录是在没有使用任何化工肥料,也没有采用杂交技术的情况下产生的。这不仅体现了印度土地资源潜力巨大,而且有发挥土地资源潜力的能力。

印度正在不断挖掘土地等农业资源在这方面的潜力,英迪拉·甘地的绿色革命和白色革命就是典型案例,绿色革命一举让印度摆脱两个多世纪的饥荒状态,实现了粮食自给自足。这还要从1965年和1966年印度连续两年旱灾说起。当时旱灾非常严重,英迪拉·甘地政府为此暂停了"四五计划"的执行,优先发展农业,实施农业发展新战略,这就是"绿色革命"。其核心是选定特定区域,增加农业投资,引进现代农业技术,提高农业生产率,促进粮食增产。印度选择在条件具备的地区发展现代农业,主要是提升生物种子质量,采用化肥和现代机械,改进耕作技术,提高粮食单产。政府首先选定北部水利条件比较好的旁遮普邦、哈里亚纳邦和北方邦部分地区,共3200万英亩土地作为发展重点,占当时全国总耕地面积约10%。同时,改变尼赫鲁时

---

① John Vidal, "India's Rice Revolution", *the Guardian*, Feb 16, 2013. https://www.theguardian.com/global-development/2013/feb/16/india-rice-farmers-revolution.

期粮食统购统销粮价偏低政策，根据市场行情适当调整价格，确保经营者投资有回报。引进、培育和推广高产良种是绿色革命的核心。1967年，印度政府引进墨西哥矮秆小麦高产品种试验成功，开始推广。20世纪70年代又引进菲律宾高产水稻，发展适合印度的高产品种。印度政府还兴修水利，保证投资者和经营者的利益，调动了农民的积极性。

绿色革命很快取得了良好效果。从1967—1968财年到1979—1980财年，粮食产量增长了35%。[①]1983—1984财年印度年粮食产量达到1.52亿吨，其他经济作物也大幅增长。在绿色革命推动下，印度大米和小麦产量相比1950—1959年，2010—2017年分别增长了4倍和11倍。[②]1980年，英迪拉·甘地宣布印度实现了粮食自给，印度基本上结束了粮食依靠进口的历史，这是一个巨大成就。美国粮农组织2018年数据，70%的农村家庭仍然主要依靠农业为生，其中82%农民为小农和边缘农。2018年粮食总产量约为2.75亿吨。印度是世界豆类主要生产国和消费国。印度如今还是世界最大牛奶生产国、黄麻生产国，大米、小麦、甘蔗、棉花和花生第二大生产国，世界第二大水果生产国和蔬菜生产国。2020年新冠疫情期间，印度封国数月，加上印度北部蝗灾，粮食没有出现问题。疫情期间印度存粮高达6000万吨以上，毫不畏惧疫情给粮食造成的冲击，这与世界很多国家出

---

① 林承节:《印度独立后的政治经济社会发展史》，昆仑出版社2003年版，第313页。

② Ann Raeboline Lincy Eiazer Nelson Kavitha Ravichandran, "The Impact of The Green Revolution on Indigenous Corps of India", *Journal of Ethnic Foods*, Oct 1, 2019. https://journalofethnicfoods.biomedcentral.com/articles/10.1186/s42779-019-0011-9.

现粮食安全问题截然相反。

在绿色革命进行的同时，为解决印度牛奶短缺问题，1970年印度国家奶业发展委员会（National Dairy Development Board）发起了"白色革命"，鼓励大批饲养奶牛，提高牛奶产量。20世纪60年代，印度牛奶年产量2000万吨左右，在"白色革命"推动下，1974年印度牛奶年产量提高到2300万吨，到1982年增长到3300万吨。[①]现在印度是世界上牛奶产量和出口量最大国。拥有奶牛2亿多头，世界第一。[②]2017—2018财年牛奶产量超过1.5亿吨，占世界产量约17%。相比独立前，印度牛奶产量增长超过6倍。70%印度牛奶都来自小奶农，农业收入的22.5%来自奶业。[③]印度的雪糕和酸奶都是纯牛奶制作，味道非常好。

农村粮食及其他农作物收购及价格保障体系也是印度保障粮食安全的基本屏障。独立之初，印度政府出台《国家粮食安全法案》，建立了粮食统购统销的农业发展保障体系。为了稳定粮食价格，保障低收入群体的粮食供给，凡印度政府控制的粮源，都从收购和销售两个环节控制价格。收购环节的控制价格称为最低支持价格（Minimum Support Price，MSP），销售环节的控制价格称为中央统一定价（Central Issue Prices，CIPs）。在维护社会公平和选举因素推动下，印度历届政府在保护农民利益上下了很

① K.N.Nair, "White Revolution in India: Facts and Issues", *Economic and Political Weekly*, Vol. XX, No.25 and 26 Review of Agriculture, Jun 22–29, 1985, p.89.

② 沈开艳等：《印度产业政策演进与重点产业发展》，上海社会科学院出版社2015年版，第209页。

③ Priyanka Negi, "White Revolution and Its Impacts on Indian Economy", Fairgaze, Sep 12, 2017. https://fairgaze.com/fgnews/white-revolution-and-its-impacts-on-indian-economy_71639.html.

大功夫，对印度农产品价格一直实行干预政策。

最低支持价格由农业部下属的农产品成本和价格委员会（CACP）根据农民生产成本、国内外市场上的粮食价格走势、收获季节间的价差、供需情况、MSP对消费者的可能影响、农业贸易周期、农产品与非农产品的贸易条款、农民及其耕畜的费用、种粮应获利润等因素研究确定，每年制定一次。在程序上，农产品成本和价格委员会首先咨询和调查相关政府组织、非政府组织以及种粮农民，撰写研究报告并提出推荐价格，然后交给经济事务内阁委员会（CCEA），由经济事务内阁委员会修正后发布最低支持价格的政府定价。国家负责粮食收购部门在每个播种季节前都要发布重要粮食品种的收购保护价格，指导农民种植粮食。中央控制的粮源（简称中央池）分配销售给各邦的价格由印度中央政府制定，具体由印度中央政府以及消费者事务、食品和公共分配部共同确定，这个价格就是中央统一定价。

早在20世纪50年代，印度政府就建立了粮食公共分配体系（Public Distribution System，PDS）以实现对贫穷居民进行粮食价格补贴。具体来说，中央政府按照统一定价（低于收购价格）将粮食分配给粮食公共分配体制的平价粮店。印度平价粮店是依照1955年的《必需品法》设立，授权向持有配给证的居民和农民分配必需品。平价粮店以政府规定的价格卖给消费者尤其是贫困居民。为提高粮食公共分配体制的运行效率，印度政府于1997年将PDS改革为"目标明确的公共分配体系（Targeted Public Distribution System，TPDS）"。该分配体系目标更明确，它要求各邦鉴定居民的收入等级，并给贫困居民发放配给证，保证贫困线下（Below Poverty Line，BPL）的每个家庭每月免费分配到10公斤粮食，还可按中央定价的半价再购买10公斤粮食，而贫困线以上的家庭只能按中央定价购买，还建立了监督机构和报告制度。印度政府承诺通过TPDS系统向符合补贴条件的家庭提供为期3年的低价粮食，大米、小麦和杂粮的补贴价格分别为每公斤3卢比、2卢比和1卢比。3年后，中央政府视情况调整补贴价格并统一定价，但不超过小麦和粗粮的最低支持价格和大米最低支持价格。按照《国家粮食安全法案》，中央政府每年满足TPDS的粮食需求大约为6100万吨。

新冠疫情期间，印度每个家庭每月可以购买10公斤低价大米，每公斤15卢比。贫困线下家庭可以购买低价米，每公斤2卢比。自2020年5月14日起，喀拉拉邦政府为贫困线下的1478万个家庭每家发放1000卢比，以应对疫情危机。喀拉拉邦这种做法是上述公共分配体系的体现，这些家庭都持有一张卡，属于低收入家庭，进入公共分配体系。该体系能够把农产品价格维持在一个合理水平上，也能为受灾地区提供粮食供给。该体系为稳定印度农产品价格和维护贫困农民的利益及国家粮食安全发挥了重要作用，但也在很大程度上限制了农业发展。此外，还有诸多化肥和水电等补贴政策，笔者在哈里亚纳邦和喀拉拉邦都曾见过类似补贴。

自瓦杰帕伊总理开始，该体系运行交由各邦经营，中央负责粮食采购、储存、运输和各邦之间的分配，各邦负责贫困家庭数量的统计、核查和粮食分配。将粮食价格定为贫困线上和贫困线下两种价格，上面所述是贫困线下的粮食价格和现金补贴。农产品最低支持价格则由印度农业成本和价格委员会来制定和实施，就是平抑农产品价格。目前，有23种农产品实行最低支持价格制度，其他农产品则通过市场来干预。2020年11月26日，30万名农民举行示威抗议，向新德里施压，反对的就是莫迪政府修改法律，允许农民越过最低收购机构把农产品直接卖给市场，农民害怕失去保护。

综上所述，鉴于历史上巨大饥荒的惨痛教训，独立后的印度非常注意粮食安全问题，不仅从粮食生产入手，而且加强粮食价格和分配的管理，一举扭转了印度粮食靠进口的局面，摆脱了几百年来的饥荒历史，彻底实现了粮食安全，解决了10亿多人的吃饭问题，这是世界现代历史上的一个重要事件。

第四节　为什么农民自杀成为社会现象？

印度农业经常出现三个现象：农民自杀、洋葱价格大幅波动和农民罢工。印度经过大规模土改和绿色革命，基本解决了粮食安全问题，为何还经常出现上述现象呢？笔者认为，其根源是没有从根本上解决印度三农问题。

印度媒体报道，根据印度国家犯罪记录局（National Crime Records Bureau）数据显示，2019年有10281名农民自杀，包括日工资农民工，共计42480人自杀，同比增长6%。农业部门自杀率占印度全国自杀率的7.4%。2019年印度全部自杀人口为139123人。[1]据维基数据（Wikidata）显示，1995—2014年，仅印度马哈拉施特拉邦就有超过6万名农民自杀，平均每天10人。[2]

① Rahul Tripath, "NCRB Date Shows 42480 Farmers and Daily Wagers Committed Suicide in 2019", the Economic Times, Sep 1, 2020. https://economictimes.indiatimes.com/news/politics-and-nation/ncrb-data-shows-42480-farmers-and-daily-wagers-committed-suicide-in-2019/articleshow/77877613.cms.

② "Maharashtra Crosses 60000 farm suicides", Retrieved, Mar 25, 2019. http://www.ruralindialine.org.

印度国家犯罪记录局报告，1995—2014年已有接近30万名印度农民自杀。[①]2014年就有18241名印度农民自杀。伴随印度农民自杀的是印度农村高贫困率。农村贫困率高于城市贫困率，1981—2010年间印度农村贫困率大多年份高于总贫困率。1981年印度总贫困率为59.83%，农村贫困率为62.51%。2010年印度总贫困率降至32.67%，农村贫困率为34.28%。1981年农村与城市贫困率分别为62.51%和51.03%。2010年对应数据为34.28%和28.93%，印度3.99亿贫困人口中有2.93亿在农村。[②]

印度农民自杀和农村贫困率居高不下是印度三农困境的表象，类似现象还有洋葱价格的大幅波动和农民常态化罢工等。造成这些现象的根源是多重的：既有历史因素，包括印度土改不彻底和残留的半封建生产关系；也有现实因素，包括农业资本主义道路的冲击，政府长期歧视农业和对农业重视程度不够造成农业困境；还有体制性因素，包括农业保护政策部分挫伤了农民积极性和选举政治对农业的过度保护等。这里面每一个因素都牵扯到现有政治势力和强大利益集团，很难有结构性变革。

第一，印度农村土改不彻底和残留的半封建生产关系束缚了印度农业劳动生产率的提高和农业的发展。印度的"半拉子土改"没有完全激发广大农民，尤其是占农村人口多数的无地农民工的积极性。发展经济学者冈纳·缪尔达尔（Gunnar Myrdal）在其《亚洲的戏剧：南亚国家贫困问题研究》一书中部分描述了印度农村半封建生产关系冲击造成的影响。该书介绍了实物地租下南亚农业的"准资本主义"结构为何招致生产停滞的不幸结

---

① NCRB Report– Farmer Suicides, Retrieved, Mar 25, 2019.
② 文富德:《印度经济发展前景研究》，时事出版社2014年版，第260页。

局。"土地频繁交易，租期太短，佃农土地使用权无保障，剥夺了他们提高产出的积极性，就连使用化肥之类的'短平快'收益方法也用得不多，不足以满足农民最基本的需要。更重要的是，地租数量不是与净收益挂钩，而是与毛产量挂钩，这种制度在土地所有者和耕种者两方面都制造了强大的内在阻力，妨碍精耕细作。地主无须投资也能获得可观的收益，所以没有强烈的投资动机，而是满足于坐享其成的土地所生产的一切。而佃农则缺乏改良土地的动机和能力。"[1]

第二，印度农业资本主义道路喜忧参半。在1996—1997财年至2014—2015财年期间，超过91%农业国内生产总值变动由下面三个因素决定：每年的相对价格，雨季降雨指数，农业技术的提高。而农业相对价格则是这里面影响最大的因素。[2]其中贸易中间商是一个至关重要的因素。私有化和最低价格支持体系的结果是，在原有残存土地中间人和租佃制度外，又产生了农业贸易中间人和卡特尔（Cartel，又称垄断利益集团、垄断联盟等，是垄断组织形式之一），多了一层盘剥农民的环节和阶层。私人投资者成为农产品的主导者，如一位投资者认为下个季度大米的产量有可能下降，姜黄可能上升，他就可能投资大米20%、姜黄80%。为了在市场上占据有利地位和赚取更多资金，农业投资者还在政府允许范围内不断囤积。这些农民贸易商形成了强大的游说团体，他们经常豪赌农产品，导致农产品价格此起彼伏，波动

---

① ［瑞典］冈纳·缪尔达尔著，［美］塞思·金缩写：《亚洲的戏剧：南亚国家贫困问题研究》，方福前译，商务印书馆2015年版，第245页。

② Ashok Gulati and Shweta Saini, "25 Years of Policy Tinkering in Agriculture", Pakesh Mohan eds, *India Transformed*: *25 Years of Economic Reforms*, Penguin Random House India Pvt. Ltd, 2018, pp.282–283.

越来越大。

自2003年印度农业生产市场委员会设立以来,农民所有农产品必须卖给指定政府收购机构,这催生了一大批掮客,他们是农民和贸易商的协调者及沟通者,削弱甚至失去了农民在农产品议价和储备农产品方面的金融能力。掮客和贸易商越富裕,农民越贫穷,农产品价格越容易波动。

此外,还有农村高利贷者。大农业贸易商与政党和高利贷结合形成利益链,形成日益崛起的农产品贸易卡特尔(企业联盟),操纵印度农产品价格。比较著名的是印度三大蔬菜——土豆、洋葱和西红柿(Potato Onion & Tomato,POT),这三者占印度蔬菜消费的40%。它们主要生长在印度河—恒河农业带上,但贸易商一般选择把这些蔬菜储存在孟买—普那农业带,这里是港口,容易出口和调运。为此,就形成了一个强大的贸易卡特尔。[1]在印度农业资本主义发展道路上,政府原本想通过粮食价格和分配体系的管理,避免资本对农业的裹胁和操纵。然而,事实上资本无孔不入的本领远超过印度政府的想象,大资本是不会对印度农业这块肥肉视而不见的,这对农民和农业的冲击可想而知。

第三,印度政府歧视农业是造成印度农业困顿的重要因素之一。印度一些学者认为,历史上印度一直歧视农业,政府制定的农业政策是反农民的。"农业从来不在国家经济整体改革的议程上,印度顶层贸易与市场政策一直是限制和反农民。"[2]印度经济

---

[1] Sandip Sen and Aarohi Sen, *India Emerging: From Policy paralysts to Hyper Economics*, Bloomsbury Publishing India Pvt. Ltd, 2019, pp.123-126.

[2] Ashok Gulati and Shweta Saini, "25 Years of Policy Tinkering in Agriculture", Pakesh Mohan eds, *India Transformed: 25 Years of Economic Reforms*, Penguin Random House India Pvt. Ltd, 2018, p.275.

改革始于1991年，随后经历了几次严重危机。尽管20世纪60年代和70年代的绿色革命和白色革命取得重大成功，但印度总体农产品贸易和市场政策是限制和反农民：高估的汇率等同于在全球范围内对颇具竞争力的印度农产品征收农业税。

有印度学者分析表明，平均来看，印度歧视农业造成的损失达印度农业产值的20%—30%，这等同于高估的汇率和农业过度保护对农业部门征收的隐性税收。印度政府对几大农产品——主要是粮食——一直严格管控进出口。由于印度政策制定者固定的历史性思维，对粮食不安全根深蒂固的认知和贫穷，印度在制定粮食贸易政策时非常谨慎，一些粮食贸易政策多是临时性的，并且经常摇摆不定、不可预测。这些政策服务于粮食安全和价格稳定的总体目标，但首要针对的是经常遭受禁止出口小麦和大米的农民。

面对农村贫困问题，印度政府也做了大量工作，推动农民脱贫，但同时为了选举需要，在一些政策上也采取了掩耳盗铃的做法，玩起了统计游戏，变相歧视农业。这种统计游戏在多届政府都有体现。在贫困问题上，印度政府采用的方法是降低以真实生活水平衡量的贫困线。印度经济学家乌特萨·帕特奈克曾深入分析印度政府统计中采用的贫困人口统计标准。乌特萨发现，以每日饮食摄入热量作为衡量中低收入人群真实生活水平的标准，根据印度政府20世纪70年代划定的贫困线，贫困线以上人口每日饮食摄入热量为2400卡，20世纪90年代前期降至1970卡，2000年降至1890卡，2005年为1800卡。[1]

莫迪在第一任期提出要让农业预算翻番，从2009—2014年

---

① 　[英] 拉吉·帕特尔：《粮食战争：市场、权力和世界粮食体系的隐形战争》，东方出版社2008年版，第21—22页。

国大党联合政府的1.21万亿卢比增长到2014—2019年的2.12万亿卢比。为实现这个数字目标，莫迪政府使用了两个小技巧。第一，由于通货膨胀，每次预算拨款通常都比以前的预算有所增加，因此莫迪政府用名义数字进行比较。第二，莫迪政府将利息补助的一个重要子项目从财政部转移到农业部，从而人为地增加农业数据。通过这两个小技巧，在不增加农业实际拨款的情况下，就能实现上述目标。比如，一旦将贴息补助金折现，政府对农业的拨款将保持在联邦预算的1.75%左右，占GDP的0.25%。事实上，到农民手中的资金反而下降了。如国家农业发展项目（Rashtriya Krishi Vikas Yojana–Remunerative Approaches for Agriculture and Allied Sector Rejuvenation，RKVY–RAFTAAR）转移到农业及相关部门一个子项目后，预算不断下降，从2014—2015财年的844.3亿卢比降至2018—2019财年的350亿卢比。[①]

第四，印度政府对农业投入很大，但重视程度不够，农业政策混乱。印度中央政府每年向农村的投入不可谓不多。2006—2007财年和2011—2012财年期间，印度中央政府财政支出中社会服务和农村发展占比从13.4%提高到18.5%，但农村脱贫效果不佳。首要症结在于输血多于造血，政府救济性脱贫措施只是辅助的补救措施，副作用大，自我发展的造血能力不足。经济改革以来由于悬浮议会，历届政府在三农问题上鲜有大进展，大多沦为政党大选的口号。仅以莫迪政府为例，作为强势政府，莫迪政府想在各方面做出成就，2014年为了大选，以莫迪为代表的印

---

① 这是印度政府2007年8月启动的国家额外援助计划。该计划是由当时印度国家计划委员会发起，旨在通过"十一五计划"期间发展农业及其相关部门，使农业年增长率达到4%。

度人民党承诺对"农业增长、农民收入和农村发展给予最高优先"。还提出具体数字，采取措施提高农业盈利能力，确保至少超过生产成本50%的利润，更低的农业投入和信贷。莫迪还特意承诺，上台后要在农产品收购最低支持价格上增长50%。还包括增加农业和农村发展的投入，为60岁以上小农、边缘农和农民工提供医疗，提供更多农业保险，为农业提供最新技术和高产种子，提高灌溉技术从而降低水的消耗。改革农业生产市场委员会，在国家和邦设立"土地使用局"、种子实验室等。

　　然而，莫迪上台后，这些举措大部分都没有实行，甚至都没有提及，有的政策和立法只是用新名字替代旧政策和法律，佃农、无地农民和农村妇女等继续被排除在农业信贷、粮食收购价格支持体系、农作物保险和各种补贴之外。联邦政府比以前更加严格地控制邦政府对粮食收购支持价格的补贴。2015年2月，联邦政府在回复印度农民协会申请农产品收购最低支持价格增长50%时表示，这种表述可能会违背市场。[①]面对各界的批评，印度人民党2018年表示一定会兑现大选承诺，但直到第二任期也没有兑现。不仅如此，莫迪第一任期在执行农产品最低收购价格时是近些年最低的，不但没有提高化肥等农业生产资料补贴，使其价格下降，反而促使其价格不断上涨，笔者在上述农村的调研证明了这些。

　　第五，农业保护机制限制了农产品竞争力。一些印度经济学家谴责最低支持价格保护机制，认为这是导致2007年和2012年

---

　　① 　Yogendra Yadav, "Doubling Farmers' Insecurity: Promises, Performance, Publicity and Politics of the Modi Government", Niraja Gopal Jayal, eds, *Re-forming India: The Nation Today*, Penguin Random House India Pvt. Ltd, 2019, p.197.

印度出现两位数的粮食通货膨胀的根本原因。有趣的是，尽管近几年印度粮价持续上涨，但最低支持价格仍大幅低于全球一些主要国家。如2014—2015财年，印度小麦最低支持价格是每吨330美元，中国是440美元，日本为505美元，泰国是580美元。[①]印度粮食价格低于国际价格，主要原因之一是消费者歧视和长期以来的反农民思维。印度政府在持续修正收购价来支持那些遭到最低支持价格伤害的农民。三个因素解释了上面的问题——中央和地方居高不下的财政赤字、农民工日益增长的高工资、日益增长的全球粮食价格。

农业补贴增加了国家财政负担，压缩了农业投资空间。1991年7月预算，尿素补贴价格提高40%，这是第一例化肥补贴，随后又降到30%，由此拉开农业大规模补贴的大幕。1992年，政府任命一个联合委员会审查该项举措，建议进一步降低尿素的补贴价格至10%，但磷肥和钾肥保持不变。从20世纪80年代到现在，尿素价格总体变化不大，但磷肥和钾肥2010年大幅上升，原因是以营养为基础的化肥补贴规划出台。这让尿素、磷肥和钾肥之间的平衡在一些地区更加糟糕，比如旁遮普邦和哈里亚纳邦，化肥使用效率低下。随着国际化肥价格相比印度国内价格的上升，2008—2009财年化肥补贴的数量激增。结果化肥补贴费用超过1万亿卢比，占到农业国内生产总值的10%，占印度政府财政税收比重超过20%。尽管随后全球化肥价格有所降低，但2017年财政预算中印度化肥补贴仍高达7万亿卢比。这是印度政府三大补

---

① Ashok Gulati and Shweta Saini, "25 Years of Policy Tinkering in Agriculture", Pakesh Mohan eds, *India Transformed: 25 Years of Economic Reforms*, Penguin Random House India Pvt. Ltd, 2018, p.281.

贴之一,三大补贴是粮食、化肥和燃油补贴。由于尿素的长期低价格,印度尿素经常被倒卖到尼泊尔和孟加拉国等邻国。近些年印度财政赤字保持在4%左右,农业部门名义工资年均增长18%,实际工资增长为7%,侵蚀了农产品价格,推高了粮价。[1]农业补贴和财政赤字之间的恶性循环严重压缩了印度国家对农业的投资空间。

第六,选举政治和工业化进程让农民日益陷入整体危机的境况。印度学者表示,莫迪关注农民,事实上他只关注农民手中的选票。[2]2017年,农民抗议示威席卷全国,或许是第一次,无地农民与有地的"地主"一起来反抗政府。超过200个农民组织反对全印农民斗争协调委员会(All India Kisan Sangharsh Coordination Committee,AIKSCC)。从农民运动的轨迹大致能管窥印度三农问题的走向和农民与农村贫困。印度学者亚达夫将近代以来印度农民运动分为三代:第一代是反抗英殖民者的农民起义和农民抗议示威。第一代农民运动是印度农民反对英殖民统治下的土地制度和经济盘剥,独立后的印度给农民带来希望,农民运动大幅消退;第二代农民运动兴起于20世纪80年代末,主体是土改后获得少量土地或因土改而改善境况的富裕农民,他们在农村经济发展和现代工业经济中面临被边缘化,主要诉求是提高农产品价格和农民工薪酬,是无地农民与大地主压迫间的斗

---

① Ashok Gulati and Shweta Saini,"25 Years of Policy Tinkering in Agriculture",Pakesh Mohan eds,*India Transformed*:*25 Years of Economic Reforms*,Penguin Random House India Pvt. Ltd,2018,p.281.

② Yogendra Yadav,"Doubling Farmers' Insecurity:Promises,Performance, Publicity and Politics of the Modi Government",Niraja Gopal Jayal,eds,*Re-forming India*:*The Nation Today*,Penguin Random House India Pvt. Ltd,2019,p.192.

争;第三代农民运动的主体是经济改革以来的农民激进主义者。在土改不太成功和土地支离破碎的情况下,印度农业发展面临诸多困境,农民贫困化,农业经济和生态危机正在变成农民生存危机。农民自杀和多种农产品价格危机正是这种危机的体现。

第三代农民运动正在消除地主、自耕农、无地农民等界限,农村的贫困迫使他们联合起来反抗示威。传统上贱民阶层是农民工的主要群体之一,然而主流农民并不把他们纳入农业活动,他们不被视为农民。但现在这一趋势在改变,农民运动更愿意让贱民和占农村2/3劳动力的农村妇女参与其中。从意识形态上看,新农民运动正在远离传统上农民与地主的二分法,早期关注土地的农民运动正在让位于农民整体意识,是印度现代经济体系受害者的农民运动。印度城乡二元鸿沟不断拉大,让印度农民重新思考,印度现代经济体系的忽视和生态危机让印度农民整体陷入生存危机。或许这是印度所有农民组织第一次在一个共同议程上达成一致——公平合理的农产品价格和免除农民债务。[①]新农民运动要求政府对农产品价格给予补偿,实际支付的农产品价格与政府公布的价格相同,同时要求摆脱私人放债人的债务陷阱。

除以上因素外,还有一些因素阻碍了印度三农问题的解决。印度惠农政策有限,印度也不断推出惠农政策,投入了大量资金,但受益人比较少。"二战"后发展中国家一般都会通过大力发展农村基础设施和水库等公共工程来进行农村建设,从而达到农村发展和减贫效果。大多数国家采用省钱的办法,即农闲时期

---

① Yogendra Yadav, "A New Movement is Born", the Tribune, Jul 19, 2017. https://www.tribuneindia.com/news/archive/comment/a-new-movement-is-born-438580.

组织农民进行基础设施等建设，既不影响农业生产，又能改善农村基础设施环境，夯实农村经济社会发展基础，还能维护农村治安和破解农村建设的资金缺口与瓶颈，让农村走上可持续发展的道路。通过兴办乡村工业或政府财政支持及国际援助资金发展农村。最高级的方式是通过大力发展工业反哺农业。

以上三条路印度都尝试过，也取得了一些成果，但并不理想。从上面看，独立后历届政府制定了诸多农村地区发展规划和方案，其中集大成者为2005年颁布的《圣雄甘地全国农村就业保障法案》，联合国开发计划署称之为"迄今世界上最大的一项公共工程项目"。从纸面上看，堪称完美，用立法的方式以工代赈，用当地法定最低工资兴建公共工程，将1/3就业机会留给妇女，工作地点在居住地5公里范围内，工作场所必须提供育儿设施等。据政府统计数据，参与人数非常可观，2009—2010财年，政府在此项目支出高达100亿美元，5300万名农户参与，每户平均工作54天，超过一半为农村妇女。

数据看似出色，实际上根本达不到，类似的举措普遍不奏效，绝大多数都是无疾而终。这些举措在印度行不通的原因是土地私有和印度农村基层政权的腐败。农村土地私有形成了劳动与报酬分离，工程建设的劳动者不是工程的受益者，这些工程的最大受益者是农村土地拥有者，尤其是大地主。地主可以通过提高地租而增加收益，对兴建当地庞大的公共工程没有太大兴趣。这样印度农村就无法形成劳动和收益可持续的发展，也破解不了农村建设和发展的瓶颈。依靠政府不断输入外部资金的方式，走上了半施舍、一次性增收的道路，资金耗尽则无后续结果，反而给农村基层政权创造了寻租的机会，同时加重了中央政府的财政负担。

第四章　"人口红利"，还是"人口陷阱"？

联合国数据显示，2023年印度已经超过中国成为世界第一人口大国。这一人口趋势对印度和人类发展具有复杂而深远的影响。[1]对印度来说，理论上，庞大的年轻人口为印度带来人口红利，日益增长的中产阶级带来巨大的消费潜力，印度城市化可能迎来巨大机遇。然而，这也是一把双刃剑。如果管理不善，迅速增长的人口带给印度的可能不是人口红利，而是人口陷阱，如就业、教育、医疗挑战，资源紧张，粮食危机，城市化问题，贫富差距，环境退化等，这在很大程度上已经成为导致印度发展迟滞的重要因素。印度未来将面临管理和破解人口快速增长带来的世界性难题。[2]对世界来说，也是喜忧参半。西方国家一方面希望借助印度的消费市场和资本市场获取利益，同时期待印度年轻人口弥补西方国家老龄化和实力相对衰落问题；另一方面又担忧印度庞大的人口规模对世界人口结构的改变和世界

---

[1] Shoba Suri, "The Implications of the Growing Population on Human Development in India", Jul 11, 2023.https://www.orfonline.org/expert-speak/the-implications-of-the-growing-population-on-human-development-in-india.

[2] Astha Rajvanshi, "How India's Record-Breaking Population Will Shape the World", *Time*, Apr 19, 2023. https://time.com/6248790/india-population-data-china.

资源的挤压，居高不下的失业率给印度乃至世界政治稳定带来巨大的不确定性。

第一节　第一人口大国会给印度和世界带来什么

从印度人口发展曲线来看，印度人口的快速增长是在独立后。公元元年前后到1600年，印度人口始终保持在1亿至1.25亿之间，进入20世纪初，印度人口达到2.38亿。[1]1951年独立后印度首次人口统计显示，印度人口为3.6亿。2000年印度人口达到10亿。50年间印度人口净增长6.4亿。这期间最明显的是从1971年到2011年，这个时间点与印度农业绿色革命解决粮食问题几乎同步，随后的经济改革助推了这一趋势。印度人口从1971年的5.48亿增长到2011年的12亿，其间增长了6.52亿，增长率约为120%。这期间出生率几乎保持在2%不变，直到2001—2011年印度出生率才开始下降，降到1.6%。[2]2019年印度人口达到13.6亿，与1947年印度独立时的数据相比，70余年正好增长了10亿。联合国数据显示，2023年印度已经超过中国成为世界第一人口大国。

印度人口增长迅速，人口庞大，年轻人占主体，从理论上说，这是一个巨大的劳动力资源和储备池。这里的确蕴含着印度庞大的中产阶级，这一阶级是印度国内消费的主力军，

---

[1]　Mahendra K Premi, *India's Changing Population Profile*, National Book Trust, 2014, p.1.

[2]　Tim Dyson, *A Population History of India: From the First Modern People to The Present Day*, Oxford University Press, 2018, pp.218–219.

也是印度发展的最大潜力。然而，印度人口没有完全发挥其应有的效能，印度人口的过快增长和自身问题并没有将人口完全转化为人力资本和人口红利。未来其潜力在于印度如何克服自身局限，增加人力投资，提高劳动力素质与质量。同时，人口过多也带来各种问题，如资源紧张、粮食危机、城市化问题、贫富差距等，这在很大程度上已经成为导致印度发展迟滞的重要因素。

印度是一个年轻的国家，约55%的人口年龄在30岁以下，超过四分之一的人口年龄在15岁以下。理论上，这一人口结构将给印度带来巨大红利。具体来说，笔者认为印度庞大人口带来的潜力和优势主要集中在这样几个方面。

第一，庞大人口给印度带来巨大的消费能力，尤其是日益壮大的中产阶级，让印度逐渐成为全球主要商品消费市场。在印度国内旅行，印象最深的是繁忙的机场，客流量增速几乎保持在年均20%以上。以海尔为代表的中国白色家电市场在印度的快速发展表明，印度正在形成一个庞大的中产阶级市场。无论是在北方邦首府勒克瑙、旁遮普邦的阿姆利则、比哈尔邦的巴特那、中央邦的博帕尔，还是在南部新兴的特伦甘纳邦的海得拉巴、泰米尔纳德邦的金奈、喀拉拉邦的科钦等，虽然有些脏乱，但街头店铺繁华的景象预示着印度消费能力的提升。

目前，印度服务业占据国内生产总值的50%以上，可见其庞大的市场潜力。印度人喜欢糖、香料和黄金，所以印度成为全球这两项消费品和贵金属的最大消费国。印度耐用消费品也在迅速崛起，越来越多耐用消费品走进印度家庭。从手机和汽车销售数据就可以看出，几乎都以年均20%的速度增长。奢侈品市场和耐用消费品市场迅速壮大，表明印度消费能力在提升。

第二，潜在的全球重要投资市场。目前，印度人口年增长率仍保持在1.5%左右，这意味着每年新增人口仍将达到1800万左右，甚至超过世界许多国家人口的总和。15岁至35岁年轻人口比重占全部人口比重的65%，如此庞大的年轻人口使印度劳动力资源极为丰富，保证了年轻人口在人口总数中占较高比重的情况能够持续很长一段时间。这让印度在一个相当长的时期内的劳动力工资将可能保持在较低水平，在一定程度上节约投资者所承担的劳动力成本，保持甚至增加投资者所获得的利润。这刺激了印度国内资本增加投资，也吸引着外国投资者扩大对印度投资。

印度人力资源正在逐步得到开发，人口红利正在逐步扩大。经济改革以来，随着经济的加速发展，人均纯收入增长，贫困人口比重逐步下降，医疗卫生条件改善，教育培训得到发展，使得越来越多的人力资源转化为人力资本，进而形成部分人口红利。随着印度经济的持续发展，未来印度开发人力资源的能力将会进一步增强，推动巨大的人力资源潜力进一步得到充分发挥，为经济发展提供保障。其中关键因素是人口体量大，其中只要有十分之一的人进入中产阶级以上，其消费潜力就可以与一个较大经济体媲美。

第三，城市化机遇。笔者曾采访过位于德里南部和班加罗尔的中国房地产企业，对印度的房地产业稍有了解。从德里去泰姬陵的路上会遇到距离诺伊达市很近的新建城市，高楼林立，基础设施发达，类似的新兴城市正在印度很多地方崛起，部分地区成为脚手架上的城市。尽管受限于各种因素，印度房地产市场仍处于起步阶段,但逐步展现出一定繁荣迹象。房地产业的发展折射的是印度城市化水平。1901年城市化率为10.8%,1951年为17.3%,1991年为25.7%,2011年约为35%,目前城市化率保持在35%左右,印度城市化水平确实在不断提升。未来印度城市化发展空间巨大,这是印度经济发展的一个主要动力。

从印度经济改革看,人口红利和人口优势正在得到部分释放,成为推动印度经济保持中高速增长态势的主要因素之一。

印度成为世界第一人口大国同样为人类发展带来复杂的影响。第一,为全球提供了新的巨大市场机遇。理论上,印度庞大的人口基数和年轻人口,为印度未来很长一段时间的发展提供了源源不断的廉价劳动力,日益壮大的中产阶级推动着印度消费市场的升级,这是国际社会最看好印度的地方。基于中国发展路径和经验来看,各国看好印度未来的发展前景,跨国企业看好印度庞大的市场机遇,核心是印度庞大的人口。包括中国在内的跨国企业明知开拓印度市场的艰难,即便暂时不挣钱也要在印度发展,理由也是如此。

第二,印度或许引领需求繁荣。印度这一庞大且收入相对较低的劳动人群不仅年轻,而且会讲英语,也懂数字科技,并以擅长创业著称。美西方认为,印度劳动力这些显而易见的优势,使得印度成为逐步替代中国、吸引全球资本、发展世界制造业中心的最大吸引力。2023年以来,随着中美贸易摩擦的持续升级,全球贸易格局发生巨大的变化,市场对印度的关注成为焦点,印度股市创出历史新高,年内涨幅8.5%,实现20年股票指数涨幅20倍的神话。在G20会议之后,印度再度走到全球的聚焦灯之下,管理全球最大对冲基金的桥水基金创始人达利欧在公开场合发言中表示非常看好印度，印度的发展势头类似于20世纪80年代的中国，印度将成为引领下一轮全球经济增长的领头羊。

第三，国际社会担忧印度人口增长带来的地缘政治和地缘经济不确定性。受印度人口增长影响，印度国内生产总值也在水涨船高，印度正在成为世界主要力量之一。国际机构纷纷预测，2030年前后印度将成为世界第三大经济体，印度日渐成为国际社会重要力量之一。这对全球地缘政治和地缘经济产生的影响将是复杂而深远的，对国际政治和国际经济的冲击不言而喻，其趋势不容小觑。当前，不断向全球扩散的印度人口在促进当地经济发展的同时，也带来族群、种族和宗教等一系列问题，如印度和加拿大有关锡克教独立的问题、印度教徒在国外的发展问题等。

第四，印度日益增长的人口对世界的外溢效应值得关注。印度一直被冠以"人才流失"大国。"人才流失"指的是印度年轻、熟练的劳动力迁移到西方，为自己的潜力寻求更好的回报。联合国经济和社会事务部人口司的报告《2020年国际移民亮点》显示，印度的海外移民人数增长最快，2000年至2020年间移民人数接近1000万人。多项研究发现，自2014年以来，已有2.3万名印度百万富翁离开印度，仅2019年就有近7000名百万富翁离开，导致该国损失数十亿美元的税收。自2015年以来，近90万印度人放弃了公民身份。① 如今，同样的劳动力已经成为"人力资源"，或者说是印度经济的繁荣："他们是世界的首席执行官，

① *Murali Krishnan*,"*How Will India's Growing Population Impact its Progress*", DW, Nov 18，2022. https://www.dw.com/en/how-will-indias-growing-population-impact-its-progress/a-63812976.

是一场经济革命的源泉，为印度带来了 900 亿美元的汇款。"更重要的是，欧美技术人员数量的减少导致了劳动力短缺，这使得印度人口成为"具有重要政治意义和不可或缺的资产"。"其他国家可能讨厌印度，但他们喜欢我们的市场。"西方国家老龄化日益严重，劳动力市场趋紧，养老金等公共福利部门面临巨大压力。印度庞大的年轻人口有助于西方解决劳动力短缺问题，缓解上述问题。

第五，西方国家担忧印度人口过剩带来的贫困及环境问题。印度人口的增长对世界能源和资源需求迅速增长，影响着世界的经济发展、社会和环境等问题。马里兰大学帕克分校研究印度人口变化的人口统计学家索纳尔德·德赛说："我认为西方对印度人口的恐惧可能比印度本身更严重。"[①]印度人口也可能是一颗定时炸弹，目前被信息技术的成功、很大程度尚未开放的中产阶级、不断上升的地缘政治抬高印度国际地位等所掩盖。如果印度不能很好地利用人口红利，不仅会错失一个崛起的巨大历史机遇，而且会使庞大人口成为压垮印度未来的一块磨石。沮丧和就业不足的年轻人很快就会变得焦躁不安，政府用民粹主义和反对少数族群作为替罪羊的做法不会永远有用，这将给印度政治社会带来巨大的不稳定，同时可能摧毁印度排除万难刚刚建立的多元世俗民主共和国的根基。目前，倒退已经开始，国际组织已经不再将印度评为自由民主国家。这些趋势给美西

---

① Rhitu Chatterjee, "India's population passes 1.4 billion, and that'a not bad thing", NPR, Jun 8, 2023.https://www.npr.org/sections/goatsandsoda/2023/06/08/1180454049/india-is-now-the-worlds-most-populous-nation-and-thats-not-necessarily-a-bad-thi.

方国家敲响了警钟。①

第二节　印度"马尔萨斯陷阱"：
世界最早的计划生育

　　印度目前和未来一直担忧"马尔萨斯陷阱"，即在土地和自然资源有限的国家，人口繁殖导致劳动力过剩会造成持续贫困化。保罗·埃尔利赫（Paul Erlich）在其《人口爆炸》中写道："在新德里那烦人闷热的一个晚上，我开始在情感上理解了人口爆炸……街道似乎与人一样均是活的。人们吃、洗、睡、拜访、谈论、尖叫。有人将手伸进出租车乞讨，有人随地大小便，有人挂在公交车外面，有人放养动物。人、人、人，到处是人。"②行走在老德里狭窄的商业街上，一眼望不到尽头的人群，配上路边破败的楼房和乱如麻的电线，更能让人真切感受到《人口爆炸》中的描述。

　　事实上，印度人一直担忧人口增长过快这一问题，为此在努力控制人口增长。英迪拉·甘地的小儿子山奇·甘地甚至采用让穷人进行强制绝育的激进办法来解决此问题。山奇的方法虽然激进，但计划生育在印度由来已久，是近代以来世界上官方最早实行计划生育的国家，并且计划生育计划庞大，一直延续至今，只是囿于治理和能力欠缺，没有达到目标。正如《印度人口关注：

---

　　①　Irfan Nooruddin, "India is now the world's most populous country. Can its economy keep up?", Atlantic Council, May 2, 2023. https://www.atlanticcouncil.org/blogs/new-atlanticist/india-is-now-the-worlds-most-populous-country-can-its-economy-keep-up.

　　②　Paul Erlich, *The Population Bomb*, Ballantine Books, 1968, pp.1-2.

正在变化的趋势、政策和计划》中评价的："中国、韩国、马来西亚、泰国在控制人口上起步都晚于印度，但基于不同政治治理，它们做得都比印度好，大幅减少婴儿死亡率和产妇死亡率，实现了低生育率和更好的人类发展指数。印度错在哪里？为何没有赶上这些国家？这些问题一直困扰着我。"[1]

印度人口增长的一个特点是温和性高增长，低于许多发展中国家人口增长水平。"自从有人口调查以来，印度妇女平均总和生育率[2]最高不超过6，即便是总和生育率最高峰时期也是如此。2016年降至2.4。印度人口寿命从1947年的31岁增长到2016年的68岁。联合国数据显示，2022年印度人寿命为70.42岁。印度人口平均年龄为27岁，非常年轻，但稳步迈向老龄化。"[3]

早在英殖民时期印度知识分子就意识到印度人口问题，并着手解决这个问题。印度最早进行系统性人口普查是在1881年，以此为记载，印度人口经历了快速增长的10年，增长了10%。自1911年开始，由于饥荒、流行疾病和殖民，印度人口开始进入下降通道。仅1918—1919年的大流行病就使印度人口下降5%，减少约1300万人，1921年人口降至2.51亿。[4]尽管如此，在西方学习的印度人受马尔萨斯人口理论影响，开始考虑人口过快增长问题。1929年7月，在金奈成立金奈新马尔萨斯主义联盟（the

---

[1] Krishnamurthy Srinivasan, *Population Concerns in India：Shifting Trends，Policies，and Programs*，SAGE Publications India Ltd，2017，p.250.

[2] 总和生育率是指该国家或地区的妇女在育龄期间，每个妇女平均的生育子女数。

[3] Tim Dyson, *A Population History of India：From the First Modern People to The Present Day*，Oxford University Press，2018，p.256.

[4] Krishnamurthy Srinivasan, *Population Concerns in India：Shifting Trends，Policies，and Programs*，SAGE Publications India Ltd，2017，p.1.

Madras Neo-Malthusian League），旨在控制生育率，宣传各种人工的计划生育，开始提出适婚年龄的概念，这主要针对印度当时早婚早育的问题。金奈和孟买成为印度最初施行计划生育控制的两个城市，最初是节制生育，解放妇女。由于甘地强烈反对用人工控制生育，早期的计划生育控制影响不大，没有大规模扩散。甘地也承认需要抑制人口过快增长，但反对人工控制的方式。甘地认为禁欲是控制生育的唯一道德途径。尽管甘地反对，作为解放妇女的手段，金奈新马尔萨斯主义联盟的人不断宣传人工节育。1930年，迈索尔邦政府正式批准建立了四个计划生育诊所，其中有两个于当年立即营业，一个位于班加罗尔，另一个位于迈索尔。据称，这是世界上第一个政府批准的计划生育诊所。[1]1948年甘地遇刺身亡，印度人工计划生育最大的阻力消除，1949年印度成立了印度计划生育协会（the Family Planning Association of India，FPA India），由此开启印度一波计划生育浪潮。

1931—1940年，印度人口从2.79亿迅速增长到3.18亿，10年增长14%。但随后的饥荒、战争等让人口大幅减少。饥荒是印度次大陆经常发生的现象。1943年至1944年，孟加拉国饥荒估计使400万人饿死。饥荒加上英殖民者的政策失误和搜刮，英殖民期间周期性爆发饥荒。据印度学者估计，18世纪印度因饥荒而死的人超过6000万，1866年，最严重的大饥荒让印度人口锐减1/3。[2]独立后印度也发生过极度干旱，也有少量农民自杀，但再也没有殖民时期的大规模人群饿死事件。

---

① Krishnamurthy Srinivasan, *Population Concerns in India：Shifting Trends，Policies，and Programs*，SAGE Publications India Ltd，2017，p.7.

② Krishnamurthy Srinivasan, *Population Concerns in India：Shifting Trends，Policies，and Programs*，SAGE Publications India Ltd，2017，p.8.

1944年，英属殖民政府任命孟加拉国邦长约翰·伍德赫德（John Woodhead）为孟加拉饥荒调查委员会主席，其调查报告指出，人口过快增长对粮食产量和经济发展都构成危险。报告强烈建议进行人口控制，并列为政府发展政策的组成部分，要收集和分析人口相关数据，为发展提供依据。这为1947年独立后的印度政府在发展战略中正式列入计划生育项目铺平了道路。

1950年4月，印度政府设立人口政策委员会，并在卫生服务总局办公室下设计划生育司，印度第一个五年计划也有"家庭限制和人口控制"项目，目的是减少生育率，稳定人口。这也是世界上首个官方国家计划生育项目。当时，政府为该项目拨款650万卢比。①这些项目没有设定具体目标，只是建议避孕手段和宣传，以自愿方式进行，并成立了由邦组成的中央计划生育委员会顾问机构。"一五计划"结束时，印度全国设立了147个计划生育诊所，"二五计划"结束时已经设立了4165个，经费也增长到5000万卢比。印度计划生育高潮期是英迪拉·甘地政府紧急状态时期，从1975年6月到1976年3月，全印几乎有650万人做了绝育。1976—1977年，又有826万印度人绝育。②这些主要是强制性绝育。

1980年后印度计划生育再次回归自愿方式。1979年印度计划委员会成立人口政策工作组，规划长期人口政策和计划生育与卫生健康目标。长期目标是把每个家庭4.2个儿童降至2001年的2.3个，生育率从1978年的33‰降至2001年的21‰。同时出生

① Krishnamurthy Srinivasan, *Population Concerns in India: Shifting Trends, Policies, and Programs*, SAGE Publications India Ltd, 2017, pp.20-21.

② Krishnamurthy Srinivasan, *Population Concerns in India: Shifting Trends, Policies, and Programs*, SAGE Publications India Ltd, 2017, pp.21-34.

率与死亡率挂钩，死亡率从1978年每千人14人降至2001年的9人。[1]1991年印度经济改革后，随着经济市场化、全球化和妇女运动的兴起，计划生育政策出现转折，更加强调妇女权益，计划生育项目延迟，纳入国家卫生健康规划轨道。2012年，印度提出到2020年前，投入20亿美元为4800万名妇女提供计划生育服务，同时保持1亿名妇女的计划生育服务。

总结印度计划生育效果可以看出这样几个特点。第一，印度计划生育取得了一定成就。1951年印度人口约3.6亿，与新中国成立初期相差不多。2019年印度人口为13.6亿，中国为14亿，在中国实行一孩化计划生育情况下，印度在很大程度上有效抑制了人口过快增长，除了天灾人祸和宗教等传统因素外，计划生育的功劳也不小。如1954年，金奈邦（泰米尔纳德邦前身）采用金钱鼓励方式，每个已婚男性接受节育会得到10卢比奖励，10年内该邦所有已婚男性都做了绝育手术，出生率大幅降低，从1956年的每千人40人降至1966年的25人。[2]其相关宣传整体上提升了人们对计划生育的意识，有效降低了受教育人口的生育率，让印度人口增长率在1971年前保持一个低水平。1951—1971年第一个二十年间，印度年均全国人口增长率为2.1%，1971—1991年第二个二十年间增长到2.2%，1991—2011年第三个二十年间降至1.8%。[3]

---

[1] Krishnamurthy Srinivasan, *Population Concerns in India*：*Shifting Trends*，*Policies*，*and Programs*，SAGE Publications India Ltd，2017，p.47.

[2] Krishnamurthy Srinivasan, *Population Concerns in India*：*Shifting Trends*，*Policies*，*and Programs*，SAGE Publications India Ltd，2017，pp.79–88.

[3] Krishnamurthy Srinivasan, *Population Concerns in India*：*Shifting Trends*，*Policies*，*and Programs*，SAGE Publications India Ltd，2017，p.151.

第二,计划生育政策执行前紧后松。以1991年经济改革为界,前半程相对来说执行得比较有可持续性,后半程则有松懈的迹象。以1977年为界,之前做绝育的男性居多,随后女性绝育取代男性。

第三,印度总体生育率走低的同时,15—19岁青春期年龄段生育率相对保持高位,这主要是印度童婚习俗使然。1971—2011年,印度平均结婚年龄从17岁升至22岁。1971年,56%的15—19岁女性被登记为结婚,这一数字在2011年降至12%。[①]

第四,种姓内婚姻日益增长。在印度绝大部分婚姻都是两个家庭的结合,高额的嫁妆让离婚的代价巨大,尽管宗教内婚姻和种姓内结婚备受批评,但这一趋势还是在增长。几乎所有印度女性在婚前的命运都依靠父母,婚后靠丈夫,寡妇靠儿子。印度男性对家庭的社会责任和义务是永恒的。1971—2016年的婚姻统计数据显示,城市里选择种姓内婚姻的数量日益增长。

从1951年到现在,印度在计划生育上一直在投入。2007—2012年"十一五计划"期间,计划生育投入9060亿卢比。印度文化对生育也产生了重要影响。在印度文化中,尤其是印度教文化中,坚决禁止婚前性行为;所有妇女都要忠于婚姻和家庭;除非极端情况,否则不允许正式离婚;高种姓禁止寡妇再婚,低种姓允许寡妇再婚;保留精液对身体和灵魂都有好处,印度教徒的性行为一般根据月亮圆缺,一个月只有几次;哺乳期妇女要禁欲,害怕精液污染母乳;女儿长大或儿子结婚后,父母再生育是耻辱;病人不能进行性行为;女性不育是社会的巨大耻辱;儿子

① Tim Dyson, *A Population History of India*: *From the First Modern People to The Present Day*, Oxford University Press, 2018, p.224.

在宗教和社会中拥有重要作用。[1]

印度计划生育政策折射的是印度人对人口过快增长的担忧。这个问题现在日益凸显。经济改革后，受益于整体政治稳定和经济中高速增长，印度人口再次呈现快速增长态势，人口基数越来越大。尽管印度拥有良好的自然条件，但人口体量过大对印度的影响也日益加剧，尤其是对环境的冲击非常明显。举例来说，尽管印度是水资源大国，但人口过快增长对水资源需求的增长和带来的污染，使水资源短缺愈加严重。

第三节 人口陷阱：印度多数妇女不工作背后的原因

笔者在印度见到的妇女大部分都是工作的，然而数据显示印度妇女劳动参与率[2]非常低。在笔者所住的中产社区，部分妇女全职在家带孩子，清洁工和保姆等大部分都是妇女。事实上，印度不仅妇女劳动参与率在下降，印度妇女工作总人数也在减少。据印度统计组织数据，2004—2005财年至2011—2012财年间，接近2000万名印度妇女离开工作。适龄工作妇女劳动参与率从1993—1994财年的42%降至2011—2012财年的31%。农村地区适龄女性劳动参与率从2004—2005财年的43%降至2009—

---

① Krishnamurthy Srinivasan, *Population Concerns in India: Shifting Trends, Policies, and Programs*, SAGE Publications India Ltd, 2017, pp.97-99.

② 劳动参与率是经济活动人口（包括就业者和失业者）占劳动年龄人口的比率，是用来衡量人们参与经济活动状况的指标。根据经济学理论和各国的经验，劳动参与率反映了潜在劳动者个人对于工作收入与闲暇的选择偏好。

2010财年的37.8%。[①]造成印度女性劳动参与率低的主要原因包括婚姻、家庭、性别、偏见和父权制。婚姻确实影响了女性劳动参与率,但不是唯一因素。农村已婚妇女劳动参与率高于未婚妇女,城市则相反。联合国妇女署发布的《2020世界妇女进展》(*Progress of The World's Women* 2019-2020)报告显示,南亚地区是世界婚后妇女劳动参与率最低的地区,仅为29.1%,欧洲和北美高达78.2%。[②]印度每5名妇女中就有一名不工作。根据世界银行数据,1990年印度女性劳动参与率为30.3%,2019年降至20.5%。印度近些年持续爆发就业危机,女性就业最难。2020年3月新冠疫情前,印度全国失业率为7%,女性失业率则高达18%。疫情下印度女性失业比男性更多。

印度文化中,女性婚后的首要任务是照顾家庭。根据印度国家统计局2011—2012财年数据,超过90%不工作女性专注于家庭事务。《2017年印度产妇福利法》将女性带薪产假从12周增加到26周,间接鼓励女性不参与工作。1948年印度颁布《工厂法》规定,不允许女性在夜间工作,这限制了女性的工作时间。同时,在公共场合对女性使用暴力也是阻碍印度女性参与工作的重要因素。此外,男女同工不同酬是印度女性劳动参与率降低的另一个重要因素。有研究表明,同样的工作印度女性仅获得男性报酬的34%。[③]

---

① Soutik Biswas, "Why Are Millions of Indian Women Dropping Out of Work?", BBC, May 17, 2017. https://www.bbc.com/news/world-asia-india-39945473.

② UN Women: *Progress of The World's Women 2019-2020: Families in a Changing World.*

③ Bansari Kamdar, "Women Left Behind: India's Falling Female Labor Participation", The Diplomat, Jul 30, 2020. https://thediplomat.com/2020/07/women-left-behind-indias-falling-female-labor-participation.

印度女性不工作是印度人力资本的浪费。近几年印度和国际社会对印度未来发展充满信心，引以为傲的除了民主制度优势，就是人口红利。目前印度15—59岁人口占总人口比重为65%，平均年龄为27岁。联合国数据显示，印度劳动力年龄人口将从2000年的6.2亿增加到2020年的8.8亿，再到2050年的10亿以上。据预测，印度劳动力年龄人口将在2030年左右超过中国，成为劳动力资源最丰富的国家。印度是全球劳动力数量增长速度最快和最丰富的国家，印度将在相当长的时间内处于"年轻"状态。国际社会上称之为人口红利。

笔者认为这不是人口红利。人仅仅是资源，如何开发这些资源是另一回事。印度拥有庞大的人力资源，这与非洲拥有丰富的贵金属资源是一个性质，但非洲开发不了，只能挖出来卖给别国来开发。印度也面临同样的问题，拥有庞大的人力资源，但需要开发，从人力资源转化为人力资本才叫人口红利，没有转化的过多人口反而成为社会发展的负担，进而形成"人口陷阱"。目前印度在部分释放人口红利的同时，也有陷入人口陷阱的趋势。这种人口陷阱拥有如下七大特征。

第一，印度劳动力失业问题呈现受教育程度越高，失业率越高的趋势。根据印度人口受教育程度统计失业率就反映了这个问题：1987年，印度文盲失业率为1.1%、小学文化为1.9%、初中文化为5.3%、中学文化为8.7%、大学以上学历为9.9%。2000年数据为0.2%、1.2%、3.3%、5.5%和8.8%。[①]根据印度经济监测中心（the Centre for Monitoring Indian Economy，CMIE）数据，

---

① 沈开燕:《印度经济改革发展二十年：理论、实证和比较（1991—2010）》，上海人民出版社2011年版，第289页。

自 2017 年开始，高学历失业率稳步上升。2018 年 9 月至 12 月，印度高学历失业率达到创纪录的 13.2%，相比 2017 年为 12.1%。"这表明印度没有为高学历提供足够的就业岗位"。根据年度监测数据，印度高学历面临高失业率，通常都保持在两位数以上。据 2018 年 9—12 月失业率数据，文盲为 0.8%、小学文化 1.3%、初中 4.6%、高中 10.6%、大学及以上 13.2%。[①] 与此同时，还有两组数据也表明同样的问题，该时间段大学生劳动参与率为 61%，女性劳动参与率最低，仅为 11%。印度媒体对此有连篇累牍的报道。[②] 从数据中可以看出，文化层次越低越容易就业，显然是人力资源和教育资源的巨大浪费。印度媒体经常报道硕士研究生看大门的新闻，这在印度首都新德里就发生过。还有铁路部门招聘公务员，只有几千人的岗位，报考人数超过数十万甚至上百万、上千万。

第二，高失业率。根据目前印度人口增长率，印度年新增人口量在 1800 万人左右，能够提供的岗位最多是 800 万个，至少 700 万人无法就业，这就是人口陷阱的特征之一。就业才能有收入，失业者不仅没有收入，反而会消耗社会资源，这在经济学上被称为非生产消费者。生产消费者就是劳动力，他们能创造国民收入；非生产消费者就是这部分失业人口，老人、1—14 岁儿童和 15—59 岁年龄组中没有就业的人口都包括在内。非生产消费

---

① Chitranjan Kumar, "Unemployment Rate Highest Among Graduates; Touch 13.2% in Sep. – Dec., 2018: CMIE", *Business Today*, Mar 20, 2019.

② Madhvi Gupta and Pushkar, "Why India Should Worry About Its Educated, But Unemployed, Youth", *the Wire*, Feb 25, 2019. Samrat Sharma, "High Education to Blame for Rising Unemployment? How Higher Studies Catalyse Joblessness", *Financial Express*, Nov 26, 2019.

者是静消费者，对社会贡献是零或负数。印度非生产消费者的绝对数量呈上升趋势，从1961年的2.56亿增加到1971年的3.72亿、1981年的4.64亿、1991年的5.29亿，占总人口比重也从1961年的57%上升到1991年的62.4%。[①]

　　政府和公营企业部门是高等人才集中的地方，但往往是人浮于事，高素质就业人力资源未能充分发挥其效能。印度妇女结婚后大部分不再就业，致使至今劳动参与率较低，一半成年人口不参加劳动，是人力资源的巨大浪费，加重了社会负担。

　　第三，印度文盲率非常高。根据2011年数据，印度人口识字率已经提高到74.04%，当年世界人口平均识字率为84%。根据以往印度统计的情况，这个数字也是存疑的。《摔跤吧！爸爸》和《起跑线》等印度电影反映了印度中产阶级重视教育的问题和女性问题，但这些多是中产以上的阶层，下层民众的受教育情况不容乐观。女性文盲率更高。2011年文盲人数为2.72亿，其中女性占1.76亿，尤其是农村地区。文盲还导致农村劳动力转移的困难，农村剩余劳动力无法快速转化为城市中拥有较高素质的产业工人，很难适应产业化工作。没有文化、具有小学和初中文化程度的劳动力的学习能力较差，很难通过再学习掌握新技能。随着印度经济发展，越来越多的企业需要更多的熟练劳动力，这个缺口有加大的趋势，大量低素质劳动力不仅无法完成熟练劳动力的工作，而且不得不滞留在农村，带来失业问题和土地紧张，流浪到城市反而造成失业和救济。最大的影响是贫民窟，印度拥有亚洲最大的贫民窟——孟买达拉维贫民窟，几乎上百万人聚集在一

---

　　① ［印度］鲁达尔·达特、K.P.M.桑达拉姆：《印度经济》，雷启淮等译，四川大学出版社1994年版，第114页。

起，几公里外就能闻到难闻的气味。

第四，教育结构严重不合理。独立后，印度政府认为中等和高等教育是推动社会发展的主要力量，忽视基础教育。英国著名教育学家埃蒙德·金指出："独立后印度主要问题之一是离开了初等教育的坚实基础而去大力发展高等教育，这是一种'蘑菇云'状况。"初等教育教育经费比重一直很低，21世纪前基本徘徊在35%左右。高等教育经费则较高，平均在20%左右。这种教育不平衡还表现在重文轻理上，大批文科生毕业后无法找到工作。

第五，教育投入少，经费严重不足。莫迪上台后再次削减教育经费，用于发展经济。笔者曾在哈里亚纳邦小学和古吉拉特邦公立农村小学拜访和采访过，校舍比较老旧和简陋，教学器材老化，师资欠缺。还有的村庄的公立小学已经废弃，有能力的家庭都到私立学校上学。此外，种姓制度也影响到人们的识字率。表列种姓阶层识字率要比其他四个种姓识字率更低，2001年数据显示两者相差14.11%。

第六，语言限制了劳动力的自由流动。国际上公认印度是人种学、民族学和语言学的博物馆。据统计，印度有414个族群，其中人口100万以上的有6个，但没有一个族群在人数上占据绝大多数。印地语是世界第四大语言，40%左右人口说印地语，也是印度官方语言。1961年印度政府人口普查时登记的语言有1652种，目前依然没有大的改观。繁多的语言，不利于族群间交流与沟通，阻碍经济社会发展。

笔者初到印度古吉拉特邦时发现，中资企业里的印度员工不会英语，还有的不会印地语，只会古吉拉特语，交流起来非常困难。笔者去哈里亚纳邦农村采访也面临这个问题。当时带的翻译是尼赫鲁大学博士生高伟士，高伟士来自比哈尔邦，说英语和印地语，哈里亚纳邦的农民中有一部分懂一些印地语，说得磕磕绊绊，他们主要说哈里亚纳语和本地语言。在尼赫鲁大学的一个教师家庭，丈夫来自特伦甘纳邦，说的是泰卢固语；妻子来自古吉拉特邦，说的是古吉拉特语，两人对对方族群语言都不懂，平常交流用英语或印地语，其儿子说英语和印地语，会少量泰卢固语和古吉拉特语。这对于印度很多家庭来说是一个常态。

在印度出差旅行，能感受到印度南北语言文字差异非常大。南方很少用印地语，只是政府的一部分牌匾上有印地语，商场和店铺的牌匾上一般都是本地语加上英语。很多中国企业负责人告诉笔者，印度南方员工不愿意去北方工作，印度北方员工也一样不愿意去南方工作，主要是离开自己所在的邦就听不懂其他邦的语言，在印度出邦如出国一样。笔者大致算了一下，从教育角度来说，一个印度人一生至少需要学习三四种语言——印地语、英语和本邦官方语言，外加本族群语言，印度人在学习语言上有天分。

第七，考察人口陷阱还要看印度人的体能和效率。笔者在中资企业调查发现，印度人的体能普遍有些偏弱，因为长期不太吃肉，多以素食为主。按照笔者的调查，很多情况都是两个印度人干一个中国人的活。另外从时间上来看，一天24小时，中国工人加班加点，有的工作时长多达12甚至16小时。由于天热，印度人的饮食习惯也与其他地区完全不同。在印度，一般上午10时是早餐时间，下午2时是午餐时间，晚餐时间一般在晚上8时，还有上午茶和下午茶时间。因此，多数印度人的有效工作时间平均算下来也就4—6小时。况且印度的假期多，因婚丧嫁娶请假的更多，综合下来效率就更低了。

笔者曾计算过印度公共假期，包括国家法定假日和各种宗教假日，一年应该是66天左右，这还不包括员工自己的婚丧嫁娶的假期。

中国企业负责人反映，最多的是"无名假"——人情假。印度员工人情假的请假原因数不胜数，为了请假曾经提出"表姐结婚""机场接老同学""请假一周回老家参加远房亲戚的婚礼"等理由。

从上述各种障碍性因素可以看出，受习俗、教育、经济和社会等各种因素影响，印度庞大的人口资源并没有完全转化为人力资本和人口红利，而是大量闲置或浪费，并向人口陷阱趋势演化。此外，也要关注印度的老龄化问题。2022年，印度的老龄化人口达到1.38亿，印度国家统计局编写的一份报告称，预计到2030年，印度老龄化人口数量将增至1.94亿，十年间增长41%。印度老年人最关心的问题包括虐待老人、遗弃老人、孤独感和经济问题。研究表明，目前只有26.3%的老年人经济独立，20.3%的老年人部分经济依赖他人，53.4%的老年人依赖成年子女。

第四节　中产困境：决定印度历史性因素

印度中产阶级的崛起是印度历史决定性时刻。[①]本书所指的中产阶级，既是一个收入群体，也是一个政治社会阶层，具有强烈的社会文化属性。在印度中产阶级起源上，学者普遍认为其起源于英殖民统治时期，尼赫鲁大学教授苏林德·约德卡（Surinder S.Jodhka）和阿斯姆·帕克什（Aseem Prakash）著的《中产阶级》(*The Indian Middle Class*) 及B.B.米拾拉（B.B.Misshra）著的首部阐述印度中产的《印度中产阶级》(*The Indian Middle Class*) 是介绍印度中产阶级的代表作品。19世纪80年代，受过

---

① Surinder S.Jodhka and Aseem Parkash, *The Indian Middle Class*, Oxford University Press, 2016, p.1.

英语教育的印度人有5万多人,到1907年受过英语中等教育的人达到50万。此时,英殖民地带来的现代工厂和金融创造了一批蓝领工人和白领工人,还有教师、律师、医生和记者等新兴社会群体,尤其是当时著名的孟加拉国中产阶级。这些人不仅有身份和体面的职业与薪资,还是当时推动印度独立和社会运动的主要力量。[1]英殖民期间印度迈索尔邦首席部长M.维斯万斯瓦拉亚(Visvesvaraya)在其所著的《印度计划经济》(*Planned Economy for India*)一书中建议,要由受过良好教育的中产阶级来进行印度国家建构。[2]

殖民时期,90%印度人口居住在农村,农民是以种姓制度划分等级的,因此在农村基本没有中产阶级的空间。农村的中农、富农和小地主无法构成中产阶级的特征,他们都依附于土地,种姓制度又限制个体的自由流动。印度中产阶级来自英殖民时期的城市里的世俗教育体系,工业化经济和官僚机构。尼赫鲁在开国演讲中就提到,他就是一个典型的中产阶级。

印度独立初期中产阶级不多,3.5亿印度人口中约占1000万,主要是生活在城市的公务员、商业人士、知识分子等。[3]独立后印度中产阶级规模稳步增长。20世纪90年代初印度有关部门统计,年收入7.8万卢比的富裕阶层约占人口总数的2.3%,年收入1.8万卢比以下的贫困阶层占人口总数的58.8%,介于两者之间的

---

[1] Surinder S.Jodhka and Aseem Parkash, *The Indian Middle Class*, Oxford University Press, 2016, pp.35-40.

[2] M.Visvesvaraya, *Planned Economy for India*, Bangalore Press, 1936, p.165.

[3] Pavank Vama, *The Great Indian Middle Class*, Penguini Books India Lte, 1998, p.26.

中产阶级占人口总数的39.2%。[①]1991年经济改革后，印度中产阶级迎来快速发展期，产生了农村新贵和城市新兴产业工人与创业者为主体的新兴中产阶级。1999年，印度学者认为，印度中产阶级约有3亿人，包括年收入50万美元的3000万人，年收入2万美元的1.5亿人和生活在农村的富裕阶层1.1亿人。

《中产阶级》一书中基于家庭收入总结了至少十种中产阶级的计算方法，从占印度总人口最低的5%—6%，到最高的20%—30%都有。据印度国家应用经济委员会（NCAER）最新数据，印度中产阶级在1亿到3亿之间。根据该委员会估计，印度中产阶级的下层家庭年收入在700美元到1400美元之间，消费了全部收音机和肥皂的3/4、香波的1/3、电视的一半。根据全球皮尤研究中心的报告，以人均每天收入10—20美元来衡量，印度中产阶级占总人口的3%。印度摩托车销量从2000年的360万辆增长到2016年的1650万辆，汽车销量同期增长四倍，达到280万辆。[②]这是印度中产阶级消费的主要领域。

尽管口径不同，学者们目前对印度中产阶级发展趋势的共识是经济改革以来规模不断扩大，其中新兴中产阶级日益成长最快。据笔者观察，海尔在印度的发展是一个很好的体现。家电在印度属于奢侈品，按奢侈品征税。海尔在印度做家电，其负责人2017年告诉笔者，原来海尔把印度家庭月收入3万卢比（约合2750元人民币）以上的家庭作为客户群体，但调研后把这一标准提高到

---

① 陈峰君：《东亚与印度：亚洲两种现代化模式》，经济科学出版社2000年版，第357页。

② Rahul Jacob, "The Shrinking of India's Middle Class", *Mint*, Oct 31 2019. https://www.livemint.com/politics/policy/the-shrinking-of-india-s-middle-class-11572505342371.html.

10万卢比，进一步印证了近些年印度新兴中产阶级的壮大。

消费文化日渐成为印度新兴中产阶级的主要特征。从产业构成来源看，第二产业和第三产业越来越成为新兴中产阶级的主要来源。2000财年农业部门就业人数占印度就业人口的59.9%，2013财年降至48.9%，下降了11个百分点。同期工业部门就业人数从16.4%上升到24.3%；服务业部门就业人数从23.7%上升至26.9%。农业部门尽管占据劳动力的主体，但农村只有少数地主、小企业主、商人和公务员属于中产阶级。工业部门很大部分都是中产阶级，他们来自矿业、制造业等。服务业也是新兴中产阶级的主要就业部门。[①]

印度中产阶级家庭的社会背景如何？根据印度人均消费指数和国家统计办公室的数据，印度中高收入者主要来自高种姓，绝大部分是印度教徒和锡克教徒，也有少数耆那教徒、基督教徒和穆斯林等，这是印度新兴中产阶级的主要来源。

从所有制构成来源看，公营经济部门中产阶级数量呈下降趋势，但依然是主要来源，私营经济部门新兴中产阶级数量在不断增长，日益成为增长的主要来源。进入21世纪，公营部门雇佣人员有下降趋势，私营部门有上升趋势（见表7）。

表7 印度公营和私营部门雇佣人数（单位：百万）

年份	公营部门	私营部门
1970—1971	11.10	6.73
1980—1981	15.48	7.40

---

① Surinder S.Jodhka, Aseem Parkash, *The Indian Middle Class*, Oxford University Press. 2016, pp.130–131.

年份	公营部门	私营部门
1990—1991	19.06	7.68
2000—2001	19.14	8.65
2001—2011	17.55	11.45

数据来源：印度储备银行发布的《印度经济统计手册（2012—2013）》，第53页。

从行业构成来源看，农业和城市新兴行业日益成为印度新兴中产阶级的重要来源。由于印度长期实行的是社会主义计划经济与资本主义市场经济混合经济模式，有组织部门一直是印度中产阶级活跃的主要领域。[①]经济改革前印度公务员和国企员工是印度中产阶级的主要群体之一。经济改革后，印度中产阶级的结构发生重要变化，大量农业中等收入群体开始进入中产阶级队伍。随着信息技术和制药业等新兴产业部门的发展壮大，又诞生了一批城市中产阶级。随着服务业的发展，一大批小工商业者、自由职业者、企业家、服务业从业者等相继进入中产阶级，这是城市新兴中产阶级群体，有别于公务员和国企的传统中产阶级。他们主要是集中在农村里随着经济成长起来的中等种姓和农业新贵，是随着城市里私有化和市场化成长起来的中产阶级。2019年，印度软件外包总产值约1500亿美元，雇佣人数超过数百万，制药业总产值超过1600亿美元，同样雇佣大批技术工人。2018—2019财年印度吸引外资620亿美元，跨国公司雇用大批白领工人。这是城市新兴中产阶级的主要力量之一，他们大多是大学毕业

----

① 陈金英：《经济改革以来印度中产阶级的现状》，《南亚研究》2010年第3期，第79页。

生，平均年龄为25岁，月收入高，对印度以外的世界持开放态度，同时深受传统文化影响。

印度新兴中产阶级主要有以下几个特征。第一，基于收入的消费文化，把消费看作地位和阶级社会的标志，将其作为中产阶级的生活方式。印度中产阶级是异质的，因为它由不同等级、宗教、语言和种族群体组成，其共同点是消费。[①]传统上印度人对消费比较抵触，既有宗教因素，也有过惯穷日子养成的消费观的原因，但印度新兴中产阶级把消费作为一种身份象征，关乎自尊。2019—2020财年服务业占印度国民生产总值达55.3%，这是印度中产阶级消费市场的主要体现。笔者周末有时与朋友一起去新德里和哈里亚纳邦古尔冈市29区的酒吧街。新德里的豪斯喀斯特被誉为新德里的"三里屯"，是一个不足几百米的小巷子，紧邻莫卧儿王朝时期的一个皇宫。古尔冈市著名的是"Cyberhub"和"29区"。一到周末，这三个地方满街的俊男靓女，是印度新兴白领中产阶级消费文化的最好体现。

第二，教育也是印度中产阶级消费文化的一个主要体现。这在印度电影《摔跤吧！爸爸》和《起跑线》等影视作品中都有很好的体现。自殖民地时期开始，英语就是区分印度阶层的主要标志，尤其是中上阶层的标志。独立后英语依然是中上阶层的主要标识，讲英语意味着拥有较好的家庭背景和教育经历。印度公立学校的学生主要来自贫困家庭，中产阶级以上家庭大部分将子女送进用英语教学的私立学校，越来越多新兴中产阶级把孩子送往国外。

---

① ［印度］N.拉加拉姆：《印度和中国的中产阶级：问题与关注》，《江苏社会科学》2008年第5期，第87页。

　　第三，社会文化属性也是印度新兴中产阶级的一个特性。印度新兴中产阶级形成了一个独特的群体和阶级，拥有土地或其他资产、良好的英语和现代社交能力、社会身份，获得了代表社会发声的合法性，成为印度社会中立力量的领导者。他们的特征代表了印度民主、世俗主义和尊重多样性。印度新兴中产阶级有别于种姓等身份政治标签，通过消费寻求身份认同弱化了传统社会身份认同。不同于传统等级的种姓和亲戚关系，新兴中产阶级的身份和地位认同是开放的，没有排他性，这对印度男女平等具有重要意义，对塑造个体自由与赋权产生重要影响，成为印度城市中新兴社会政治的主要力量。

　　第四，印度新兴中产阶级兼具进步与保守双重属性。在有关印度新兴中产阶级的作用和影响上，印度学者出现了两种截然不同的态度：一派学者认为，日益壮大的印度新兴中产阶级推动了印度以市场化导向的经济社会治理，重塑着印度政治制度和治理能力。另一派学者认为，印度新兴中产阶级放弃了对国家的责任，对政治冷漠，道德欠缺，自私保守。

　　以尼赫鲁大学教授苏林德·约德卡和阿斯姆·帕克什为代表的一派印度学者认为，印度中产阶级的壮大产生了重要的政治经济影响。2014年和2019年两次大选体现得尤为明显，印度新兴中产阶级在大选中影响越来越大，其经济市场化取向成为政府政策的重要考量，莫迪政府提出的"印度制造""智慧城市""数字印度"等政策都与中产阶级的诉求吻合。印度新兴中产阶级在印度建立了一种能够超越宗教种姓和传统观念与行为的民族主义意识形态，他们声称代表国家利益，是国家建构的代言人。在经济上主张自由化、私有化、市场化和国际化，积极倡导以市场为导向的经济和社会治理。印度新兴中产阶级不断改变着印度的形象，也在改变着人口版图和经济社会。传统上印度给世界的印象是物质落后、精神至上，而新兴中产阶级壮大后的印度则展现了新的印度形象——中高速增长，经济在全球比重的提升，世界领先的制药、信息技术、软件外包、航空航天和原子能应用。印度学者班尔吉（Banerjee）和艾斯尔·杜佛罗（Esther Duflo）认为，印度新兴中产阶级是经济增长的主要源泉。第一，中产阶级创造企业家，从而创造就业和促进生产效率提高。第二，中产阶级帮助资本积累，尤其是积累人力资本和储蓄。第三，中产阶级创造了高质量商品市场需求。①

不仅如此，日益壮大的印度新兴中产阶级正在重塑印度政治制度和治理能力。印度新兴中产阶级日益成为印度政治稳定的主要政治力量，有助于塑造社会共识。经济改革以来印度经济进入中高速增长，并以城市化为中心，这壮大了中产阶级规模的基础。与此同时，新兴中产阶级在印度社会和政治体系中的影响也不断壮大。②印度中产阶级是伴随着城市化进程进一步壮大的。联邦政府和邦政府在经济社会上的投入，尤其是在教育和媒体上的投入，培养了大批印度专业人才、科技能力和现代基础设施，其最大受益者就是中产阶级，反过来这些受过良好教育的中产阶级又成为印度现代性的载体，印度政治合法性的源泉之一，积极参与政治。印度学者古尔恰兰·达斯（Gurcharan Das）认为，经济改革后的新兴中产阶级是国家及其政策成功的体现，这些中产

---

① Banerjee, Abhijit and Esther Duflo, "What Is Middle Class about the Middle Class around the World?", *Journal of Economic Perspectives*, 2008, pp.3-28.

② Surinder S.Jodhka and Aseem Parkash, *The Indian Middle Class*, Oxford University Press, 2016, pp.4-6.

阶级更加关注自我，而且懂得人情世故，政治倾向更加明显。[1]

　　另一派学者认为，印度新兴中产阶级放弃了对国家的责任，对政治冷漠，道德欠缺，自私保守。首先，印度中产阶级在政治上比底层民众消极。相比下层民众，中产阶级在选举中投票率普遍偏低。城市中产阶级对政治冷漠，许多人不参与投票，普遍认为参与政治没有回报。一般来说，越富裕的地区投票率越低。2009年印度大选中，全国投票率为58.19%，富裕的孟买地区投票率只有44.21%。2019年第17次大选投票率创新高，全国投票率为67.11%，但富裕的马哈拉施特拉邦投票率为60.46%，孟买最富有的选区投票率再创新低，为40.20%。孟买宝莱坞影星聚集的选区投票率也仅为42.68%。[2]从投票模式来看，印度中产阶级政治倾向分布均匀，没有一个政党能够单独获得该群体的多数支持。上层中产阶级倾向于支持印度教民族主义的印度人民党，下层中产阶级则倾向于支持世俗化的国大党。总体上来看，印度中产阶级政治参与积极性不高，立场游离，是印度投票行为最缺乏稳定性的群体。[3]

　　除了政治参与积极性不高，印度中产阶级缺乏公共责任，疏远底层民众。印度学者帕万·瓦尔玛（Pavon Varma）指出，新

---

[1]　［印度］N.拉加拉姆：《印度与中国的中产阶级：问题与关注》，《江苏社会科学》2008年第5期，第88页。

[2]　Kamlesh Damodar Sutar, "Maharashtra witnesses 60.46% voting, down 3%, Mumbai's Colaba witnesses lowest voting percentage", India Today, Qct 21, 2019. https://www.indiatoday.in/elections/maharashtra-assembly-election/story/maharashtra-witnesses-60-46-voting-down-3-mumbai-s-colaba-witnesses-lowest-voting-percentage-1611648-2019-10-21.

[3]　陈金英：《经济改革以来印度中产阶级的现状》，《南亚研究》2010年第3期，第83页。

兴中产阶级以自我为中心,放弃其对穷人和整个国家的责任。英国著名印度裔小说家拉纳·达斯古普塔(Rana Dasgupta)在其新著《资本之都:21世纪德里的美好与野蛮》(*Capital: A Portrait of Delhi in The Twenty-first Century*)中指出新德里"这个中产阶级城市漠然、冷淡,只顾自己的文化"[1]。还有学者认为印度中产阶级并不把自己看作穷人或者为国家更大利益服务的人。[2]英国著名记者爱德华·卢斯(Edward Luce)在《不顾诸神:现代印度的奇怪崛起》(*In Spite of Gods*)中也指出,印度政府机构为中产阶级提供了庞大的就业机会,但中产阶级却以无孔不入的腐败作为回馈。据印度新德里发展社会研究中心调查显示,印度政府用于救济穷人的公共粮食被"偷窃"的平均数约占总数的1/4到1/2之间。[3]有分析认为,印度富人的道德危机在于忽视穷人的苦难,并认为贫富差距是合法合理的,公共意识的淡薄成为印度的毒瘤。[4]

根据笔者在印度的观察,上面两派学者对印度中产阶级的分析都有道理,这是印度中产阶级不同于西方中产阶级的特性——自由主义和保守主义意识形态并存,这与印度多元社会文化历史传统吻合。印度4000余年历史绝大部分是外族入侵史,分多聚少,南北各地诸国林立,这造就了印度多元的社会文化。以印度

---

① [英]拉纳·达斯古普塔:《资本之都:21世纪德里的美好与野蛮》,林盼秋译,南京大学出版社2018年版,第74页。
② [印度]N.拉加拉姆:《印度与中国的中产阶级:问题与关注》,《江苏社会科学》2008年第5期,第88页。
③ [英]爱德华·卢斯:《不顾诸神:现代印度的奇怪崛起》,张淑芳译,中心出版社2007年版,第59页。
④ 陈金英:《经济改革以来印度中产阶级的现状》,《南亚研究》2010年第3期,第84页。

教教义和种姓等级制度为核心的印度教伦理社会经久不衰。长期受此熏陶，让印度中产阶级在接受现代性的同时依然保留传统的底色。印度新兴中产阶级具有在经济全球化大潮中推动市场化和积极参与政治的动力，但他们又是现有制度的受益者；他们有意推动经济和政治现代化改革，但他们绝大部分又来自中高种姓和各族群的富裕者，这种历史底色和现代性决定了印度中产阶级具有社会中坚的进步和保守双重属性，也造成了学者对印度中产阶级看法的分歧。

在印度党派分化上，传统上印度中产阶级政治倾向于世俗化的国大党，认同超越宗教的民族主义意识形态和世俗化及政教分离的政治原则。经济改革以来，国大党开放政策持续巩固着部分中产阶级的支持，但其腐败和过多强调公平等使越来越多的新兴中产阶级支持者流失。随着20世纪80年代印度教民族主义思潮的兴起，高举印度教民族主义的印度人民党（BJP）逐渐吸引了新兴中产阶级的注意力，其强大的宗教热情和政治鼓动性让越来越多的印度新兴中产阶级加入印人党。从瓦杰帕伊到莫迪，其民族主义的经济政策也迎合了印度新兴中产阶级的诉求，包括"印度制造"，建设现代发达国家等；其"战车游行"和捣毁巴布里清真寺等教派主义做法也得到印度新兴中产阶级的默许和支持。[1]印度人民党及母体国民志愿团中高级干部

---

[1]　这方面内容可以参考 Walter K. Andersen and Shridhar D. Damle，*The RSS: A View to the Inside*，Penguin Random House India. Pvt. Ltd，2018; Angana P. Chatterji, Thomas Blom Hansen and Christophe Jafferlot，ed. *Majoritarian State: How Hindu Nationalism Is Changing India*，Harper Collins Publishers. 2019; Partha S. Ghosh，*BJP and The Evolution of Hindu Nationalism: Savarkar to Vajpayee to Modi*，Ajay Kumar Jain for Manohar Publishers & Distributors，2017。

绝大部分都有着高学历或来自高级知识分子家庭，与印度新兴中产阶级紧密联系在一起，使得越来越多印度新兴中产阶级开始政治转向。①

结构性因素使印度新兴中产阶级遭遇瓶颈。1991年经济改革以来，政府的系列举措为印度新兴中产阶级迅速壮大奠定了基础。经济改革后印度政府宣布实施曼达尔方案，对落后阶层实行更广泛的保留制度，2005年国大党政府在此制度基础上通过了《宪法第93修正案》，决定在所有公立和私立学校教育机构单独为落后阶层（Other Backward Class，OBC）增加27%的保留名额，使落后阶层（包括表列种姓、表列部落和其他阶层）名额比例上升到49.5%。这从制度上为印度底层人民打开了社会上升通道，壮大了新兴中产阶级成长的社会基础。经济改革以来，印度政府在三农问题上出台系列政策，包括允许私人参与农业科研、加大三农的投入、加强农业生物技术的应用、大幅兴修水利、提高灌溉面积、扶持农村工业发展和农村基础设施建设，客观上促进了农民收入的增长，推动了农村新兴中产阶级的壮大。②历届政府在城市推行以自由化、市场化、私有化和全球化为导向的市场经济发展方向，出台了系列鼓励和推动信息技术和高科技产业发展政策，莫迪政府2014年上台以来又三次出台吸引外资政策，提出"印度制造"，大力发展工业。这为印度新兴中产阶级的壮

① 陈金英：《经济改革以来印度中产阶级的现状》，《南亚研究》2010年第3期，第82页。

② 沈开艳等：《印度产业政策演进与重点产业发展》，上海社会科学院出版社2015年版，参考第九章。

大奠定了经济基础。[①]

印度新兴中产阶级发展并非一帆风顺，受制于各种因素，其增长速度比较缓慢。首先是印度传统文化的制约。城市化和中产阶级的扩大的确带来了印度社会的流动性，给予个体更多的选择，印度社会传统上抵制这种社会流动。尤其是农村严重的种姓制度和租佃制度，大批人束缚在土地上。印度新兴中产阶级很难脱离歧视和社会经济依赖。各种消费都要依靠其"阶级"，一方面消费消融了传统等级身份认同，另一方面又产生了新的阶层身份认同，这又限制了社会流动。消费文化为人们提供个体社会流动的可能性的同时，传统种姓和社区身份认同并没有消失。尽管消费赋予了中产阶级现代性，但仍受以前存在的特权的限制，这是印度中产阶级发展的一个困境。

其次是印度产业结构和城市化率过低的制约。印度新兴中产阶级发展的主要制约因素是印度经济三大产业畸形和制造业滞后。经济改革以来，印度服务业发展迅速，农业和工业发展缓慢，服务业占国民经济的主导。根据印度财政部部长西塔拉曼公布的2019—2020财年经济数据，农业占印度国民生产总值比重为16.5%，工业为28.2%，服务业为55.3%。[②]农村拥有庞大劳动力，

---

① 相关举措和影响可以参考 Niraja Gopal Jayal，Edited，*Re-Forming India：The Nation Today*，Penguin Random House India. Pvt. Ltd，2019；Yashwant Sinha and Vinay K.Srivastava，Edited，*The Future of Indian Economy：Past Reforms and Challenges Ahead*. Rupa Publications India Pvt. Ltd，2017；Sandip Sen and Aarohi Sen，*India Emerging：From Policy Paralysis to Hyper Economics*，Bloomsbury Publishing India Pvt. Ltd，2019。

② Report Summary，Economic Survey 2019-2020，Feb 1，2020. The Finance Minister，Ms Nirmala Sitharaman tabled the Economic Survey 2019-20 on Jan 31，2020，p.1.

但第一产业低速发展，无法吸纳庞大剩余劳动力，第二产业发展缓慢，无法吸纳农村转移出来的剩余劳动力。第三产业发展最快，但吸纳的都是具有较高劳动技能的专业人才，对低技能或无技能工人吸纳非常有限（见表8）。印度独立以来，农业人口占总人口比重始终徘徊在65%—70%之间，核心问题是印度没有工业化进程，农业人口转移不出来。经济结构也决定了印度国内不可能为劳动力提供充足的市场，更赶不上日益膨胀的人口增长速度，失业率居高不下一直是政府头疼的问题，这自然限制了中产阶级基础的拓展。

表8 印度三产就业分布情况（单位：%）

部门	1999—2000 财年	2007—2008 财年	2012—2013 财年	2018—2019 财年
农业	59.9	58.5	48.9	43.21
工业	16.4	18.2	24.3	24.89
服务业	23.7	23.3	26.9	31.9

数据来源：印度政府经济普查（2013—2014）。

注：2018—2019财年数据来自https：//www.statista.com/statistics/271320/distribution-of-the-workforce-across-economic-sectors-in-india.

产业结构的不合理自然造成城市化缓慢。据印度统计局数据，2008年印度城市化率为30.25%，2018年增长到34.03%。[①]城市人口增长主要是自然增长和农村转移，发展中国家农村转移占主体，但印度农村转移劳动力不强，迁入城市的人口比重不是

---

① India：Degree of Urbanization from 2008 to 2018. https：//www.statista.com/statistics/271312/urbanization-in-india.

很高。不仅如此,促使印度农村人口转移到城市的主要动力是贫困,大部分是无地的流民,这从印度城市中的贫民窟可以体现出来,孟买2300余万人中有60%多的人居住在贫民窟。较低的城市化率严重限制了新兴中产阶级的增长速度。

印度经济间歇性增长和政府政策在很大程度上限制了中产阶级数量的增长。1991年经济改革以来,印度经济呈现间歇性增长模式,每到大选年前后经济就会从高速增长降至低点,经济的波动在很大程度上抑制了中产阶级的发展。2014年莫迪上台以来实行大刀阔斧的改革,尤其是废钞和商品与服务税(GST),严重打击了小商品生产者经营者和小手工业者,印度中产阶级数量有萎缩现象。据印度《铸币报》2019年10月31日报道,推动经济增长的中产阶级这头大象正在失去动力,这是印度担忧的事情。[1]2018年以来印度经济增长再次步入下降通道,这次新冠疫情带来的冲击让印度触底的经济雪上加霜,到2020年4月底,印度失业率高达27%,多家国际评级机构下调印度主权评级,预测其经济增长为零或负增长。这对印度中产阶级会产生很长时间的一段冲击,但不会改变印度新兴中产阶级逐步壮大的趋势。

总体来看,印度中产阶级起源比较早,独立后产生了一批以政府职员和国企员工为主的传统中产阶级,经济改革后农业新贵和城市新兴产业工人和创业者构成了印度新兴中产阶级的主体。新兴中产阶级以消费文化为主体特征,兼具进步与保守属性,在塑造印度经济发展动力和国家建构方面发挥着越来越大的作用。

---

[1]　Rahul Jacob, "The Shrinking of India's Middle Class", *Mint*, Oct 31, 2019. https://www.livemint.com/politics/policy/the-shrinking-of-india-s-middle-class-11572505342371.html.

随着印度经济的发展，印度中产阶级壮大趋势会持续很长一段时间。但受制于传统文化、产业结构的不合理和较低城市化率等因素，印度新兴中产阶级发展面临巨大瓶颈，未来中产阶级发展能否突破瓶颈将取决于印度21世纪应对挑战的能力。

结　论

　　印度在千年文明分期或历史岔路口上都选择了与其他文明不同的发展道路，影响其选择的核心因素是宗教神性。公元前6世纪至前5世纪是一个大的文明分期。这期间，希腊文明进入繁盛期，出现了柏拉图和亚里士多德等思想家。中国也进入春秋战国时期，文化上出现了诸子百家。这期间，影响现代文明的几个主要文明源流出现了重大分野。中华文明在百家争鸣基础上形成了以儒家为核心的精神文化，解决了社会存在与个体身心平衡稳定问题，为汉民族文化心理结构奠定了基础，形成了汉民族性格底色。

　　印度文明也出现了沙门思潮，在反对和反思印度教的同时，把文明的方向转向了佛教和耆那教等，在社会存在与个体身心关系方面依然延续了对神灵的膜拜，保持非理性的狂热激情，追求超世的拯救，希望从彼岸中达到自我实现和济世救民。在这个千年文明分期上，印度文明与中华文明走了完全不同的两条路。从此，印度文明就再也没有从宗教神性和超世的拯救中解脱出来，印度裔诺贝尔文学奖获得者奈保尔称之为"信仰的囚徒"。希腊文明则在思辨基础上形成了文化的繁荣，成为西方现代性的肇始和基础。

在共同面对西方现代性的千年分期上，经过文艺复兴、宗教改革和工业化，西方国家逐渐实现了政教分离，弱化了神性，强化了以理性为基础的现代性。由于早已解决心理结构问题，中国很快结合自身文明的优势，吸纳和汲取西方文明的优点，快速闯出了自己的现代化发展道路。反观印度文明，在面对西方现代性的千年选择上，不断强化其内在的宗教神性，莫迪政府的印度教民族主义以重建世界最大政教合一的印度教国家为己任，力图走借助现代性复兴印度教古老辉煌之路。西方现代社会的世俗原则与印度的世俗原则在实践上有很大区别。在经历启蒙运动和工业革命后，理性占据了西方社会生活的主导，实现了真正的政教分离，宗教附属于世俗社会。印度世俗化打着对宗教一视同仁的"平等"幌子，给国家干涉宗教事务提供了借口，实则依然秉持世俗依附于宗教的理念。印度教民族主义追求的印度教也不同于西方世俗化宗教，信仰的宗教具有世俗化特征，而意识形态的宗教则具有激进化特征。印度更倾向于后者，这是当前印度政治发展、国家建构和民族认同过程中面临的一个主要问题。

印度文明从考古发现开始，延续4000多年，其间经过本土宗教、印度教、佛教和伊斯兰教四个千年分期，印度教一直是统领印度文明的主线。印度教伦理社会和上述民族性格底色是现代印度人行为习惯的根源，是解码现代印度的一把钥匙，印度现代社会万花筒式的各种现象都能从中得到解读。印度现代政治进程演化和经济社会发展都离不开印度教伦理社会的影响，它是印度国家建构和民族认同及经济崛起的决定性因素之一，让现代印度人活在自己的精神世界里，不愿意面对现实，喜欢用古老印度教的辉煌取代面对现代性的挫折感。这是现代印度政客和政治家经常喊出不着边际的口号或说出令人捧腹的言语的原因，也是外国人认为现代印度人非常自负的根源。在选举政治助推下，这些思维习惯使政客在制定国家发展战略中经常超出现实，在外人看来战略目标与实际能力不匹配。

在英国等西方殖民者入侵之前，印度文明这种宗教神性按照自身逻辑发展。西方的入侵打断了印度教伦理社会的自发发展进程，印度文明被迫融入以现代性为特征的工业化进程和全球化进程。现代性给印度宗教神性发展的历史注入新的成分，这种现代性并没有完全打乱印度教神性的发展进程，与西方政教分离状态相反，西方现代性与印度宗教神性出现融合趋势，并进一步强化了印度宗教神性。在此基础上，独立以来，印度教神性迎来了一个千载难逢的历史机遇，没有了外力影响，印度教正沿着自身发展逻辑加速发展，形成印度教全面复兴的态势。与此同时，印度也在现代性发展轨道上驶向印度教大国和强国的梦想，复兴古代印度教千年历史的辉煌，这条主线构成了当今和未来印度发展的脉络和方向。在现代国际社会中，这种特立独行的宗教性国家和力量到底会给印度和国际社会带来什么，目前还不得而知，不过其给印度带来的动荡和向国际社会的溢出效应逐渐开始显现，或许成为搅动21世纪国际社会的重要力量。不排除这股力量会冲垮印度现代社会框架，把印度再次推向分崩离析的可能；同时也不排除这股力量以摧枯拉朽之势系统性重塑和结构性整合印度一盘散沙的状态，塑造一个21世纪国际社会主要力量，目前来看后者的可能性更大。

除了宗教神性外，地理环境、长达3000余年的种姓制度、长期的外族入侵史、独特的文化传承和民主都对印度民族性格的塑造留下了深刻的烙印，形成了目前矛盾易变、保守、自负、神话思维、叙事宏大缺乏主题等民族性格底色。当然同样也塑造了印度人勤劳勇敢、聪明奋进等民族性格，本书侧重于分析印度民族性格底色中的自负和保守，以及这样的民族性格无形中给印度发展带来的影响。

印度独立后走的是一条世俗民族主义道路，在发展中国家中最早实行一人一票的民主选举，从民主程序和形式来说，其民主代议制不逊于发达国家。鉴于历史和现实，在设计印度宪政框架时，印度开国精英们实行了以中央集权为主的混合分权制度框架，既不同于西方联邦制和议会民主制，又不同于苏联的单一制，而是两者相混合的一种制度模式，因此呈现出印度民主的诸多"例外论"。

从政治基因、政治思潮和身份政治入手观察印度政治发展进程，比较容易把握印度的政治走向，解读印度政党政治、政局演化和政治文化与各种政治现象。从外部来看，印度民主制度是一个混合物，混合了当时苏联与西方政治的主要成分，结合自身国情做了更偏向于西方的修正。事实上，印度民主只不过是传统政治基因的外衣，中上层真正发挥作用的依然是宗教和种姓政治，基层政治传统依然是种姓和村社政治，3000年来形成的顶层政治与村社政治间的契约及二元治理结构有所改变，但不是很大，构成印度政治社会经济发展缓慢的根本性因素。这也是印度教民族主义者认为民主是西方舶来品，要建立以印度教教义为主导的印度本土政治的原因，是印度目前"国族再造"的根源。

根据印度70余年的政治演进，笔者认为印度政治发展正在呈现以下趋势。第一，印度国家建构正在从"国家—民族"结构向"民族—国家"结构演进，国家认同和凝聚力正在加强。印度目前处于"国家—民族"结构是越来越多学者的共识。印度政治学家科萨里认为，印度还不是一个国家（State），印度是一个社会和一个文明，只有广泛的整体概念，没有深厚的国家凝聚力和认同。[①] 印度外交部部长苏杰生则认为，印度正在从文明体向文明国家迈进。[②] 根据印度政治社会发展轨迹来看，随着民主制度的演化和经济发展，尤其是媒体普及和技术的提升，印度国家建构和民族认同在深化，民族国家所具有的制度调适越来越完善，整体印度族群认同在提升，印度政治稳定性有越来越强的趋势和迹象，正在为印度发展积累积极因素，制度红利正在逐步释放。

美国学者阿图尔·科利编的《印度民主的成功》认为，印度民主与西方民主有很大不同，推翻了很多西方民主的假定和实践，因为印度不是一个工业化发达国家，中产阶级和商人并不完全控制国家，并非同质族群国家，在解读和理解印度民主中不能完全按照现有民主理论，尤其是经济基础决定上层建筑，关注的核心是民主参与群体中权力分配过程，中央政府如何与各种政治化的集团——族群、阶层、种姓或地区集团打交道，周期性地分配资源、权力，自治或独立。"二战"后发展中国家的民主建设大多始于封建专制、个人独裁或军事权威的转型。民主制度多是从上层向下层延伸，政治参与的制度化和有序化逐步提高全国治理水平。印度通过"国家—民族"向"民族—国家"建构演进模式来融合社会层面的族群分裂，通过集权联邦制的顶层设计来实现适度的地方自治从而防止过度分权，以政治和宗教宽容来

---

① Rajni Kothari, "*Politics in India*", Second Edition, First Orient Blackswan Impression 2009, Second Edition 2012, p.30.

② S.Jaishankar, *The India Way: Strategies For an Uncertain World*, Harper Colins Publishers India, 2020.

弥合基层民主的宗教与种姓冲突，使集权联邦制具有稳定的政治社会基础。①

第二，印度政治格局演变日益呈现螺旋式上升趋势，即"一党独大—联合执政——党独大"模式。中国研究印度政治的学者林承节在新著《印度政坛新格局》中分析了一党独大到联合执政。2014年印度人民党上台后，印度政坛再次回归一党独大的局面。笔者认为这主要是两种政治思潮相互角力。独立之初强大政党依靠独立时期累积的政治资源和优势等政治红利逐渐消散，政治力量开始回归常态，各种政治力量开始崛起，原有政治力量出现分化组合，这时才开始真正考验建国时期宪政框架是否合适，国家建构是否适合印度自身政治基因。国大党是一个社会主义和民主主义混合型政党，在经济上也是资本主义私有制和社会主义计划经济混合，结果证明这种政治和经济设计并没有取得理想中的效果。

政治回归常态后，印度政治格局产生的剧烈震荡最终导致了宪政危机，即英迪拉·甘地的紧急状态。英吉利·甘地的紧急状态固然有其激进政策和面临党内外压力的因素，但实际上印度独立之初的宪政框架已经无法正常解决政治纷争和政治问题，不得不以破坏宪政原则的极端方式来解决宪政危机。在独立运动期间，民族独立压过社会多元，民族独立目标在一定程度上利用印度历史多样性的同时，也掩盖了多样性和多元族群诉求。印度政治回归正常后，印度教民族主义和多样性基础上的多元族群诉求就会释放出来。与此同时，随着政治经济的发展，民主范围的

---

① 张毅、曹海军：《超大型发展中国家治理悖论：基于印度民主的反思》，《马克思主义与现实》2015年第4期，第154页。

扩大，教育文化的逐步普及，出现利益地区化、诉求多样化和政党多元化等新形势，国大党式微，印度教民族主义和地方政治势力迅速崛起，造成印度1991年改革到2014年前的联合政治时代。2014年后，印度政坛再次出现一党独大局面。

第三，印度教民族主义思潮给印度带来巨大不确定性。以国民志愿团和印度人民党为代表的印度教民族主义者正在按照自己的纲领对印度进行所谓的"国族再造"，其中印度教民族主义者的激进色彩和暴力倾向也一并带进了政治领域，给印度的内政和外交带来巨大的不确定性，引发印度政治社会舆论阶段性反弹，这股力量目前还在发酵和加速发展过程中。

第四，本土政治基因在印度政治演进中发挥越来越大的作用。从印度三权分立的本土化到集权联邦下中央与地方关系的演进与纠结，从身份政治老树发新芽到印度教民族主义思潮的强势崛起，无不贯穿着印度宗教和种姓等传统政治社会基因的身影。

第五，印度民主政治有稳步发展趋势，民众民主意识不断提升。印度有民主政治的制度框架，但没有一个共同认可的观念框架，各族群都从自己的身份和利益认同出发，地方族群或种姓认同高于国家认同。族群政治叠加民主政治，让印度中央政府不再是全国的代表。随着精英主义政治不断退潮，大众的民主意识逐渐上升，族群差异问题也从社会领域进入政治领域，成为族群政治问题。"二战"以后曾经主导世界的现代性或现代化叙事，以国家主权、经济发展和社会进步等为主要内容，曾经促进了很多国家的形成与建设。但现在，现代化叙事的主导地位受到了后现代主义（超越民族国家）和前现代主义（强调民族、宗教等次国家认同）的双重挤压，导致很多国家面临严重的政治和治理压力，印度这种还没有完成现代国家身份建构的国家，更是困难重重。不管是经济发展还是民主政治建设，都无法抑制宗教、民族等传统族群议题的复兴，也不能压制各种新身份、新认同的出现。因此，印度民主制度在吸收被排除政治参与之外群体的能力上越来越富有弹性，把越来越多底层的人纳入政治体系中来，使其具有参政的权利。

第六，一些政治和社会矛盾没有从根本上得到解决，也没有在制度上做出妥当的安排，未来持续发酵将是常态。其政治极化和身份政治对印度政治社会的撕裂与破坏的程度在加深，民粹主义和教派主义将长期主导印度政治发展进程。印度未来依然存在着政治分裂和部分国土独立的迹象和可能，其传统政治社会制度缺陷依然是印度发展的负担与破坏性因素。联邦制下中央与地方关系，语言建邦带来的少数族群语言政治诉求和大族群主义，身份政治导致政治和社会的极化，地方认同日趋强化的趋势，联邦三权分立异化，世俗主义与教派主义的矛盾与斗争等都没有得到解决，由此引发的矛盾常态化爆发成为印度民主治理的独特现象。

印度宪政的经济安排让低种姓和贱民获得的物质利益大部分流向本阶层和种姓的上层成员。有些种姓已经充分受益，但其他几乎没有获益。随着更多个体在保留制度中获益，而其他人获益很少，低种姓和贱民内部的阶级分化现象日益严重。低种姓和贱民中掌权的人倾向于利用职位谋取个人利益，并象征性地为同种姓成员提供利益。这也就是人们看到的情景，贱民和低种姓人做首席部长和内阁部长的邦政府并没有将财政资源投入惠及大众的领域，比如教育和福利等，为更多人提供机会。邦政府的财政大部分都流向了惠及富人和地主的电力或灌溉等系统上。这也就解释了为什么低种姓和贱民在政治上发言权越来越大，但政策很少惠及低种姓和贱民等普通民众的根源。这是印度民主治理与秩序建构中包容性困境的体现，任重道远。

从印度民族性格、历史传统和政治进程演化来看，印度经济崛起面临的挑战与困难不仅局限于经济难题，更多体现在无形中的传统与政治文化，增加了印度崛起的难度系数。

印度国大党主导的前40余年经济战略上，采用公营经济主导和引领，私营经济与公营经济共同发展，强调公平与效率平等，在一定程度上公平要高于效率。总体上，国大党让印度拥有了较为完整的国民经济体系，农村进行了一定程度的土改和农村建设，解决了粮食安全问题。不过国大党没有从根本上解决印度经济发展的瓶颈，没有从"二战"后发展中国家普遍面临的处于贫困中国家实现经济结构转变，未能实现从农业和传统商品生产向制造业和其他现代经济活动的转变，没有解决制约经济发展的瓶颈。

面对困境，1991年印度经济发展战略开始被动向市场化转移，在仓促应对中，印度改革发展方向越来越清晰，改革思路也越来越明朗，经济增长速度也从低速转向中高速，一些高科技产业也日益壮大，惠及的人越来越多，经济结构逐渐向良性演化。应该说，经过国大党时期的"印度教徒式"增长，到改革开放以来转入中高速增长轨道，印度崛起拥有了一个基本盘。如果国际环境允许，印度国内政治稳定，按照目前中高速发展，未来十到二十年，印度成为世界第三大经济体是大概率事件，到21世纪中叶有望成为全球第二大经济体。这一假设实现的前提是印度在百年变局中把握住历史性机遇。

然而，制约当前印度崛起的根本性因素是落后的思想和生产关系。落后的思想除了前文提到的民族性格和政治思潮外，还有经济上的甘地小农思想、对民族产业过度保护思想、国家与市场关系无法厘清等。落后的生产关系主要体现在半封建生产关系的存在，原始资本主义和社会主义经济思想的并存，在资本主义和社会主义发展上摇摆不定等。在表层体现为经济结构畸形，经济发展战略摇摆不定，基础设施短板短期难以弥补，三农问题持续恶化，人口问题日益突出，污染和资源问题也日益凸显。有印度学者认为，上述问题造成印度三个持续的危机在逐步积累：增长的失业率、持续的贫穷和不断上升的贫富差距。此外，还有城市化率低、发展动力不足、营商环境偏低等。这些问题如果不能解决，将会叠加在一起影响和恶化未来印度经济的发展。

印度政府前首席经济顾问、财政部前部长秘书迪帕克·纳亚尔（Deepak Nayaar）认为，从长远来看，这会让印度农业、基础设施、工业化和教育陷入"无声的危机（Silent Crisis）"[①]。纳亚尔认为，重新定义国家在经济发展中的作用是过去30年印度经济改革没有厘清的问题之一，并预计未来25年也不会有太大进展。有效市场需要有效政府，印度需要一个发展市场经济的发展型政府，为广大民众谋福利。纳亚尔认为，即便再过25年，经济改革也不会被印度全民和政治光谱接受。2012年，印度前总理辛格也曾谴责，由于在许多事务方面无法达成共识，他的政府不能促进经济增长。"就创造全国经济快速增长环境而论，我认为我们实现不了这个目标，因为在许多事务上我们缺乏共识。"纳亚尔认为，没有人听辛格的呼吁。印度人民党1998年和2004

---

① Yashwant Sinha, Vinay K. Srivastava, eds, "The Future of Indian Economy: Past Reforms and Challenges Ahead", Rupa Pulications India Pvt. Ltd, 2017, foreword.

年强烈反对国大党政府的改革举措，2004年和2014年印度人民党上台后，国大党又全力发起对印度人民党的改革举措。

　　除上述结构性问题外，印度学者还总结了造成印度改革缓慢和走走停停的根本原因。第一，古老经济模式和思维作祟。这听起来很奇怪，事实上的确如此。这里面包含两层含义，一层是源于东印度公司时期对外资的排斥，另一层是古老村社经济形成的城乡二元结构。长期的外来入侵都是以抢占和掠夺的方式进行，都是掠夺印度财富，从古代到英国殖民者莫不如此，尤其是东印度公司以商业和贸易名义进行掠夺，让印度人对外资和外国人的怀疑深入骨髓。现在，印度政府时不时地抵制中国货，每隔一段时间就收割一次外国投资等，对外资的不信任根深蒂固。这也是印度没有加入RCEP的根本因素之一。吸引外资看起来更多是权宜之计，而不是长久构建印度大市场。此外，根深蒂固的村社经济让印度农村很难进行土地流转，形成强大的地方本土手工艺产业，让大工业和轻工业发展受限，一直制约着印度的发展。印度村社经济与城市统治阶级分享制度让印度很难破解城乡二元结构。

　　第二，贫困和剥削制约着印度的发展。绝大多数人都生活在贫困、苦难和被剥削的境地。独立70余年和改革30年成果基本与印度底层民众无缘。底层民众生活的改善不在新德里大人物重要决策范围之内。[①]这也是大部分人对改革没有感觉和不感兴趣的主要原因。人们没工作，没钱消费，没有公路和厕所，没有学校和医院，当政府宣布一些领域外资可以100%进入时，这离底

---

① Yashwant Sinha, Vinay K. Srivastava, eds, *The Future of Indian Economy: Past Reforms and Challenges Ahead*, Rupa Pulications India Pvt. Ltd, 2017, p.47.

层人民的诉求太遥远，很难想象民众会与政府站在一起。改革没有惠及广大民众，缺乏改革最基础的动力，没有社会基础。

第三，经济改革造成贫富差距越来越大，为此改革普遍遭遇谴责。如果管控不当，数字印度和智慧城市可能会进一步加剧印度的不平等。这些不平等在农村和城市经常引发抗议和示威，乃至骚乱和冲突。低烈度冲突和武装起义让整个社会弥漫着一种失败和被剥夺的感觉。农村是印度独立以来一直被忽视的地方。历届"五年计划"的口号一个接着一个，一直到现在取消"五年计划"，实行"15年规划"皆是如此。

第四，赞成改革的人则通过以外资作为衡量标准的经济改革摧毁了改革本身。2014年以来，莫迪政府至少三次大规模降低外资投资准入标准，欢呼和赞赏这是印度经济改革的历史性时刻，普通人根本不会对此感兴趣，这都不是他们关心的真改革。大公司眼中的印度和普通民众眼中的印度之间没有联系，是印度人普遍反对改革的主要原因。

第五，农业困境。农业人口无法转移，缺少农业基础设施。消除农业中间人、提高农业产量、减轻农民负担等都不是短时期能完成的结构性改革。

第六，改革执行难。很多改革执行起来很难，最好的办法就是规避。印度自改革之初就提出劳工法改革，直到2020年才进行了小幅改动，主要集中在邦一级，中央政府也没有太大动静。土地法则基本没有改革。这也解释了为什么印度的高科技异军突起，反而传统产业发展缓慢，根源是改革不敢触动印度原有利益格局，历届政府都是选择不触动利益格局的领域入手，因此，信息技术、航天、制药、电子制造等新兴产业快速崛起。这些与印度传统产业匹配度不高，大部分都是资本密集型和技术密集型产业，与传统主要吸纳劳动力的劳动密集型和部分资本密集型产业完全不同。印度1991年经济改革催生了两个重要领域：一个是信息技术（信息技术）革命，产生了一批印度新兴中产阶级；另一个是2011年后产生的生物科技（BT）革命。有人称信息技术是"今日印度"，生物技术是"明日印度"。①

第七，经济全球化赋予印度的窗口期可能随时关闭或消失。其一，当前全球产业格局和产业链重组为印度提供了历史性机遇，印度也积极布局。鉴于印度自身短板，这种机遇到底有多大还需观察。其二，目前逆全球化不利于印度的改革开放，国际环境在发生变化。发达国家开始产业回流，抬高贸易壁垒，限制移民，这种环境对印度开放构成了不利因素。尽管中美贸易战多少为印度赢得部分产业转移，然而印度最大的产业转移承接应该是中国，在这方面，印度不想让中国介入印度经济太深，估计很难有作为。其三，当前全球生产方式的绿色化、低碳化成为后发的印度的制约性因素。在低碳化、绿色化的背景下，碳关税可能使出口导向模式的复制难度进一步上升，尤其是仍处于工业化扩张阶段的国家，如印度以及依赖于高碳资源的国家（例如石油出口国），其发展空间将可能面临额外约束。总体上，全球产业链供应链的多元化布局，可能使得部分发展中国家的产业发展暂时从中受益。但是在资金成本长期保持低位的背景下，数字技术对劳动力的替代可能改变传统的比较优势逻辑，绿色低碳也将成为后发国家赶超的额外约束条件。

---

① Yashwant Sinha, Vinay K. Srivastava, eds, *The Future of Indian Economy: Past Reforms and Challenges Ahead*, Rupa Pulications India Pvt. Ltd, 2017, p.90.

种种迹象表明，印度等后发经济体，甚至是全局意义上劳动力密集型、高碳资源密集型的后发经济体，其赶超的历史窗口期有可能将逐渐关闭。这个关闭的过程取决于数字化、绿色化生产方式的发展速度。对于全球经济格局而言，数字鸿沟、绿色鸿沟可能使得国与国之间的阶层更趋向于固化，后进发展中国家的赶超之路可能更加艰难。

后记

　　在中华民族伟大复兴和百年变局相互交织的大时代，随着印度的快速崛起，认识和了解印度成为中国的迫切需求。从2014—2016年两国元首密集互访和会晤，到2017年洞朗对峙；从2018年、2019年中印领导人两次非正式会晤，到2020年加勒万河谷冲突；从中国企业对印度投资高潮，到印度全面打压中企……短短六七年，中印关系经历了多次潮起潮落。随着经济的快速崛起和大国意识的凸显，印度逐渐成为中国次要战略上的主要挑战，中国对印度的战略定位愈发紧要。这一时期与笔者驻印任期大部分重合，使笔者成为这些事件的见证者和参与者。无论是本职业务还是学术研究，笔者都受益匪浅。

　　一个决定使此书应运而生。2016年初，笔者决定去做驻外记者，最初选择的国家是巴基斯坦。但鉴于印度站记者刚回国，站里正缺人，领导建议我去印度。印度是一个大国，值得认真研究和观察。我欣然接受了这个建议。结果证明，这个决定对我影响深远，帮我打开了探求印度这一古老文明的窗口。

　　本书的创作手法是论述与记叙兼顾，既有对社会现象的学术分析，也有对民生百态的观察感悟。在印中资企业的采访经历是丰富此书内容不可或缺的一环。2017年至2018年，国航印度前总经理夏宝辉、中国电建前印度首席代表冯亚楠和菲达环保印度公司前总经理王绍东一起，在周末游历德里古迹。得益于王绍东留学印度，对印度20多年的了解，德里七城的历史才见诸此书。通过陪同中国外长访问果阿邦、奥兰加巴德市、出席中印人文交流活动，与前工商银行孟买分行行长郑斌两次游览两大石窟和古堡与穆斯林遗迹，加上对佛教遗迹和印度教遗迹等的采访游历，笔者逐渐梳理出印度四大宗教分期。著名的原印度如家老板黄小宁给予生活上的支持与帮助，在如家酒店结识了诸多中企人员，成为我在印度生活与工作的重要组成部分。

单位领导的指导、同事们的关心和帮助给予了我莫大的支持和鼓励。人民日报出版社社长刘华新在聊天中得知我想要撰写一部有关印度的作品，欣然约稿。人民日报社国际部原主任赵嘉鸣、人民日报社前编委王方杰和人民日报社国际部主任马小宁在笔者人生的最关键阶段给予了业务和人生上的诸多提携、指导和支持，提升了我的人生高度和厚度。在此还要感谢《环球时报》谷棣、胡锦洋、杨沙沙等诸位老师，他们的约稿丰富了本书素材。

与原中国驻印度大使罗照辉、原中国驻斯里兰卡大使易先良、原中国驻印度大使馆经济商务参赞（目前驻毛里塔尼亚大使）李柏军、经济商务处刘铮、新闻处孙一梁等诸多使馆人员的交流、探讨以及他们的鼎力支持，增强了本书的厚度。与中国媒体同行新华社前印度分社社长胡晓明、记者李明，央视前印度首席记者王建兵、记者李琳，文汇报记者章华龙等媒体同行的共同工作生活经历不仅增添了本书的素材，也改善了我在印度的单身生活。

印度中国经济文化促进会秘书长穆罕默德·萨齐夫劝说我到

印度农村去看看，正是他的督促，催生了本书印度三农问题的章节。印度德里大学客座教授阿西，汉语造诣颇深，笔者从其身上学习了很多印度教知识，尤其是他对本书的审校，保证了本书对印度教理解的准确性。还要感谢印度尼赫鲁大学教授狄伯杰和其夫人王瑶、印度友人陈冰、刘爽等的帮助。笔者的同学、印度专家杨怡爽百忙之中对本书的校对，纠正了很多笔者对于印度认知上的偏差。

中国社会科学出版社编辑张湉和中信出版社编辑石含笑对本书有过诸多指导和启示。挂一漏万，在此就不一一列举，感谢上述所有支持和帮助过我的人，正是在大家的支持下，笔者对印度的一些初步、粗浅认识才得以付梓。

最后，要感谢本书的责任编辑林薇和王奕帆。林薇主任在本书写作方式和篇章结构方面有很多独到的见解，令我深受启发。王奕帆编辑的精益求精确保了本书的品质。鉴于本人才疏学浅，认识印度也似"盲人摸象"，涉及问题又比较广泛，粗浅的认识还存在诸多不足和纰漏之处，还望广大读者朋友指正。

苑基荣

2024年1月1日于北京市朝阳区三里屯